AF504193

Vida y obra
José Giral Pereira

Universidad Nacional Autónoma de México
Coordinación de Difusión Cultural
Dirección General de Publicaciones y Fomento Editorial

Vida y obra
José Giral Pereira

Relatada y comentada por
FRANCISCO GIRAL GONZÁLEZ

Universidad Nacional Autónoma de México
2004

Primera edición: 2004

D. R. © Universidad Nacional Autónoma de México
        Ciudad Universitaria, 04510, México, D. F.
        Dirección General de Publicaciones y Fomento Editorial

ISBN: 970-32-1687-0

Impreso y hecho en México

Prólogo

A principio de los años noventa, Francisco Giral empezó a escribir una biografía comentada sobre la vida de su padre. Sus hijos, los nietos de José Giral, lo animamos por pensar que se trata de una época muy importante en la historia del mundo, ciertamente la de España; por pensar que la historia —como siempre, escrita por los vencedores— estaba incompleta; por sentir que hay mucho de lo que no podía quedar en el olvido.

Los años de edad y los acontecimientos nos han ido enseñando que los hombres grandes no necesariamente son los que más gritan... o los que más destruyen, sino los que piensan, los que buscan mejorar a la humanidad, los que luchan por los valores legítimos del hombre, por las ideas, aun a costa de sacrificios personales.

Los nietos de José Giral lo vimos vivir una vida austera, pero no amarga, lo escuchamos hablar de aquella vida en el primer tercio del siglo donde la fortuna le sonrió en muchas formas: una vida material cómoda y holgada, buenos reconocimientos internacionales y nacionales, el incentivo de trabajar para construir una nueva España, un nuevo siglo de oro español. Y conocimos una vida plena en el exilio, trabajando intensamente en educar a nuevos estudiantes, en contribuir a generar nuevos conocimientos científicos, en divulgar lo ya conocido. Tuvimos el privilegio de heredar esos valores, de entender el privilegio de pertenecer a una familia donde la unión y el cariño se extendían a los que se acercaban a ella a través de casamientos, amistades, lazos entrañables, y donde no se adulaba al poderoso ni se rendía pleitesía a la riqueza sin razón.

Hoy, a finales del 2004, nos queda claro que las ideas republicanas que constituyeron uno de los ejes de la vida de José Giral no fructificarán directamente, como él lo hubiese deseado, pero muchas de esas ideas y valores sí pueden seguir sirviendo de guía y de ejemplo a las nuevas generaciones, como lo fueron para los hijos, nietos y biznietos, para los estudiantes y para los colaboradores de José Giral. Por eso creemos que estas páginas pueden tener valor para otros lectores.

También estamos conscientes del gran oscurantismo que abrumó a España durante las décadas de los años cuarenta a los setenta. En conversaciones con españoles de España, contemporáneos de los que hemos vivido en el exilio, nos hemos percatado de grandes diferencias, y esperamos que algo de estas páginas les ayuden a entender lo que pudo ser España, para rescatar lo que todavía les pueda ser de valor. Por eso esta publicación.

Francisco Giral, autor de este libro, muere el 19 de enero de 2002 dejando el libro sin terminar... por no querer poner fin a algo que no quería terminar.

El había concebido el libro en ocho capítulos, que titula de la A a la H, pero no concluyó más que los cinco primeros. De los tres últimos no queda más que el esquema, que él tenía muy claro, y algunos fragmentos escritos que nos ha parecido interesante incluir y hemos intercalado en las partes que nos han parecido apropiadas.

Entre los papeles de nuestro padre hemos encontrado un par de manuscritos inéditos que nos parece complementan bien el texto, y completan la biografía de José Giral escrita por su hijo Francisco, si bien no integrados orgánicamente en el texto del libro que dejó inacabado. Por lo tanto hemos decidido añadirlos como apéndices de éste. El primero es un diario que llevó Francisco Giral durante los días de la formación del primer gobierno republicano en el exilio, cuando él se encargó de transportar a su padre en coche y llevarle los recados de manera confidencial. Seguramente hubiera escrito sobre esto en la sección que intitula "Mil kilómetros de crisis (política) en el exilio". Son notas sin editar, con el candor y la frescura que siempre caracterizaron su gran amor, admiración y respeto a su padre, y con las impresiones que fue recogiendo hora a hora en esos días.

El segundo lo escribe al volver a España en 1976, después de la muerte de Franco, cuando él va con la esperanza de recobrar la legitimidad republicana interrumpida, o más bien ladeada, por la guerra y el exilio. El documento, dactilografiado, se titula "Actividad de los gobiernos y de los partidos republicanos (1939-1976)", y estaba en una carpeta marcada "sin publicar". Creemos que podría llamarse un testamento político de Francisco Giral, siguiendo la línea de José Giral, y por tanto buen fin a la biografía de aquél sobre éste.

Ángela, José, Adela y
Carmen Giral Barnés

A Petra

Prefacio

Terminando la década de los cincuenta tuve el privilegio de recibir, en los últimos años de mi padre, sus íntimas ideas, sus comentarios, sus recuerdos...

Hacia el mediodía lo iba a buscar a su modesto apartamento de Amazonas 26, esquina con Pánuco, subía a pie —lo mismo que él; no hay ascensor— los casi tres pisos, para sacarle a dar un paseo, en cualquier época del año, disfrutando esta primavera permanente que era el clima de la ciudad de México, antes de que comenzase la contaminación ambiental.

Cuando lo encontraba retraído y callado, al preguntarle cómo estaba tan solo, alguna vez me dijo: "No estoy solo, estoy con mis recuerdos y me siento muy a gusto".

Algún observador, presente cierto día en que llegaba a buscarle para el paseo habitual, comentó cómo se le alegraban los ojillos a mi padre al verme aparecer en la puerta porque ciertamente lo pasaba muy bien conmigo, solos los dos dialogando y recordando, recapitulando acontecimientos de los que había sido testigo presencial, actor, a veces autor de momentos cruciales en la historia de España, y uno se olvidaba de su aparente decaimiento.

Un día le convencí de que tenía la obligación de escribir sus memorias. Eran tantas sus actuaciones decisivas en momentos claves... me hizo caso, aceptó, y comenzó a escribirlas... A los pocos días, al ir a buscarle, me esperaba en su despacho, sentado ante el escritorio con el cuaderno que había comenzado a escribir a mano, con la pluma entre el índice y el corazón según una manera muy peculiar, suya, de escribir. Recuerdos de su autodidactismo. Al entrar por la puerta cerró ruidosamente el cuaderno y me dijo: "Apenas he comenzado y no puedo seguir: por más esfuerzos que hago veo que no tengo más remedio que herir a personas muy queridas con las que he colaborado. *Mientras viva*, no quiero hacerlo; por mí no se harán polémicas inútiles que sirvan para dividirnos y distanciarnos. Renuncio a escribir las memorias. *Cuando haya pasado mucho tiempo* de mi fallecimiento y todo esto ya sea historia, tú verás qué hacer, ahí te dejo unos cuantos papeles y tú verás qué se te ocurre".

Responsabilidad, pesadumbre.

¿Cuándo, cómo?

Los cuantos papeles, algunos los creen muchos y muy importantes. He tenido que explicar varias veces que no. Un ministro republicano dejó sus papeles en los ministerios correspondientes. No se quedó con ellos como arma personal, según hacen muchos políticos de todos los matices. Además, su biblioteca, su archivo, sus papeles anteriores a 1936, fueron destruidos en Madrid después de 1939.

***

Posiblemente, la actuación de mi padre fue la más decisiva para que se plantease y se prolongase esa aparente "guerra civil". Una sublevación militar, como era habitual en la historia española desde hace más de un siglo, fue de hecho dominada en pocas semanas a pesar de su gran extensión. Ahora bien, la aparición inmediata de las ayudas nazi-alemana y fascista-italiana a los militares sublevados, ayudas preparadas de antemano, en el momento culminante del apogeo agresivo e infatuado de ambos sistemas totalitarios, coincidió con el momento más pobre de la preparación bélica y política de las democracias occidentales y con la eficacísima complacencia del Portugal de Salazar. Todos ellos aprovecharon muy bien el conjunto de circunstancias para convertir una aparente guerra civil española en un tenebroso conflicto internacional. Es lo que se ha llamado *la internacionalización de la guerra española.*

De esa manera se pudo impulsar y manejar a dos bandos españoles que cubrieron la apariencia de "guerra civil", más conveniente para unos y otros de los no españoles. A fin de cuentas, la gran perdedora del conflicto fue España, el pueblo español, la historia española, sin importar el matiz político ni la condición social. A ese reparto internacional de papeles y funciones, todavía cabe agregar la monstruosidad militar de movilizar moros para matar españoles en la propia península, cuando los norteafricanos —bereberes y no católicos— eran súbditos del sultán de Marruecos que los militares sublevados —celtíberos supercatólicos— utilizaron como verdugos, sin suficiente conocimiento de causa, atribuyéndoles incluso la nacionalidad española para mitigar semejante monstruosidad.

Parafraseando a Machado podríamos decir:

España, destruida toda... por la trágica frivolidad de los reaccionarios.

Cabe mencionar también la decisiva participación de poderosos intereses anglo-americanos —especialmente petroleros, la Texaco sobre todo— en forma de alta traición democrática como para calificarla de "terrorismo internacional" capaz de transformar un aparente "golpe de Estado interno" —el clásico "cuartelazo"— en un verdadero "golpe de Estado internacional", según diría más tarde el presidente de México, general Manuel Ávila Camacho. Incluso tal actitud, británica sobre todo, fue avalada por Churchill, gran combatiente por la democracia para su país, pero muy confuso en sus relaciones con España.

12

La intervención rusa, comunista, del lado republicano, en esos años tiene lugar después de iniciada la guerra; no estaba preparada de antemano como las intervenciones alemana e italiana ni se produce automáticamente en el momento de la sublevación. El principal responsable de solicitar, aceptar, encauzar y facilitar la ayuda rusa, fue mi padre, como único medio de contrarrestar el abandono y la traición de las democracias. Ésa fue la causa de que los comunistas —españoles y no españoles— se constituyesen en beneficiarios inmediatos de la ayuda rusa, terminando por superponer los problemas propios del partido comunista —internacional y español— con los de la República y con los de la guerra. Pero el impulso inicial *fue la defensa* de la legitimidad republicana, *la defensa* a todo riesgo, algo que implicó una gran dosis de valentía y la exposición a críticas variadas y confusas.

Ahí está la clave que explica por qué ciertos republicanos nos hemos resistido siempre a llamar "guerra civil" a la que se desarrolló entre 1936 y 1939 en suelo español. Desgraciadamente, el peso de la guerra, sobre todo sus consecuencias fatales y destructoras —material y espiritual— lo llevamos los españoles de esos años y de ambos bandos. La gran enseñanza que me dejó mi padre aunada a mis propias vivencias, observaciones y reflexiones, consiste en condenar ese gravísimo defecto español que nos lleva a pelearnos a muerte entre nosotros, sin ver —o sin querer ver— cómo nos manejan desde fuera poderosos intereses extraños que no tienen mucha relación con el desarrollo de España ni con el progreso y la estimación del pueblo español, más bien al contrario. Por eso, en lugar de "guerra civil", siempre hemos preferido referirnos a ella como la "guerra española" habida cuenta de que se desarrolló en suelo español y que el peso de la lucha —especialmente en sus consecuencias más funestas— se llevó a cabo entre españoles.

Opiniones muy variadas, desde distintos puntos de vista —españolas y no españolas—, han coincidido en señalar a la resistencia republicana, popular, como el primer causante de la duración y de lo trágico de la guerra. Puesto que uno de los principales responsables de esa resistencia fue mi propio padre, siempre me ha preocupado la idea de considerar hasta qué punto esa responsabilidad —que nunca se ha eludido— ha sido perniciosa para la historia de España. Como síntesis, no quiero sino repetir lo que frecuentemente hemos contestado los republicanos cuando se nos dice: "Hubiera sido mejor que la República no se resistiera": *Hubiera sido mejor que los militares no se sublevaran,* coludidos con los nazi-fascistas y movilizando moros. Cuando menos, se demostró la valentía del pueblo español y su voluntad de no doblegarse a los tiranos, traidores, crueles... y cursis.

No fueron sólo los paseos dialogantes de los tres o cuatro años últimos en la vida de mi padre sino, fundamentalmente, los 51 años de convivencia que deben respaldar con alguna autoridad este intento de historia verbal a pesar de lo que suelen criticar las historias orales por quienes no se fían sino de testimonios escritos. Aceptando todas las faltas que pueden tener estas memorias trasmitidas oralmente, en

cuyo descargo cabe contraponer el valor de experiencias humanas vividas recientemente en común, tengo la impresión de que tampoco los documentos, ni los memo-
riales, firmados o no, garantizan una historia auténtica, especialmente cuando se
trata de acontecimientos que han conmovido las raíces más emocionantes de la historia de España. Acaso una prudente combinación de historia verbal y de historia
escrita pueda conducirnos a una evaluación más justa de acontecimientos tan dramá-
ticos que han torcido tan cruelmente nuestra historia. Por mi parte, además de cumplir con el encargo paterno, deseo aportar mi visión personal matizada por la
permanente vida en común —a veces sincrónica a veces antagónica— que condiciona esto que puede ser calificado como un retazo de historia verbal y que es en realidad un girón de historia dialogada, de historia reflexiva, de historia sentida, de historia
vivida.

Introducción *

Cuando, hace más de cinco siglos, en la vieja Castilla, adquiría su madurez cabal el lenguaje español, una de sus primeras —y más bellas— manifestaciones fue la expresión doliente de un poeta por la muerte de su ilustre padre, el maestre de Santiago. Invocando tan insigne precedente, he sentido el deber, aquí, esta noche, de tomar parte activa en el recuerdo de mi padre, pues —a mi parecer— es un rasgo muy propio del humanismo español la importancia de las relaciones familiares en la vida de los hombres distinguidos y quizá no sea temerario afirmar que el buen acierto en las manifestaciones públicas de muchos españoles eminentes tenga bastante que ver con un equilibrio justo de esas relaciones familiares.

En este particular caso de hoy, el deber era todavía más evidente, pues no hay tanto que hablarles del padre cuanto del maestro —maestro de profesión y maestro de vocación— y también del jefe político, es decir, del hombre íntegro, como un nuevo representante —nuevo por lo reciente de su desaparición— de ese humanismo liberal o librepensamiento humanista, tan consustancial con la vida hispánica, que supera al tradicional humanismo literario en sus claras inclinaciones políticas y sociales y que tiene como aspiración fundamental el concentrar todas las actividades vitales en el cultivo y en la exaltación de las más puras cualidades humanas: voluntades firmes, inteligencias claras, corazones nobles.

Parece ser que, en estos tiempos, cualquier actividad del hombre, si ha de ser distinguida y ejemplar, requiere un grado paralelamente ascendente de deshumanización: no sólo en el arte, como nos lo han explicado muy bien, sino en todas las manifestaciones vitales destacadas. Quizás uno de los problemas del mundo moderno pudiera ser ese conflicto entre el especialista deshumanizado y el hombre cumplido, al menos

---

* Palabras iniciales de la participación en la velada necrológica que se verificó en el Ateneo Español de México en julio de 1963.

15

en cuanto a personas que tienen algo que ver con el desarrollo de acontecimientos históricos. De aquí mi esfuerzo por presentar un buen ejemplo del hombre cabal o, como proclamaba don Miguel, del hombre de carne, hueso y espíritu, que no será nunca un supersabio, ni un supertécnico, ni un superestadista, sino el hombre sencillo a que alude el poeta castellano cuando dice:

Este mundo es el camino
Para el otro, que es morada
Sin pesar;
Mas cumple tener buen tino
Para andar esta jornada
Sin errar.

Niñez y mocedad (1879-1905)

En la isla de Cuba, al pie de la Sierra Maestra —donde años más tarde se iniciaría la revolución cubana— se halla la ciudad de Santiago de Cuba, símbolo de la isla, de significación anterior a la capital habanera y centro representativo de lo que los cubanos llaman el "oriente bravío", todavía poblado con primitivos aborígenes —los siboneyes— aunque se hayan concentrado sólo en la punta de Baracoa. En realidad los primitivos aborígenes, a la llegada de Colón en el mismo 1492, sólo daban el nombre de Cuba a la parte oriental de la isla.

Terminando el siglo XIX, la isla es aún una provincia española que se gobierna desde la península europea. En Madrid se nombran los funcionarios de todas categorías. Uno de ellos, el telegrafista soriano don Antonio Giral Cambronero. Ha nacido en un pequeño pueblo del sudeste de la provincia de Soria, Judes, en un entrante que se mete entre las provincias de Zaragoza y de Guadalajara, perteneciendo al partido judicial de Medinaceli, junto al también pequeño pueblo de Chaorna y cerca de Sigüenza y de Alcolea del Pinar, ya en la provincia de Guadalajara. Es decir, en el punto de encuentro de Castilla la Vieja, Aragón y Castilla la Nueva, o sea en el corazón de la península ibérica.

El telegrafista soriano destinado en Cuba había tenido que transmitir noticias de la guerra en la isla y, coincidiendo con lo relativo a la renombrada paz del Zanjón que firmó en 1878 el general Martínez Campos, había contraído matrimonio, ese mismo año, con una criolla, doña Antonia Pereira González, de estirpe gallega como indica su apellido, pero santiaguera cubana de nacimiento. El año anterior (1877), el telegrafista soriano había tenido que transmitir la sustitución de Estrada Palma por Francisco Javier de Céspedes, en función de presidente de la naciente República cubana en armas. La profesión de telegrafista, que apenas tenía unas décadas de vida, había desaparecido a fines del siglo XX por el desarrollo de la electrónica.

Era frecuente, a lo largo del siglo XIX, que familias enteras de españoles emigrantes, avecindadas en el norte de Sudamérica, huyeran de las tropas de Simón Bolívar que había sido el primero en proclamar la independencia de un país hispanoamericano —Venezuela— extendiéndose hacia Colombia (incluida su provincia de Panamá) y Ecuador para formar la gran Colombia. A pesar de los años transcurridos, los ciudadanos españoles siguieron huyendo de aquel tremendo manifiesto de Bolívar que, dirigido a españoles y canarios, proclamaba una guerra totalitaria, sin cuartel, que cumplió y llevó a efecto.

El apellido Pereira está vinculado a pequeños pueblos gallegos en las provincias de Orense, Lugo y Coruña (quizás no en Pontevedra). En cambio, Pereira se ha extendido en Colombia como nombre de ciudades importantes.

La mayoría de los fugitivos procedentes de Venezuela y de Colombia afluían a Santiago de Cuba como gran ciudad cercana que mantenía su firme vinculación a la metrópoli peninsular. Muchas familias crearon en la isla cubana típicas descendencias criollas como consecuencia de la independencia venezolana. Recuerdo cuántas veces comentábamos el paralelismo de mi abuela Antonia con una abuela de Raúl Roa, el gran intelectual cubano contemporáneo, profesor de la Universidad de La Habana y a quien las circunstancias le hicieron ser un controvertido, pero valiente y hábil canciller de la revolución cubana. Los ascendientes de Raúl Roa permanecieron en la isla haciendo vida cubana en plenitud, mientras el destino enviaba al reciente santiaguero a realizar una vida de castellano viejo y de madrileño castizo, en la península.

En la plaza central de la ciudad de Santiago, fundada antes que La Habana, se encuentra la Catedral, junto al Palacio de Diego Velázquez que fue capitanía, casa de contratación y fundición de metales, hoy museo que ha reconstruido y organizado un historiador catalán, exiliado republicano, el arqueólogo Francisco Prat Puig. Ese palacio fue construido y arreglado en su origen con la colaboración de Hernán Cortés, que salió de él para su sorprendente aventura en México, comisionado por el propio Diego Velázquez.

En la contigua Catedral se encuentra la siguiente fe de bautismo inscrita en el *Libro de bautizos* con la nota al margen:

No. 111
Giral Pereira
José Manuel Heraclio

Y con el siguiente texto:

Año del Señor de mil ochocientos setenta y nueve en veinte y dos de Diciembre. Yo el Pbrö. Dⁿ. Francisco Salvador Marful cura Rector por S.M. del Sagrario de la Santa Iglesia Metropolitana de esta Ciudad de Santiago de Cuba bautizó solemnemente a un niño que nació en veinte y dos de Octubre último, al que puse por nombre José Manuel Heraclio, hijo legítimo de D^n. Antonio Giral Cambronero natural de Judes, Provincia de Soria y de D^a. Antonia Pereira González natural de esta Ciudad: abuelos paternos D^n. José y D^a. Bernarda naturales de Blesa, Provincia de Teruel y Villafeliche de Zaragoza: maternos D^n. Manuel y D^a. Manuela naturales aquel de la República de Venezuela y esta de Cartagena de Indias República de Bolibia: fueron sus padrinos D^n. Roque del Corro Díaz y su esposa D^a. Asunción Martínez, á quienes advertí el parentesco espiritual contraido y obligaciones. Para que conste lo firmo.

Francisco Salvador Marful

Por la rama materna, criolla, los españoles fugitivos del manifiesto bolivariano ya llevaban tiempo residiendo en América, al menos el suficiente para haber nacido ambos en el norte de Sudamérica: don Manuel Pereira, natural de Venezuela, y doña Manuela González, nacida en Cartagena de Indias, "República de Bolibia" que no debe representar exactamente en ese año, 1879, a la Gran Colombia, puesto que se especifica como separada de la República de Venezuela. Probablemente se refiere a Colombia, si acaso junto con Ecuador y, por supuesto, con Panamá como una parte natural de Colombia y sin confusión posible con la Bolivia actual, nombre que se dio al Alto Perú independiente en 1826 después de la batalla de Ayacucho: una nación independiente dedicada al libertador.

El eslabón caribeño de Cartagena, muy próximo a Panamá, comprende también un apellido Lamadrid, lo cual hace desviar hacia la montaña cántabra las raíces peninsulares de los ascendientes criollos; no sólo gallegos sino también santanderinos, en los Picos de Europa, próximo a Valdáliga y a San Vicente de la Barquera en el occidente de Santander, lindando con el oriente asturiano, zona —santanderina y asturiana— que ha proporcionado a América el mayor contingente de emigrantes.

En cambio, por la rama paterna que procede directamente de la península, todo se centra en el encuentro de Castilla la Vieja, Castilla la Nueva y Aragón.

En ese mismo año de 1879 se conviene y realiza la segunda boda de Alfonso XII, con María Cristina de Habsburgo, para lo cual tiene que renunciar a su cargo de abadesa en el convento Hradschim de Praga. La nueva reina de España merecerá, por esos antecendentes, y por su conducta, el sobrenombre de "Doña Virtudes".

Al mes de casada, la pareja real sufre un atentado al regreso de un paseo por el Retiro; una bala roza la cabeza del lacayo y otra la frente de la reina. El criminal es un panadero que es apresado y ejecutado. Parece una premonición del atentado contra Alfonso XIII y doña Victoria.

1879 es un año pródigo en efemérides político-sociales. Es el año en que nace en Inglaterra William H. Beveridge, sociólogo y economista, inspirador de reformas sociales y merced a quien se promulgará en Inglaterra el primer seguro de obreros parados. Es el año en que la cámara de diputados francesa confirma *La Marsellesa* como himno nacional. En España, ese año muere el general liberal Baldomero Espartero, en su casa de Logroño y nacen dos de los ministros del gobierno provisional de la II República, Fernando de los Ríos y Álvaro de Albornoz. En México es el año en que nace Emiliano Zapata en el estado de Morelos, quien será el caudillo de los campesinos revolucionarios del Sur.

En ese año se constituye el Partido Socialista Obrero Español (PSOE), en una taberna de la calle de Tetuán, como Agrupación Socialista Madrileña, siendo los fundadores Pablo Iglesias y Jaime Vera. En Cuba se constituye el Partido Autonomista Cubano. Es también el año en que nace Albert Einstein en Ulm, Alemania, el año en que se crea y produce la primera bombilla eléctrica (fruto de los inventos de Edison en los Estados Unidos) y el año en que comienza la construcción del Canal de Panamá dirigida por F. Lesseps que ha dirigido la del Canal de Suez; el año en que se pone la primera piedra de la estación del Norte en Madrid y se inaugura el Hipódromo al final de la Castellana.

Todos estos acontecimientos van a influir, de una manera o de otra, sobre el español recién nacido en Santiago de Cuba.

El telegrafista soriano vive en la calle Enramadas, la principal, que atraviesa la ciudad porteña de Santiago por el centro, en una prolongada inclinación que recuerda mucho a la ciudad de Nápoles, también porteña, atravesada por la cuesta de la vía Toledo (hoy vía Roma). Don Pedro de Toledo, virrey de Nápoles mientras era dominio español, se caracterizó por su eficacia y firmeza en las medidas defensivas, lo que le valió el sobrenombre de "Vicerrè di ferro" y el dar su nombre durante muchos años a la vía principal de Nápoles, muy parecida a la calle Enramadas de Santiago de Cuba donde fue a nacer el futuro ministro de Marina de la II República española.

Desde hace años ya no se conoce con ese bonito nombre: la revolución cubana la cambió por el de uno de sus próceres. Paralelo de dos puertos en el centro de mares interiores donde han nacido las grandes culturas: del Viejo Mundo, el Mediterráneo, y del Mundo Nuevo, el Caribe.

Las raíces hispánicas

Los padres del telegrafista, que nunca fueron a América, están registrados como honrados labradores —según era común en aquellos tiempos finales de la burguesía agraria— oriundos de provincias aragonesas; doña Bernarda Cambronero de Villafeliche, Zaragoza, partido judicial de Daroca, a orillas del Jiloca, a mitad de camino entre Calatayud y Daroca, y don José Giral de Blesa (Teruel), partido judicial de Montalbán en el norte de la provincia, a la misma latitud y no lejos de Calanda, el pueblo natal del cineasta Buñuel, en la misma provincia de Teruel. El nombre de José Giral, desde Blesa (Teruel), se repetirá en el nieto de Santiago de Cuba y más tarde, durante nuestra guerra (1938) en otro nieto del nieto, nacido en Cofrentes, Valencia, quien hará plena vida mexicana habiendo llegado al país como exiliado político con siete meses de edad.

Mientras las raíces pasadas por América se sitúan entre galaicos y cántabros, las raíces castellano-aragonesas se encuentran en tierras que muchos siglos antes —acaso como primitivos pobladores— eran ocupadas por vacceos, arévacos, edetanos, carpetanos y celtíberos, según Tolomeo.

Ahora bien, mi padre siempre nos hablaba de un Aragón más nórdico: al norte de la provincia de Huesca, metido entre la cadena pirenaica, próximo a Panticosa y a Lanuza, toponímico de los famosos Justicias Mayores de Aragón, al oeste del Monte Perdido y del Valle de Ordesa, junto al nacimiento del Gallego, perteneciente al término municipal de Burgasé, partido judicial de Boltaña y casi pegado a la raya fronteriza con Francia, existe un pequeñísimo poblado con el nombre de Giral, así, sin t. El pueblo de Giral, en Huesca, todavía se registraba en los años cincuenta de este siglo con 31 habitantes. Treinta años después se describe como pueblo en ruinas abandonado, lo mismo que Burgasé.

Se trata de una región próxima a Canfranc cuyo túnel atraviesa el Pirineo para agilizar el tráfico económico Zaragoza-Pau. Las obras de mejoría del túnel y de la ruta de comunicación se han visto detenidas en 1993, por los ecologistas defensores de la biodiversidad, ante el peligro de extinción de los osos pardos que habitan esas montañas. Un caso más del conflicto entre principios diversos de los tiempos modernos: ecología frente a economía.

Si bien en toda esa zona pirenaica del norte aragonés ya no se habla catalán, es posible especular etimológicamente con algún remoto parentesco catalán —los Giralt, los Giraud, los Xirau, los Girault— pero mi padre nos hablaba con mucha frecuencia de ese mismo poblado que ni él conocía, como posible origen lejano del apellido. Incluso apuntaba la posibilidad de que el nombre de tal poblado pudiera venir del otro lado de la frontera pirenaica —a través de algún Girard o Gérard francés— o, más lejos aún, de algún Gerhardt alemán.

Es difícil saber si a la raya fronteriza pirenaica llegaron desde el Sur los ilergetes o, viniendo del Norte, celtas europeos creadores del concepto de celtíbero, étnico y cultural. Sería curioso que, en pleno siglo XX, los pobladores de Giral (Huesca), al abandonar su pueblo, hubiesen regresado a un hipotético origen germánico, como emigrantes económicos de un régimen franquista incapaz de ocupar a todos sus súbditos. Parece que, en germánico antiguo, el nombre "Giral" o sus antecedentes arios significaría algo así como "Valiente con la lanza". De cualquier manera, la cabeza del partido judicial Boltaña (la antigua Boletania de origen romano) se hizo famosa en la Edad Media por resistir todos los ataques de los árabes.

En todo caso, el color muy claro de los ojos de mi padre hace pensar en alguna vinculación genética con el norte europeo.

Pensando en antecedentes más cercanos, hay que destacar la relación con dos fenomenales puertos españoles de América que nunca fueron conquistados ni invadidos por piratas, ni por corsarios, ni por marinos regulares de otras nacionalidades: Santiago de Cuba y Cartagena de Indias.

Basta situarse en lo alto del Morro de Santiago para observar la traza de ese intrincado puerto y comprender lo imposible de entrar en él, de frente, como enemigo. El desastre de Santiago en el 98 se produjo cuando una flota vieja, de madera y muy deficiente en armamento y velocidad, trató de salir del puerto para combatir fuera contra la marina estadunidense de acero, bien armada con cañones de mayor alcance y con barcos de mayor velocidad. Los estadunidenses —que se estrenaban en la historia con su técnica superior después de su reciente independencia— jugaron al pimpam-pum con una flota española que se les ofrecía de blanco fácil. Es curioso que el famoso almirante Cervera que mandaba la flota española en Santiago, saliese indemne de tan descomunal desastre, acompañado de su hijo Ángel. Buena puntería de los cañones estadunidenses. Cuando son llevados prisioneros a los Estados Unidos, el presidente Mac Kinley, con su carácter agresivo, les ofrece galantemente comunicarse con España. El primer parte que rinde de tan monumental descalabro es el célebre telegrama que decía "Ángel y yo, buenos". De los demás marinos y de los barcos, ni media palabra, más que, si acaso, algunos bustos recientes en el parque del oeste de Madrid. Por supuesto que el telegrafista soriano de Santiago de Cuba —don Antonio Giral— ya no tuvo que ver con la transmisión de esos mensajes desde los Estados Unidos. Cuando termina la guerra, Mac Kinley reclama todos los restos del Imperio español: de Puerto Rico a Filipinas, Cuba, las Marianas y las Carolinas, resultado de la petición de España de "una paz con honor". Ese mismo año se apodera de las islas Hawai y al año siguiente muere en un atentado anarquista.

También cabría la posibilidad de que Santiago fuese conquistado por tierra, desde atrás, después de un desembarco en playas próximas. Pero eso implicaba tomar el puerto de frente en una operación marinera imposible. No obstante, los alrededores de Santiago están llenos de lápidas, monumentos y tarjas dedicados a la valentía de todos los combatientes, de un lado y de otro, de frente y por detrás, en tierra y en el mar. Destaca entre todas el recuerdo del general Vara del Rey, héroe histórico español, cuyo nombre ha quedado unido a Santiago de Cuba y a su defensa por tierra como símbolo de la valentía española. Si alguien duda del valor del ejército de tierra español, frente al poco acierto de la pretenciosa marina, puede ver, a pocos kilómetros de Santiago, el barco "Vizcaya" varado en una playa a medio hundir, después de casi un siglo; se apoyó en la arena de la playa para no hundirse en una de las simas marítimas más profundas del mundo (9 000 m) frente a la Gran Piedra, a medio camino de la base estadunidense de Guantánamo a Caimanera.

Por si Santiago fuera poco, la escasa ventura de la marina española en el cambio del siglo es impresionante en Europa misma. En enero de 1901 —a los tres años del desastre cubano— una escuadra española zarpa de El Ferrol para participar en el funeral de la reina Victoria inglesa que ha fallecido unos días antes. A las 48 horas de navegación, el buque "Carlos V" tiene que regresar con las calderas inútiles. No sólo barcos de madera sino también sin el más elemental mantenimiento.

Como fortaleza, aunque de tipo muy distinto, la de Cartagena de Indias en Colombia (la Nueva Granada de la colonia), era también inexpugnable, según se demostró a mediados del siglo XVIII cuando los ingleses trataron de conquistarla con un almirante (Vernon) que había encargado previamente un montón de medallas —dando por descontada su victoria— en que figuraba él mismo humillando al león español y que, por supuesto, tuvo que tragarse después de un fuerte ridículo histórico, a pesar de que sus marineros y gente de tropa eran fundamentalmente americanos, poco antes de la independencia. Los españoles virreinales de la Nueva Granada, Colombia, ayudados por naves de la Nueva España, superaron a los británicos europeos y americanos.

La fortaleza colombiana es mucho más complicada que la cubana, con varias líneas de defensa, pero todas a nivel, a diferencia del Morro de Santiago que protege desde gran altura. No sólo fue la calidad de las defensas cartaginesas sino la actuación sensacional del comandante de la plaza, el marino vasco Blas de Lezo, manco, cojo y tuerto, que tuvo una conducta ejemplar cuya relevancia y heroísmo ha registrado la historia.

Estas vinculaciones santiagueras y cartaginesas ¿tendrían alguna influencia sobre el futuro ministro de Marina de la II República de Azaña? A quienes les gusta especular con los astros, se les ofrece una singular coincidencia. El caso es que, en el pleno de su ejercicio ministerial durante el primer bienio, el ministro —nacido en Santiago de Cuba y con ascendientes en Cartagena de Indias— tuvo que intervenir con energía sobre los marinos tradicionales que habían encallado frívolamente un crucero en los bajos de la costa gallega, y el crucero se llamaba precisamente "Blas de Lezo" en memoria del héroe de Cartagena de Indias. ¿Coincidencia casual o, para los fanáticos de la irrealidad, conjunción astral?

Como resumen de los acontecimientos del 98, algún escritor ha dicho que España no envió su flota a combatir contra los elementos (Felipe II) sino contra la estupidez de sus gobernantes.

A los muy pocos años de nacer, fallece en Santiago la madre criolla. El telegrafista soriano no puede abandonar su puesto cubano ni puede ocuparse solo de cuidar al niño en la isla en guerra. Afortunadamente, en España queda una numerosa familia de origen castellano aragonés: el abuelo Antonio cuenta con varios hermanos y primos. En la primera oportunidad que tiene, el telegrafista se lleva a la península al niño cubano para dejarlo al cuidado de una hermana soltera, la tía Antonia, doña Antonia Giral y Cambronero, típica representante de esa institución española que es la *tía soltera* y que en tantas ocasiones ha sustituido a madres prematuramente fallecidas. Con ella vivirá y se educará hasta alcanzar la madurez. Para mayor asimilación maternal, se llama Antonia como la madre perdida tan prematuramente en Cuba. La infancia se extiende por diversos lugares de la provincia de Guadalajara. Entre el padre y la tía Antonia oiremos siempre nombres de esos lugares, como recuerdos de la infancia: Guadalajara, Sigüenza, Cifuentes, Horche, el Pozo de Guadalajara, Alcolea, junto con los primitivos nombres sorianos: Judes, Chaorna, Soria, Medinaceli, Almazán. En lugar de moverse hacia las raíces aragonesas (Zaragoza, Teruel) parece que se traslada hacia el Sur, apuntando hacia Madrid, lo que será decisivo para el futuro del joven cubano, pero esos lugares de la Alcarria fueron donde aprendió las primeras letras, en forma por demás irregular, como premonición de su condición de autodidacta que será su característica constante.

Acaso una costumbre de aquellos primeros tiempos puede ser su manera peculiar de escribir, con la pluma entre el índice y el corazón —no entre el índice y el pulgar— lo que propiciaba una letra especial que en ocasiones fue considerada como efecto de un estado nervioso que nunca tuvo, a pesar de las difíciles situaciones por las que atravesó.

En cuanto a recuerdos personales, de las relaciones sorianas cabe mencionar a la familia Herrero, cuyo más antiguo representante era buen amigo del abuelo telegrafista y con la que se va a establecer una amistosa relación a lo largo de varias generaciones. Compañero de farmacia será después don Román Herrero de la Orden (segunda generación en la amistad), quien no sólo le acompañará en las actividades de la profesión farmacéutica, sino también en las logias masónicas, lo que le costará persecuciones en los primeros años del franquismo. Una tercera generación: el hijo mayor de D. Román, Vicente, abogado y economista, formado en la escuela inglesa como discípulo de Laski, tendrá una buena amistad con mis hermanos y conmigo por motivos diferentes: vida universitaria y Federación Universitaria Escolar (FUE). Vicente desempeñará un importante papel con mi padre durante el gobierno en el exilio, con tal confianza que acabará siendo el intérprete principal en la entrevista con Molotov en París.

Después de las importantes misiones al lado de mi padre, cuando dejó el gobierno en el exilio, Vicente Herrero tuvo una actuación destacada como traductor multilingüe en la Unesco de París, retirándose a Palma de Mallorca. De los varios hermanos de Vicente, su hermana Carmen tuvo una estrecha amistad con mis hermanos en el Instituto-Escuela y, finalmente, por haberse casado con Ángel Vian, químico alumno de mi padre que sería en años recientes rector de la Universidad de Madrid. Mi padre siempre mencionaba con gran cariño esta triple amistad iniciada en pueblos sorianos, seguida en los estudios y ejercicios de la farmacia y completada con la FUE y el Instituto-Escuela.

Otra familia de gran significación en la vida de mi padre fueron los Morayta. Muy arraigados en la provincia de Guadalajara, destacaba el famoso don Miguel Morayta y Sagrario, profesor de historia en la universidad y diputado en el Congreso de la primera República. Parece muy probable que la respetada figura de don Miguel influyera decisivamente en la trayectoria de mi padre, creando las bases de sus principios republicanos y, probablemente, también de la masonería. Su hijo, Emilio, que fue el compañero más cercano durante la infancia por tierras de Guadalajara, también lo será mientras estudian el bachillerato en Madrid y, más tarde, a la vuelta de Salamanca. Hizo la carrera de médico y tuvo una permanente amistad con mi padre, así como varios de sus hijos la tuvieron con mis hermanos. Por la tía Antonia supimos de varias estancias de mi padre —niño y adolescente— en pueblos de Guadalajara junto con los Morayta. Incluso, la relación Morayta-Giral se prolongará en el continente americano y en generaciones sucesivas, alcanzando un grado más cuando el joven matemático Juan José Rivaud Morayta, nacido en México y pensionado en los Estados Unidos, se encuentra en la Universidad de Princeton con Ángela Giral Barnés —mi hija mayor— bibliotecaria de dicha Universidad y se ayudan mutuamente.

De aquella época se recuerdan travesuras infantiles y anécdotas de un espíritu inquieto, nacido en Cuba, en una Cuba convulsionada por *adquirir* su independencia, de tal manera que —según la tía Antonia que le cuida— merece que los chicos de Guadalajara le llamen en aquellos años, como "Cubita libre". Vinculado también a la provincia de Guadalajara el renombrado urólogo de Madrid, don Pedro Cifuentes, era frecuentemente recordado por mi padre, sobre todo como compañero durante el bachillerato en el Cardenal Cisneros. Tendrá su continuación generacional cuando el hijo, Luis Cifuentes, también urólogo ilustre, sea amigo —nuevamente por el Instituto-Escuela y la FUE— de mis hermanos y mío.

Apenas si hay registros de cómo aprendió las primeras letras en la provincia de Guadalajara; los escasos medios que envía desde Cuba el padre telegrafista, son suficientes para mantener una vida muy modesta al cuidado de la tía Antonia, pero sin ningún exceso, especialmente cuando se trasladan a vivir a Madrid con toda modestia para estudiar el bachillerato en el Instituto del Cardenal Cisneros. Por su proximidad, recordará alguna residencia temporal en la calle del Divino Pastor.

Estudiante en Madrid

Terminado el bachillerato en el Instituto más moderno entonces, el Cardenal Cisneros —el tradicional, más antiguo, era el de San Isidro— muestra gran facilidad y aptitud para las matemáticas y piensa que lo más adecuado puede ser la carrera de ingeniero de caminos, canales y puertos que, entonces, se cursaba en una escuela especial, no en la universidad. El ingreso en la escuela era difícil, requería por lo menos dos años de preparación matemática en academias privadas, generalmente tres o cuatro. Hasta bien entrado en la adolescencia, no se ha significado ningún maestro en particular: apunta desde la más tierna edad una condición de autodidacta que le va a acompañar toda la vida. Realmente, en el siglo XIX en España no había facilidades para ingresar a una "escuela" científica o humanista; no había grandes maestros creadores de escuelas de pensamiento. Si acaso, en cuanto a intelectuales, había grandes individualidades pero, quizás, la falla mayor que sufrió España en dicho siglo fue la falta de maestros de escuelas de pensamiento. Por eso se ha propiciado tanto el autodidactismo español en el siglo XIX.

En el siglo XX será diferente. Acaso la mejor "escuela" española del siglo XIX fue el humanismo liberal o libre pensamiento humanista, basado en el krausismo español —filosofía y pedagogía— que importó de Alemania don Julián Sanz del Río y que tuvo su descendencia en don Francisco Giner de los Ríos (de los Ríos Rosas), creador de la Institución Libre de Enseñanza con todas sus importantes consecuencias: la Junta para ampliación de Estudios e Investigaciones Científicas, las dos residencias de estudiantes (masculina y femenina), los laboratorios de investigación de la residencia masculina (histología, fisiología, química, microbiología), el laboratorio de física (del "Hipódromo") que desembocó en el Instituto Nacional de Física y Química (Fundación Rockefeller), el Centro de Estudios Históricos, el Instituto de Estudios Árabes y el Instituto-Escuela...

Mi padre no fue un auténtico "institucionista" que se formase en su escuela, pero siempre tuvo gran atracción por ese círculo intelectual y gran admiración por Giner de los Ríos y por su continuador, don Manuel Bartolomé Cosío. Cuando se creó la más joven de las descendencias, el Instituto-Escuela (1918), decidió a trasladarse a Madrid para que sus hijos estudiaran en él. Hace poco tiempo que, explicándole esa situación al eminente hispanista francés Marcel Bataillon —"Erasmo y España"— en México, delante de un distinguido intelectual mexicano, se volvió hacia éste y le dijo: "Vea V. la importancia que los republicanos españoles han dado siempre a la educación y a la cultura".

Un autodidacta en matemáticas es relativamente fácil de formarse pues no requiere de experimentaciones con seres vivos ni con sustancias ni con aparatos. Requiere fundamentalmente horas de trabajo, lápiz y papel, mucho antes de que aparezcan las computadoras u ordenadores. Con un tesón extraordinario logra sacar plaza, en dos años, para ingresar en la Escuela Especial de Ingenieros de Caminos, Canales y Puertos.

La tía Antonia, que recibe desde Cuba los esasos dineros que envía su hermano telegrafista, los administra tan bien que les permiten vivir modestamente a ella y al sobrino cubano puesto a su cuidado, pero sin excesos.

Siendo niños, mi hermano Antonio y yo, que íbamos frecuentemente a ver a la tía Antonia, recordamos cuántas veces nos enseñó el memorial manuscrito por mi padre para solicitarle ayuda económica con que comprarse ¡una bicicleta! para facilitar su transporte por una ciudad no demasiado grande pero capital de un país, sin metro, sin tranvías, sin automóviles ni autobuses; solamente tracción animal. Una bicicleta era entonces un artículo costoso, no tanto como ahora un automóvil, pero entonces era una herramienta de trabajo para desplazarse rápida y económicamente. La solicitud de préstamo a su tía Antonia incluía una larga enumeración de condiciones que estaba dispuesto a cumplir, entre las que destacaba su oferta de dejar de fumar, por ahorro, no por otras circunstancias que hoy se evalúan más. En cualquier caso, su anhelo por la bicicleta parecía una premonición de lo que sería el transporte preferido, en toda Europa, de los intelectuales de todo tipo en el siglo XX, al menos en su primera mitad. Cada vez que yo veía pedalear seriamente a significados premios Nobel en Alemania, en Suiza o en Holanda, no podía por menos que recordar la bicicleta de mi padre, antes de que falleciera Alfredo Nobel.

Con bicicleta y como autodidacta, logra aprobar el ingreso en la Escuela de Caminos. Después, venía la segunda parte: matrículas, libros, material de dibujo, manutención. Las escuelas especiales, y la de Caminos en particular, eran escuelas caras, pero todavía podía sostenerlo el magro envío que seguía haciendo desde Cuba el padre telegrafista. Aún tenemos en México el recuerdo material de un gran estuche de dibujo de aquellos tiempos que debió de ser un verdadero tesoro entonces y que ha venido a dar al exilio mexicano como muestra del valor melancólico de los recuerdos. Estuche valioso para estudiar una carrera de ingeniero pero totalmente inútil para la profesión farmacéutica.

Se disponía a ingresar en la Escuela... cuando viene la catástrofe del 98. ¡A cuántos españoles perturbó dramáticamente la pérdida de Cuba! no sólo en el aspecto material —pérdida de todo vestigio colonial, Cuba, Puerto Rico, Filipinas— sino también en el intelectual. Por algo, en la historia intelectual de España, *la generación del 98* representa un hito fundamental.

La farmacia

Afortunadamente, por los días de las negras noticias de Cuba, aparece una convocatoria del ayuntamiento de Madrid que otorga becas para cursar la carrera de farmacia. ¡Farmacia! Qué raro, nunca se le hubiera ocurrido, ni había antecedentes ni había manifestado ninguna inclinación ni simpatía. Pero es una oportunidad para realizar una carrera universitaria gratis. Porque todas las carreras universitarias, en España, costaban dinero en matrículas, aun en el siglo XIX. Su capacidad de estudio, su dominio de las matemáticas y su deseo de alcanzar títulos universitarios —que nadie tiene en la familia— le permitirán obtener no un solo título, sino dos: farmacia, gracias a las becas del ayuntamiento, y ciencias químicas, que tiene mucho en común con farmacia, merced a sus desvelos para estudiar y a sus conocimientos matemáticos. Eran los tiempos en que se arrastraban idolatrías de las matemáticas para cualquier actividad científica. En aquella época, la carrera de ciencias químicas —en realidad, físico-química— constaba de 17 asignaturas matemáticas y solamente de tres quími- cas. Hasta 1923 no se introduciría en España un plan de estudios razonable basado precisamente en la química. Y, por azares del destino, la primera cátedra que ganará, y ocupará por varios años, será la de química orgánica en la Facultad de Ciencias de la Universidad de Salamanca.

En cambio, el ejercicio de la profesión farmacéutica en Salamanca y en Madrid, y su enseñanza en la Universidad de Madrid (química biológica) desde 1927, le pro- porcionará una libertad de vivir (al cabo, la farmacia es una de las "profesiones libe- rales") que le hará siempre enaltecer la profesión y agradecerle el *modus vivendi* en plena libertad.

Al empezar un nuevo siglo, los estudiantes madrileños crean la primera agrupa- ción, la Unión Escolar, precursora de las organizaciones estudiantiles posteriores, entre ellas la famosa FUE de los años veinte. Por haberse creado la Unión Escolar en 1900, siempre se referirán a sus componentes como los "novecentistas" y la herman- dad que surgió allí se mantuvo hasta bien entrada la República, en reuniones y actos diversos. Como siempre, en todos los centros de estudios superiores, dominan los dedicados a la medicina. De ahí las excelentes relaciones que estableció desde esa época con numerosos y valiosos médicos: don Teófilo Hernando, catedrático de tera- péutica que llegará en la República a suceder a Unamuno en el Consejo Superior de Cultura; don Jorge Francisco Tello, el sucesor y discípulo predilecto de Cajal; don José Sánchez Covisa, catedrático de dermatología y decano de la Facultad de Medici- na; su hermano Isidro, urólogo como el ya viejo amigo Pedro Cifuentes; un médico general con el que va a coincidir poco después en Salamanca, don Agustín del Cañizo, importante amistad después.

En cambio la familia castellano-aragonesa no le proporciona significativos con- tactos intelectuales, pero sí tendrá con ella un valioso panorama de la vida popular que él mismo estimará en alto grado. Mientras se estabiliza la independencia cubana, con los años de intervención estadunidense, el padre telegrafista tiene que seguir en la isla pero la disponibilidad de lo que puede enviar a Madrid se reduce cada vez más. En unos años más, ya establecido como catedrático en Salamanca, tendrá incluso que sostener por su cuenta a su padre, jubilado y cesante, en Cuba, y a la tía Antonia que le ha criado. Precisamente los dos hermanos, Antonia y Antonio, fallecerán en 1924: ella en Madrid, él en Valencia, adonde se había retirado al regresar de Cuba, buscando una cierta semejanza del clima al que estaba acostumbrado.

El joven cubano no tiene hermanos, pero sí numerosos primos más o menos cercanos; todos ellos le acercaron a la vida popular madrileña. Uno es conductor de tranvías, de esos tranvías eléctricos recién instalados en Madrid con motores belgas;

otro vende mariscos en la Dehesa de la Villa; otro más vende flores en el atrio de la iglesia de San Sebastián (la de "Misericordia" de Galdós), otro es empleado del ayuntamiento, otro más es portero en un ministerio... Incluso, no falta una prima monja que llegará a tener una elevada jerarquía en la orden de San Vicente de Paúl. Llena de actividad en hospitales (tendrá un alto cargo en la Maternidad de Santa Cristina), cuando fallezca en pleno régimen franquista, sor Vicenta Sanz Giral merecerá una columna en el ABC, comentando su vida ejemplar y su entierro en la Sacramental de San Justo. De todos ellos mi padre se expresará con respeto y con admiración: su familia representa bien la variedad del pueblo de Madrid al que rendirá superior tributo de admiración y de apoyo desde las alturas del poder durante la gesta heroica de 1936-1939.

La vida estudiantil, su relación con los novecentistas, los familiares populares y los magros ingresos personales, le llevan a vivir una vida madrileña típica, más cerca de lo popular que de los círculos escogidos. Hará una vida de madrileño castizo que se recordará con agrado al evocar los espectáculos musicales, especialmente el "género chico" y las zarzuelas. Durante su vida estudiantil madrileña empiezan a cuajar sus inquietudes políticas. Los estudiantes han organizado en Madrid una conferencia de Pi y Margall, ex presidente de la República del 73. Es 1901, año en que fallece Pi y Margall. Pero, meses antes, su conferencia radicalmente republicana despierta enorme entusiasmo entre la juventud y especialmente en el inminente químico-farmacéutico, si bien siempre la recordará por un rasgo humorista: al terminar la conferencia una multitud juvenil acompaña al conferencista hasta su casa, y van gritando ¡Viva Pi y Margall! pero como la distancia es larga y todos van a pie, hay jóvenes que responden ¡que viva más cerca!

PROFESIÓN, CIENCIA Y ENSEÑANZA

Antes de terminar sus carreras, empieza a trabajar como perito químico en el Laboratorio Municipal de Madrid (1901) y, al año siguiente, hace unas oposiciones como auxiliar químico del Laboratorio Central de Artillería. Esas primeras oposiciones, en puestos de fines tan diversos, le ofrecen la posibilidad de utilizar todo su ingenio para resolver los problemas prácticos de los ejercicios experimentales, un aprendizaje que le redituará buenos resultados en subsiguientes oposiciones, así como en el ejercicio profesional.

Alternando las dos carreras, tiene la oportunidad de acercarse a los maestros más distinguidos de aquellos años. En la Facultad de Ciencias descuella don Eugenio Piñerúa, mientras que en la de Farmacia destaca la figura de don José Rodríguez Carracido, quien será más tarde rector de la Universidad de Madrid y merecerá el honor de tener dedicada una calle en la moderna capital: la del "Doctor Carracido" es una muy corta transversal de la Gran Vía, cerca de la plaza de España.

La confianza que le dispensó Piñerúa se manifestó en su nombramiento como encargado de clases prácticas de química general en la Facultad de Ciencias y fue más allá en cuanto que Piñerúa le encargó además la enseñanza química de sus propios hijos como profesor particular.

Por su parte, Carracido le protege en la Facultad de Farmacia, lo que le permite ganar por oposición una plaza de profesor auxiliar (1904). Entre las clases particulares, las ayudantías y las plazas ganadas por oposición, empieza a reunir suficientes ingresos como para poder mantener a la tía Antonia sin esperar a que lleguen envíos de la Cuba perdida.

El siglo XX ha comenzado bien para el joven químico-farmacéutico, después del impacto sufrido por la catástrofe del 98. A pesar de que todos los puestos son modestos y lo que reúne apenas si le basta para su manutención y la de su tía, a fuerza de trabajo logra presentar sus dos tesis doctorales, con la satisfacción de ver premiadas las dos.

En 1903 presenta la de farmacia con un estudio sobre cobalticianuros y en 1904 la de ciencias con un tema relacionado, sobre cianuros dobles anormales. Ambas son calificadas como sobresalientes. Es de notarse que en esa época todavía no se daba un título específico de químico: el doctorado que se otorga es en ciencias físico-químicas, lo que explica en parte el exceso de materias matemáticas que le ha venido muy bien al candidato por su preparación previa para el ingreso en la carrera de ingeniero de caminos.

Vale la pena señalar el significado múltiple de sus primeras actividades que le preparan para ingresar en el profesorado universitario. Apunta ya su vocación universitaria en sentido pleno. Más tarde, muchos universitarios de distintos países sintetizarán la misión universitaria como la actitud del hombre ante el conocimiento universal, que debe armonizar los tres aspectos fundamentales: adquisición, transmisión, utilización.

La adquisición del conocimiento está representada por la investigación, la transmisión por la enseñanza y la difusión de la cultura, y la utilización por la aplicación que se lleva a cabo en el ejercicio cabal de la profesión.

Por ello, desde que está terminando sus estudios y empieza a tener plazas remuneradas, sus primeras actividades conjugan los tres aspectos: profesión (utilización), ciencia (investigación) y enseñanza (transmisión). A lo largo de toda su vida, en sus múltiples actividades realizadas, siempre se podrá percibir una coordinación de esos tres aspectos.

Acaso se pueda señalar cierta preferencia por la profesión, especialmente por la profesión farmacéutica que tanto le sorprendió cuando tuvo que empezar a formarse en ella de una manera tan inesperada. Sin embargo, siempre manifestó por ella gratitud y entusiasmo, dada su condición de profesión liberal que le permitió en todo momento —lo mismo en Salamanca como en Madrid— vivir de una manera independiente sin tener que atenerse a arbitrios ajenos. De todos modos, comprende que una de las causas de los atrasos de España se debe a la falta de conocimientos prácticos en ciencias experimentales, entre ellas la farmacia, una de las más señaladas, ya que se trata de una mezcla de química y biología orientada al mantenimiento de la salud.

A pesar de su preferencia por la farmacia, no había en esa época oportunidades para ingresar en el profesorado de la facultad correspondiente. Aunque muy tradicionales y muy concurridas, las facultades de Farmacia eran escasas —Madrid, Barcelona, Granada y Santiago de Compostela— mientras que las facultades de Ciencias, en su sección de Química, eran de nueva creación en varias universidades más, tenían pocos alumnos y había muchas plazas de catedráticos sin cubrir.

Protegido por las dos grandes figuras de ciencias y de farmacia —Piñerúa y Carracido— hace la primera oposición a la cátedra de química orgánica en la Facultad de Ciencias de la Universidad de Salamanca, que no tiene Facultad de Farmacia entonces. Gana la oposición, se va a Salamanca y toma posesión de su cátedra el 12 de abril de 1905, siendo rector de la Universidad don Miguel de Unamuno, con quien va a compartir muchos años de vida intelectual, universitaria y política. Cuatro días antes ha tomado posesión de la cátedra de patología médica, en la Facultad de Medicina, don Agustín del Cañizo, conocido como novecentista en Madrid. La amistad y el trato continuo de los dos nuevos catedráticos —jóvenes y solteros— van a ser definitivos en la vida de ellos y de sus respectivas familias.

Resulta difícil hablar de un cambio de siglo, al menos en forma brusca y en el ámbito internacional. Otra cosa sería el cambio en España. Muchos autores piensan que en el mundo no hubo cambio abrupto en 1900. Para unos, el siglo XIX se prolonga dentro del XX por 20 o 30 años y los hay tan exigentes que señalan el comienzo espiritual del siglo XX hasta 50 años más tarde cuando va transcurrida la mitad y aparece la electrónica. Esto por lo que a su contenido y al modo de vida se refiere: el panorama del siglo XIX se prolonga dentro del XX sin cambios bruscos. Ni el carbón ni el petróleo ni la electricidad inducirán cambios rápidos con relación al dominio del oro y de la plata. En cambio, a mediados del siglo XX la electrónica será causa de numerosos cambios abruptos o, simplemente, coincidirá con ellos.

El joven farmacéutico y químico que cumple 21 años al cambiar el siglo, se ve sometido a los influjos y a las presiones internacionales, pero también y en mayor grado a los problemas y al destino españoles, bastante diferentes.

De cualquier manera, la guerra de 1914-1918, llamada "guerra europea" y "guerra mundial", sí produce cambios sustanciales como para pensar que podría representar la línea divisoria de los dos siglos.

Desde la guerra de 1870, hasta la guerra de 1914-1918 son escasas las modificaciones al mapa político del mundo, representadas en Europa por la pugna franco-alemana vigilada por Inglaterra, y el ir y venir de Alsacia y Lorena. Entre este vaivén europeo, el joven farmacéutico-químico que cumplirá fielmente con su formación política y científica francesa, anhelará, como aparente paradoja, que sus descendientes —biológicos y espirituales— tengan una formación alemana, cuando menos en el aspecto científico y técnico. Es una visión del porvenir que da mucho que pensar.

Como resumen del pensamiento del catedrático de química orgánica puede decirse que aconseja una formación francófila en política, sociología y filosofía y una formación germanófila en ciencia y tecnología.

En otras partes del mundo, más lejanas, ocurren acontecimientos que van a tener también cierta influencia en la conformación del mundo del siglo XX. En 1896, Theodor Herzl publica en Austria *El estado judío* defendiendo la tesis del regreso a la Tierra Prometida en forma irrenunciable, un programa que provocará a lo largo del siglo XX grandes movimientos a favor y en contra y que atraerá la atención del mundo durante muchos años. Especialmente, los judíos alemanes han tenido mucho que ver con el extraordinario desarrollo, científico y técnico, de Alemania. Pero, también, la política pro judía interferirá con la labor de mi padre desde el exilio mexicano. Ya en 1909 se funda Tel Aviv, por un grupo de familias judías; es la primera ciudad del mundo enteramente judía, que será el centro de la creación del nuevo Estado de Israel hacia la mitad del siglo XX. El cambio de siglo ha estado muy condicionado por el problema judío y se ha ido intensificando a lo largo del siglo XX. Mi padre siempre tendrá una simpatía por el pueblo judío y por sus realizaciones.

En Europa y en su capital intelectual y artística —París— las cosas parece que no cambian: la *Belle Époque* se viene arrastrando desde años antes y, por lo menos, dura hasta la primera Guerra Mundial, 1914-1918. Todo el siglo XIX ha sido un constante anunciar descubrimientos científicos, movimientos artísticos, novedades tecnológicas, ensayos y publicaciones, hasta tal grado que ha sido caracterizado como el siglo del "parto de la Ciencia y de la Técnica". También ha sido el siglo que anuncia y hace prever cambios políticos y revoluciones sociales.

El siglo XIX comenzó rompiendo la barrera de la velocidad. Desde Alejandro el Magno hasta Napoleón no hay velocidad superior a la carrera del caballo. Con el siglo XIX empieza la locomotora, cada vez más rápida. De una manera ininterrumpida la velocidad sigue aumentando a lo largo de ese siglo y lo mismo durante el XX sin que se note un cambio brusco al cambiar de siglo. La *Belle Époque* asimila todos los cambios sin sentir diferencias fundamentales entre los dos siglos.

La apoteosis de la *Belle Époque* tiene lugar al comenzar el siglo XX cuando se inaugura en París la Exposición Universal con un fabuloso presupuesto de 120 millones de francos, mientras que la de 1855 había costado sólo 11 millones. Para la Exposición inaugurada en abril de 1900 se ha construido el puente Alejandro III, el Grand y el Petit Palais, se presenta la maravilla del cine de los hermanos Lumière, sincronizando imagen y sonido, todo ello presidido por el *hada electricidad,* obra del americano Edison y representada por 12 000 bombillas, descubiertas 21 años antes, que lucen en la Exposición. Parece que la electricidad puede aproximarse a ser la característica del nuevo siglo, pero su desarrollo es todavía lento. Edison es el gran "inventor" moderno. No es un científico de nuevas teorías; es un empírico, genial, creador de muchas cosas prácticas que hacen cambiar la vida a fines del XIX y principio del XX. Sus más notables creaciones se patentan en 1878 (iluminación eléctrica y fonógrafo) pero sigue patentando hasta comienzos del XX; es el mayor autor de patentes de invención y la iluminación seguirá progresando durante todo el siglo XX. Él representa mejor que nadie la exaltación del conocimiento sin título ni formación universitaria.

El santiaguero cubano, convertido en profesor de Salamanca, se vincula familiarmente a la provincia de Cáceres y contribuirá a electrificar el pueblo de Navalmoral de la Mata ya bien entrado el siglo XX, antes de ser diputado republicano por Cáceres. No sólo la electricidad, sino todos los progresos de la técnica son cuidadosamente seguidos, admirados o tratados de imitar por el joven catedrático salmantino.

El canal

La importancia de las comunicaciones se manifiesta en todos los sentidos: uno de los más significativos es la unión de los océanos Atlántico y Pacífico, mediante el Canal de Panamá, lo que representará el crecimiento significativo de los Estados Unidos en la técnica, en la economía y en las finanzas. En noviembre de 1901, los Estados Unidos aceptan construir el canal interoceánico por Nicaragua, rechazando el proyecto de Panamá, pero nueve días después (18 de noviembre de 1901) se firma el segundo acuerdo Hay-Pauncefotte que asegura a los Estados Unidos el derecho exclusivo de la construcción del Canal de Panamá gracias a las maniobras del vicepresidente Teodoro Roosevelt que ha sido nombrado presidente de ese país dos meses antes, a la muerte de Mc Kinley. Será en junio de 1902 cuando el Congreso estadunidense autorice a Roosevelt comprar en 40 millones de dólares la concesión del Canal adquiriendo su control perpetuo (Ley Spooner).

Así como el Canal de Suez, construido en el siglo XIX, ha servido fundamentalmente para mantener al imperio inglés, acortando y abaratando las relaciones con la India, el Canal de Panamá que parece servir sólo a los Estados Unidos, ha tenido grandes consecuencias en la política americana.

En agosto de 1903 los Estados Unidos intervienen para separar a Panamá de Colombia: un inesperado levantamiento constituye la nueva República de Panamá gracias a los bomberos, germen del ejército, mientras se soborna al gobernador y al jefe de la guardia. El cerebro civil de la revolución es un médico de los ferrocarriles, M. Amador Guerrero, cuyo primer acto es informar al ministro de los Estados Unidos y en noviembre del mismo año, en presencia de naves estadunidenses, la junta proclama la secesión de Panamá de Colombia y su constitución como República. A los tres días, los Estados Unidos reconocen a Panamá como República independiente y a los 15 días se firma el Tratado Hay-Buneau Varilla concediendo a los Estados Unidos todos los derechos de construcción, gestión y protección del Canal, a perpetuidad, creando una zona especial a ambos lados del Canal que divide al nuevo país en dos mitades. Es el primer país de habla española que se independiza de otro país precisamente independizado de España. Todavía hay que tolerar el sarcasmo del presidente Roosevelt quien en enero de 1904 declara ante el Congreso "que no ha tenido nada que ver" en la secesión de Panamá de Colombia.

En noviembre de 1904, Roosevelt es reelegido presidente de los Estados Unidos y declara ser "el gendarme de América Latina". De ahí surge la política de T. Roosevelt respecto a Hispanoamérica, "Hablar suave y esgrimir un gran garrote". Gracias a esa política se construye el Canal de Panamá (que beneficia sobre todo a los Estados Unidos), que será inaugurado en 1914 por el transatlántico estadunidense "Alliance" de 40 000 toneladas, el primero en pasar del Atlántico al Pacífico salvando el desnivel de 25 m entre ambos océanos, a lo largo de sus 82 km. Las obras duraron más de 30 años. Pero todavía se conserva la comunicación por tierra entre ambos océanos, como recuerdo histórico de Núñez de Balboa, con el nombre de "Camino de los españoles". Difícilmente Colombia perdonará a los Estados Unidos la amputación de Panamá.

Las comunicaciones

La velocidad de la locomotora se logra con el carbón como energético. Mientras pierden importancia los brillantes metales nobles —plata y oro— que han dominado la riqueza, el poder y la economía en siglos anteriores y que en la América hispánica eran abundantes como fuente de progreso y desarrollo, va ganando importancia el negro y sucio carbón y, en consecuencia, adquieren prepotencia los países que *lo tienen en abundancia y lo saben explotar*: Inglaterra, Francia y Alemania en Europa y los Estados Unidos en América. A lo largo del siglo XX el petróleo comienza a tener más importancia. Los países —o grandes agrupaciones de naciones— que *tienen petróleo abundante y lo saben explotar*, serán también los países prepotentes: los Estados Unidos y Rusia (principal integrante de la URSS).

Es importante combinar adecuadamente ambas circunstancias: los países árabes acabarán siendo los mayores productores de petróleo pero no dominan su explotación, les falta infraestructura científica y técnica; Alemania, al contrario, no tiene petróleo natural pero le sobra capacidad técnica para explotarlo, por lo cual hará maniobras políticas y militares para obtener la materia prima energética. Incluso, Alemania logrará transformar el carbón en petróleo ya que cada vez el combustible líquido va ganando preferencia en su uso, pero el costo de la gasolina sintética será todavía muy alto, y sólo tendrá el valor estratégico en un bloqueo por guerra.

No ha habido un cambio brusco entre el carbón y el petróleo; la sustitución ha sido paulatina y aún hoy no está terminada, todavía se pueden usar ambos energéticos según convenga, pues las disponibilidades de uno y otro son muy distintas. Pero entra en juego una tercera fuente de energía, la electricidad, descubierta y manejada desde fines del siglo XIX.

El uso sucesivo de los tres energéticos —carbón, petróleo y electricidad— marcará el desarrollo de los ferrocarriles y será un índice del progreso de los países. Como siempre, España anda a la zaga en Europa. Recuerdo, todavía bien entrado el siglo XX, aquellos pesadísimos viajes entre Madrid y Salamanca con transbordo de tren en Medina del Campo, así como el uso de aquellos vagones sin pasillo en que el revisor se cambiaba de un departamento a otro mediante arriesgados malabarismos con el tren en marcha.

Para el desarrollo de un país, es objeto de profunda meditación qué será más conveniente: disponer de materias primas o contar con una amplia infraestructura de técnicos y científicos bien formados, es decir de graduados de estudios superiores. Con el correr del siglo XX, se irá viendo cómo crece la importancia del personal científico-técnico sobre la existencia y disponibilidad de materias primas, de recursos naturales, tal como fue durante siglos anteriores caracterizados por la explotación minera de metales nobles. Es decir, se destaca cada vez como más importante la formación de graduados de estudios superiores en su más alto nivel.

Una prueba más de ello es el aprovechamiento químico del carbón y del petróleo en sus productos secundarios, que llega a tener gran significación económica. El alquitrán (brea) del carbón que, al principio, costaba dinero quitar por ser un estorbo para quemar la hulla directamente, se transforma en cok, más puro pero inexistente en las minas, formándose una nueva fuente de sustancias orgánicas que dan origen a la industria de colorantes y de medicamentos sintéticos, lo que da un mayor valor normal al aprovechamiento total del carbón. Alemania lleva la delantera en este campo y acaso sea la razón de que el aprovechamiento integral del petróleo (refinación y petroquímica) tarde más, al grado de que para entrar en la gran guerra, 1914-1918 apoyando a los aliados, los estadunidenses den prioridad a disponer de colorantes sintéticos que tienen los alemanes 30 años antes y ellos no. La electricidad, en cambio, no produce sustancias secundarias pero su uso sí puede diversificarse (principalmente productos inorgánicos) si la cantidad y el precio lo permiten.

Entre el fin del siglo XIX y los primeros años del XX se van a desarrollar más y más variados inventos que cambian el modo de vivir, gracias a la combinación del carbón, del petróleo y de la electricidad: el propio ferrocarril y el acero, el automóvil, el avión, el teléfono, la radio y la televisión, la fotografía y el cine. Todo ello se inicia al fin de un siglo y se va desarrollando en el siguiente. La primera función pública de cine no se producirá hasta fines de 1895, año en que los hermanos Lumière patentan el aparato tomador de películas con asistencia de 33 espectadores. En América el primer local comercial para exhibir películas en público no se abrirá hasta 1902 (en Los Ángeles, Estados Unidos). Ya en París, con motivo de la Exposición (1900) el cine se ha consagrado con gran éxito. Los noticieros cinematográficos constituyen una modalidad de la información, como medio de comunicación, que va a ser muy importante para el progreso del mundo entero.

El teléfono es creación de un físico escocés que vive en los Estados Unidos, Alexander Graham Bell (1875-1876). La fotografía, que ha sido un descubrimiento francés (hermanos Lumière) se comercializa en 1888 cuando el industrial estadunidense Jorge Eastman obtiene la patente de las cámaras Kodak.

El primer automóvil práctico que empieza a rodar, un Benz alemán, lo hace en 1885. Hasta 1902 no se matricula el primer automóvil en la Inspección de Carruajes del Ayuntamiento de Madrid. Al año siguiente (1903) se crea la Ford Motor Co., aunque ya desde 1896 se había iniciado la producción de automóviles baratos en los Estados Unidos y su fundador, Henry Ford, comienza en 1908 la producción del modelo T del que venderá 15 millones de unidades en menos de 20 años. En 1897, otro alemán, R. Diesel inventa el motor de combustión externa. En 1900, se inaugura la primera línea de autobús de largo recorrido (Londres-Leeds, 320 km en dos días). Hasta 1907 no se publica en España el primer reglamento de automóviles pues ya hay 4 000 registrados en Madrid y será en 1914 cuando circule en Barcelona el primer coche de fabricación nacional, un Elizalde.

Los artificios de vuelo empiezan ya con el siglo XX: el *Zeppelin* como nave aérea de creación alemana aparece en 1900 (primer vuelo, 20 de diciembre). Al año siguiente, el brasileño Santos Dumont se arriesga a volar sobre Europa en aparatos primitivos (dirigibles) en los que llega a rodear la Torre Eiffel y en noviembre de 1906 vuela en un biplano pero se estrella en Boulogne. En 1901, los hermanos Wright, en los Estados Unidos, hacen volar el primer avión con propulsión propia a 12 m de altura en un trayecto de 900 m en Carolina del Norte, hasta que en 20 de septiembre de 1904, con un motor de dos caballos y dos hélices, logran superar un vuelo de más de 1 km. Es hasta 25 de diciembre de 1909 cuando un francés, Blèriot, logra cruzar el Canal de la Mancha en un avión, empleando 27 minutos de Calais a Dover. En 1911 se realizará el vuelo Londres-París sin escalas en cuatro horas.

Los aviones y los automóviles consumirán cantidades crecientes de gasolina, lo que hará de los países productores de petróleo la mayor significación de poder, los Estados Unidos y Rusia (URSS). De ahí la gran importancia que tiene en 1901 el hecho de que Porfirio Díaz autorice la libre explotación del petróleo mexicano en terrenos baldíos y nacionales, lo que hará de México un gran productor petrolero llegando hacia 1920 a ser el segundo mundial, gracias a la explotación de la *Faja de Oro*.

Al empezar el siglo XX se inaugura el tren suspendido en Elberfeld, Alemania, que recorre 13 km sobre el estrecho valle del Wupper y que facilitará la incorporación de la industria química y farmacéutica (la Bayer y la Badische) al importante cauce del Rhin.

Acaso los transportes motorizados que se mueven consumiendo derivados del petróleo —automóviles y aviones— pueden representar mejor que otros descubrimientos la diferencia más marcada entre los dos siglos, es decir, que pueden ser el indicador más claro de la diferencia entre ambas centurias.

Será en 1902 cuando nazca otro automotor de movimiento más lento pero más poderoso, que revolucionará la agricultura: el llamado "caballo mecánico", el tractor con motor de dos cilindros movido por aceite pesado.

El submarino

A pesar de los precursores anglo-holandeses en el siglo XVI, indudablemente el submarino es el gran descubrimiento español entre ambos siglos —XIX y XX— que no se completa ni se industrializa.

El inventor del submarino fue el riojano Cosme García Sáez (1818-1874), natural de Logroño, lo mismo que los grandes químicos descubridores de un elemento del sistema periódico: el volframio, descubierto por los hermanos Elhúyar en un mineral sueco. También son riojanos los ilustres matemáticos Rey Pastor (Madrid-Buenos Aires) y Guillermo Sáez (catedrático de Salamanca).

El primer submarino con capacidad para dos personas, el barco-pez, fue construido en Barcelona y trasladado por barco a Alicante donde se probó el 4 de agosto de 1860 con pleno éxito... pero la reina Isabel II declaró que no se podía ocupar de tan maravilloso invento "por los cuantiosos gastos ocasionados por la guerra de África". Ese ejército fracasado en América y trasladado a África con todos sus vicios tradicionales, era también la causa del fracaso industrial y económico del primer gran invento español.

García Sáez ofreció su descubrimiento, el garcibuzo, a Napoleón III y, a pesar de la mediación de la condesa de Montijo, la esposa española de Napoleón el chico, que llegó a ofrecerle su traslado al arsenal de Tolón para construir uno, con un contrato de 14 millones de francos, no se llevó a cabo. Se atribuye al patriotismo de García Sáez el no haber aceptado el contrato. Por esos años, las tropas francesas de Napoleón eran derrotadas en territorio mexicano por el ejército nacional dirigido por el general Ignacio Zaragoza y del que formaban parte los indios zacapoaxtlas (Puebla, 5 de mayo de 1862) bajo la presidencia de Benito Juárez. El garcibuzo quedó en el puerto de

Alicante y cuando "estorbó a la navegación" fue hundido en sus aguas donde todavía debe de permanecer.

Lo único digno que se desprende de esos años fue la retirada de México de las tropas españolas mandadas por el general Prim. Una calle en la ciudad de México recuerda la gratitud del país hacia el general liberal.

Después del fracaso de García Cosme, se vuelve a intentar otro ensayo en relación con el submarino: se trata ahora de un catalán, Narciso Monturiol (1819-1885), natural de Figueras con su barco-pez que llamó ictíneo y que bota en la Barceloneta en 1859 trasladando también a Alicante la prueba oficial. Pocos años después (1864) se constituye una sociedad de la iniciativa privada que llega a asignar millón y medio de pesetas para el proyecto, pero los socios no aportan el dinero. Consecuencia: el más interesante y original invento español, por unas causas u otras, no puede ser costeado ni por el gobierno ni por la industria privada.

Finalmente, terminando el siglo XIX, el marino de Cartagena, Isaac Peral (1851-1895), a quien se atribuye el descubrimiento final del submarino, construyó el suyo en el arsenal de La Carraca, Cádiz, botándolo en 1888 y realizando varias pruebas de navegación durante una hora sumergido a 10 metros de profundidad.

El trabajo del marino cartagenero sí parece tener el consenso general que condujo al descubrimiento del submarino en una gran controversia nacional. El propio Echegaray, respetado por sus conocimientos técnicos y científicos —física, matemáticas, ingeniería— más que por sus dramas literarios, lo defendió ardorosamente, pero no llegó a cuajar como un gran descubrimiento español.

En cambio, los alemanes se aprovecharon de los trabajos y cálculos de Peral y sus antecesores para construir un enorme submarino, el *Deutschland,* que realizó hazañas útiles para Alemania. En 1917, en plena guerra mundial (1914-1918), el *Deutschland* burló la vigilancia aliada en el Atlántico y apareció en la costa sur de los Estados Unidos llevando media tonelada de índigo (añil) sintético. Si los ingleses habían descubierto los colorantes sintéticos (Perkin,1854), los alemanes se les habían adelantado en su desarrollo y fabricación industrial; precisamente la producción masiva del índigo era uno de sus éxitos más brillantes. A pesar del medio siglo transcurrido, los estadunidenses no tenían aún producción de ningún colorante sintético y necesitaban índigo para las marcas especiales de sus billetes de papel y de sus monedas de plástico. Mediante enlaces secretos, habían convenido en intercambiar índigo sintético por caucho natural (hule) pues los estadunidenses dominaban los lugares donde se producía, y todavía no estaba dominada la producción de caucho sintético. Cuando el *Deutschland* se sumergió de nuevo, sustituyendo su carga de índigo por caucho, los Estados Unidos declararon la guerra a Alemania, sumándose a las fuerzas aliadas y desembarcaron en Saint Nazaire en junio de 1917.

En ese mismo año fondea en Cartagena el primer submarino con el nombre español de su descubridor: *Isaac Peral.* ¿Sería el mismo *Deutschland* con el nombre cambiado?,

¿sería un gemelo suyo?, pues los alemanes ya empezaban a construir en serie. Desde luego no era español más que de nombre y de historia. De todos modos, la técnica de construir submarinos, de origen español, tenía el suficiente arraigo en el arsenal de Cartagena como para justificar que, en años sucesivos, el consulado alemán en Cartagena fuera un centro importante del espionaje alemán en España.

La realidad es que España demuestra una vez más su incapacidad para llevar a cabo trabajos importantes. El submarino de Peral no se construye en España, parece que fue en los Estados Unidos a los 19 años del 98 y que también Alemania puede construirlo basado en los cálculos y planos del marino cartaginés.

Durante nuestra guerra, después de dividir la zona republicana y dificultar la comunicación Valencia-Barcelona, se organizó un enlace submarino incluso con correo regular que sirvió bien a los coleccionistas filatélicos. Con eso se demuestra una vez más la incapacidad española para empresas importantes, mientras se cuidan con especial esmero las colecciones de sellos de correo.

Otros inventos

A fines del siglo XIX se termina en París la construcción de la Torre Eiffel, un alarde de ingeniería, pero hasta 1889 no se da acceso al público para visitar la torre.

En diciembre de 1901, el estadunidense Gillette inventa un método seguro de rasurarse con una navajita especialmente montada que llevará siempre su nombre. Todavía recuerdo, de niño, a mi padre rasurándose con navaja; hasta los años veinte, en Madrid, no aceptará la Gillette.

Si en diciembre de 1901, misma fecha del invento de Gillette, el italiano Marconi ha logrado la comunicación inalámbrica entre los dos continentes, Europa-América (de Cornualles a Nueva Inglaterra), con una antena de 50 m transmitiendo la señal Morse de la letra S, bastaron sus experiencias anteriores para hacer que los ingleses, celosos de tener la mejor y más poderosa marina del mundo, se dieran cuenta de la importancia de la TSH para comunicarse con sus barcos; apoyaran los experimentos y ya en 1900 dispusieron que la escuadra británica fuese equipada con telegrafía sin hilos mientras el gobierno italiano lo rechaza por extravagante.

Previamente, el propio Marconi había descubierto la antena con toma a tierra (1895) y en 1899 había emitido mensajes de Dover a Boulogne. Al morir Marconi, Mussolini organizaría un fastuoso entierro.

Durante nuestra guerra (1936-1939) el uso de la telegrafía inalámbrica en los barcos será decisivo para controlar la marina republicana.

El desarrollo de la ciencia y la tecnología es verdaderamente espectacular en todas sus especialidades y el joven químico-farmacéutico es profesor de una ciencia básica: la química orgánica. En la segunda mitad del siglo XIX, en Francia, descuella la inmensa labor de Pasteur creando la microbiología. Y si en su propio país se han discutido sus descubrimientos y ha habido gran resistencia en aceptarlos, antes de su muerte puede tener la satisfacción de verlos consagrados con la creación del Instituto Pasteur (1888), institución que durante todo el siglo XX será orgullo indiscutible no sólo de Francia sino del mundo entero. Pasteur muere en 1895, igual que Isaac Peral, creador del submarino; mientras en Alemania, el ingeniero Linde logra la licuefacción del aire.

La bioquímica

En el primer año del siglo XX (1901) se aísla la primera hormona —la adrenalina— como resultado de la visita de Takamine, japonés, al laboratorio de Aldrich en los Estados Unidos. Es el anuncio de la significación que van a tener las hormonas y los demás catalizadores biológicos (vitaminas, enzimas) en general, aunque ya desde 1894 se venía trabajando con extractos de glándulas (opoterapia). Como las hormonas y las enzimas activas son producidas por el cuerpo normalmente se les llama autofármacos.

En cambio la palabra y el concepto de vitamina no aparecerán hasta 1912 (Casimiro Funk, polaco) como un nuevo aspecto de la bioquímica de la nutrición. Precisamente, la bioquímica será la ocupación universitaria en Madrid del joven cubano y la nutrición la más atendida.

La física

También la física experimenta un desarrollo espectacular en los países más avanzados de Europa: Francia, Inglaterra y Alemania. Los franceses contribuyen con la radioactividad cuando H. Becquerel presenta un fragmento de radio luminoso por sí mismo (1896) seguido del aislamiento del radio puro por Pierre y Marie Curie (1901) lo que merecerá en 1903, el premio Nobel de física al matrimonio junto con Becquerel. Después, en 1911, madame Curie, viuda, recibirá un segundo premio Nobel por el estudio completo del radio, que fue el objeto de su tesis doctoral.

Los ingleses descubren el electrón (J. J. Thomson, 1896) y las partículas alfa y beta a comienzos del siglo XX (Rutherford, neozelandés). Los alemanes descubren y manejan los rayos X (Roentgen, 1895) mientras Max Planck enuncia la teoría de los quanta (1899) que será un apoyo a los estudios y cálculos de Einstein (judío alemán, nacionalizado suizo en 1901) sobre la relatividad y el efecto fotoeléctrico. Por otro lado la mecánica cuántica introducida en el estudio de los electrones será la base de la imagen moderna del átomo que presentará el danés Niels Bohr, ya bien entrado el siglo XX (1913).

La química y Alemania

El joven químico-farmacéutico admira sobre todo los progresos científicos y técnicos en el campo de la química, que cada vez es más dominada por los alemanes, quienes acaparan todos los premios Nobel creados en 1900. El primero de ellos no se concede a un alemán, quizás por cierto respeto temeroso al káiser, engreído por el progreso de su país; se concede a un holandés, Jacobus Henricus van't Hoff, por su primer desarrollo de la estereoquímica y del carbono tetraédrico, dos temas que ocuparán la atención del reciente catedrático de Salamanca en sus primeros años. Después, los premios Nobel de química a Emilio Fischer (profesor en Berlín, 1902) y a Adolfo Bayer (profesor en Munich, 1905) no son sino el reconocimiento de que entre los dos han creado lo más importante de la química orgánica que es el título de la cátedra que ocupa mi padre en la Facultad de Ciencias de Salamanca.

Constantemente, el químico-farmacéutico nacido en Cuba estará recordando la significación internacional de la ciencia y el hecho de que sobresalgan en ella los naturales de los países más avanzados. En cambio, en la lengua española no se vislumbran apenas las contribuciones originales.

Durante el siglo XIX, lo más notable en el mundo de los países de vanguardia es la industrialización de Alemania basada en los descubrimientos científicos principalmente por alcanzar la primacía en la producción de acero, hacia la mitad del siglo XIX. De ser un país subdesarrollado —como ahora lo es cualquier nación latinoamericana— con desarrollo medieval hasta la mitad del siglo XIX, se industrializa gracias a las bases científicas y al aprovechamiento del carbón para alcanzar uno de los primeros lugares entre las naciones más avanzadas. Acaso contribuyó a ello el descubrimiento de la morfina (Sertürner, 1806), la síntesis de la urea (Wöhler, 1828) y, más tarde (1869), lograr la dirección mundial en la fabricación de colorantes y de medicamentos al patentar la síntesis de la alizarina. Conviene no olvidar que el desarrollo industrial de Alemania coincide con una política enemiga del socialismo, a pesar de que el judío Carlos Marx era alemán. En 1878, el canciller Bismarck lanza una serie de leyes antisocialistas.

Curiosamente, el último año del siglo XIX marcado por la teoría de los quanta de Planck (14 de diciembre de 1899) es también el año en que la casa Bayer registra el nombre de Aspirina, uno de los acontecimientos de la industria farmacéutica.

La mayor sorpresa del desarrollo técnico-industrial alemán basado en el dominio de las ciencias puras, está acaso representada por la inmensa significación que tuvo la fijación del nitrógeno (sales amónicas, urea, nitratos). Los compuestos de nitrógeno eran fundamentales en dos aspectos del progreso, para bien y para mal: los abonos nitrogenados para la agricultura y toda clase de explosivos usados en la ingeniería civil, así como para las guerras y los conflictos violentos. La cantidad de nitrógeno que hay en toda la atmósfera es prácticamente inagotable y está a disposición, sin fronteras ni limitaciones, de quien sea capaz de utilizarlo. Hasta bien avanzado el siglo XIX, no había más fuentes de nitrógeno industrializable que los nitratos minerales que se habían concentrado especialmente en el norte de Chile. Cuando al comenzar la primera Guerra Mundial, los aliados creían haber cercado a los imperios centrales privándolos de los famosos nitratos de Chile, se encontraron con la sorpresa de que los centroeuropeos disponían de explosivos nitrados, fabricados con una materia prima inagotable y gratuita. Si bien la primera síntesis orgánica fue la de un compuesto nitrogenado, la urea, realizada por un profesor de la Universidad de Gotinga (F. Wöhler, 1828), sólo tuvo importancia científica para demostrar la posibilidad de obtener artificialmente los productos naturales de los que se creía necesitaban una misteriosa "fuerza vital" para formarse. Desarrollándose la síntesis artificial a lo largo del siglo XIX culmina su significación ya en pleno siglo XX alcanzando la máxima importancia con la fijación del nitrógeno atmosférico, en forma de amoníaco que servirá para obtener sales amónicas, urea en cantidades insospechadas y nitratos de todas clases muy superiores en cantidad y en diversidad a los existentes en Chile. Todo ello gracias a la colaboración estrecha entre científicos —incluyendo judíos eminentes—, ingenieros e industriales. La primera síntesis industrial del amoníaco, conquista de la industria y de la ciencia alemanas, se patenta en 1908 a nombre del científico judío Fritz Haber (profesor de química inorgánica) y del ingeniero Carl Bosch: es la síntesis Haber-Bosch.

Otro logro sensacional de los alemanes es el descubrimiento de la cura de la sífilis con el Salvarsán en 1910, dos años después de que Ehrlich había obtenido el premio Nobel.

El gran desarrollo técnico-industrial de Alemania, será una de las características del cambio de siglo, basado en el progreso de la ciencia fundamental y de sus aplicaciones.

Política, religión y sociología

Al comenzar el siglo XX, Alemania cuenta con 56 millones de habitantes, mientras España no tiene más que 18 millones, sin contar los muchos millones que han ido a poblar los países de Hispanoamérica como emigrantes, ni los que fueron antes para originar los criollos y mestizos de una veintena de jóvenes países americanos, la mal llamada hoy Latinoamérica. Lo que se llamó Inglaterra (el Reino Unido más Irlanda) cuenta con 37 millones, pero el Imperio británico, que se dirige desde Londres, es dueño de la cuarta parte de toda la tierra del mundo. Es el fruto de la era victoriana que empieza a declinar con el siglo XX, pues el 22 de enero de1901 fallece la reina Victoria y es sustituida por su hijo Eduardo VII.

Mientras comienza la declinación británica empieza también el ascenso del mundo anglosajón en América. El 7 de noviembre de 1900 tiene lugar la reelección de Mc Kinley, por escasa diferencia. Había sido el triunfador de la guerra de Cuba —la primera guerra internacional de los jóvenes Estados Unidos— aniquilando los últimos restos del poderío español, de aquel poder que llegó a dominar casi la mitad del mundo (Felipe II): Tres años después y casi al año de la reelección (6 de septiembre de 1901) Mc Kinley sufre un atentado anarquista en la ciudad de Detroit, a consecuencia del cual fallece a los pocos días en Buffalo, sucediéndole el vicepresidente Teodoro Roosevelt, lo que acarreará grandes cambios en la política del continente americano: construcción del Canal de Panamá, segregación de este país de Colombia promovida por los Estados Unidos y nueva política neoimperialista señalada por Roosevelt.

Mientras en la primera parte del siglo XIX, un presidente estadunidense, James Monroe, ha pretendido adjudicar el continente de una manera confusa: "América para los americanos", sin que sepamos qué son ni quiénes son los "americanos", un presidente argentino, Roque Sáenz Peña, al final del siglo XIX, ha respondido al presidente estadunidense en rotunda y generosa lengua española: "América para el mundo". Argentina lo lleva a la práctica facilitando la inmigración de millones de ciudadanos de todo el mundo para poblar y ocupar las extensas pampas sudamericanas creando las mayores y mejores ganaderías del mundo en tierras prácticamente despobladas, así como sin animales herbívoros nativos y domesticables.

Desde 1850 los países europeos pretendieron también invadir los grandes países asiáticos empezando por la vieja e inmensa China: Inglaterra invade 10 provincias; la Rusia zarista, cinco (entre ellas, se anexiona la Manchuria); Francia, tres. Japón también invade dos provincias y el káiser alemán invade sólo una, pero es la más controvertida por temor a la fuerte expansión alemana (la penetración hacia Oriente de Bismarck —*der Drang nach Ost*—) provocando una violenta reacción china que culmina con el asesinato del embajador alemán en Pekín (1900). Como represión, el káiser envía más tropas a China y, ese mismo año, la socialista alemana Rosa Luxemburgo llama la atención de los trabajadores socialistas internacionales sobre la política alemana en China (Congreso de París, 23 de septiembre de 1900).

Parece que fue el mismo año de 1879, el del nacimiento del químico-farmacéutico cubano, cuando se reúnen en secreto los imperios centrales —Alemania y Austria-Hungría— creando las bases de entendimiento con que van a desencadenar la primera Guerra Mundial, 1914-1918.

El recién catedrático de Salamanca tendrá una marcada actividad política aliadófila, principalmente francófila, sin dejar de reconocer la superioridad técnica y científica alemana. Pero su actividad política pública tendrá siempre el sello de una marcada francofilia, lo cual, en medio de una sociedad conservadora, germanófila, tiene aún más valor. Cuando en 1917 sea detenido en Salamanca, estará en compañía del cónsul francés, también detenido por las autoridades españolas abusando de la política "neutral" de los gobiernos de Alfonso XIII. Los liberales y especialmente los intelectuales y republicanos se manifestarán como claramente francófilos, pero el rey y grandes sectores de la política y de la religión son claramente germanófilos.

Internacionalismo y pacifismo

Al comenzar la guerra europea —o mundial, 1914-1918— un sensible escritor francés, Romain Rolland, se expatria en Suiza y lanza la consigna de un movimiento ideológico neutral, no violento, no intervencionista, que resume en la expresión *au dessus de la melée*. Lo atrevido de tal convocatoria prende en círculos intelectuales, liberales y humanistas, pero carece de cualquier influjo sobre las masas obreras que se ven arrastradas a la guerra, presas de fuertes nacionalismos. En primera instancia, la llamada de Romain Rolland atrae muchos adeptos y parece una sublimación del espíritu liberal, humanista. Sin embargo, poco duró el entusiasmo y poca huella dejó en el mundo. Años después, durante la guerra española (1936-1939), otro sensible escritor español, republicano y poeta, Antonio Machado, corrigió al escritor francés: "Es más difícil estar a la altura de las circunstancias que *au dessus de la melée*".

Los tiempos van a demostrar que el pacifismo no se logra con sometimiento ni con entrega. A veces, como ocurrió en España, el pacifismo y el verdadero internacionalismo democrático sólo se podían alcanzar con una violencia defensiva, con una lucha armada, valiente, que careció de resultados políticos por las traiciones individuales y, más aún, por las traiciones colectivas de otros países o de organizaciones internacionales. Al comienzo de nuestra guerra Romain Rolland rompe el silencio y lanza un manifiesto —"¡Humanidad, llamamiento a ti!"— lleno de bellas expresiones pero no tuvo ningún eco ni en Francia, ni en Europa, ni en América.

Durante la guerra española, ya bien entrado el siglo XX, la posición "*au dessus de la melée*" generó una posición particular, la "tercera España", unas veces confundida con egoísmo y otras con cobardía, que no ofrecieron nunca soluciones aceptables ni situaciones honorables, tanto en lo individual como en lo colectivo. En cambio, somos muchos los que, reconociendo lo difícil de la situación, nos sentimos identificados con el poeta español republicano, en el esfuerzo por adoptar posturas auténticamente liberales y humanistas dentro de las circunstancias, sin dejar de reconocer el valor y atrevimiento de un gran escritor francés que se expatría. ¡Negar a Francia por no intervenir en una guerra! Muchos intelectuales le siguieron y le admiraron, pero los obreros no. Ni el mundo ni Francia estaban entonces preparados para tal gesto.

Pudiera ser que 20 o 25 años después tampoco los españoles, ni la mayoría de los habitantes del mundo, estarían dispuestos a adoptar una nueva postura valiente y clara en defensa de la democracia y de la libertad aunque fuese con violencia. Quienes determinan la política internacional en Europa son Inglaterra y Francia que unidas en la famosa *entente cordiale* constituirán el pivote fundamental durante todo el siglo XX al grado de llegar a ser los determinantes de la historia española especialmente cuando se produce el trágico episodio de la llamada "guerra civil".

Religión

Todas las manifestaciones y revoluciones tecnológicas, científicas y político-sociales llegan a inquietar a Roma, que las recoge en encíclicas de gran resonancia —*Rerum novarum*— (1891) expresada en el tradicional latín, cuando el Papa León XIII está próximo a morir con 93 años. Es muy posible que los acontecimientos de dos años antes (1889) —huelgas en Londres, creación de la II Internacional— presionaran también al Papa para lanzar su encíclica. Como contrapunto, varios ensayistas han registrado que el cambio del siglo está presidido por los tres grandes judíos que *se expresan en alemán*: Einstein, Freud y Marx, creadores revolucionarios en el estudio de la física, de la mente humana y de la sociología, si bien Marx es un típico representante del XIX (que muere en 1883 y cuyas obras fructifican en el XX) y Einstein produce su obra en pleno siglo XX después de haberse nacionalizado suizo (1901) y haber trabajado en el registro de patentes. Sólo el austriaco Freud marca el cambio de siglo comenzando a estudiar la mente cuando comienza el nuevo. Es el 14 de octubre de 1900, en Viena, cuando Sigmund Freud —austriaco, no alemán— comienza el psicoanálisis de Dora, primer caso en el estudio de la mente. Las publicaciones sobre interpretación de los sueños y psicoanálisis en los siguientes años del siglo, en alemán original, se traducen al español como primer idioma no alemán.

Curiosamente, el mismo Papa León XIII, autor de la *Rerum novarum* (1891), por esos años (1885) reconoce el derecho de España a las Islas Carolinas, en el Pacífico, frente a las pretensiones alemanas. Apoyo vaticano al imperialismo español en vísperas de su desaparición.

Precisamente, entre Cavite (2 de mayo de 1898) y Santiago (3 de julio de 1898), un solo buque estadunidense (20 de junio de1898) se apodera sin resistencia del Archipiélago de las Marianas, que era teóricamente español.

Resulta también sintomático que el mismo Papa León XIII otorgue su bendición (bula papal) a la "Nueva Pontificia Universidad" de México (14 de diciembre de 1895) creada por el clero mexicano en sustitución de la Universidad Colonial Española, cerrada y abierta varias veces a lo largo del siglo XIX y clausurada definitivamente por el liberal Benito Juárez y el juarismo en consonancia con las leyes de Reforma. Ni la soberanía española en las Carolinas y en las Marianas, ni la Universidad Pontificia de México tuvieron una confirmación duradera.

Lo mismo en España que en la cercana Francia, los problemas políticos, sociales e intelectuales se mezclan profundamente con la vida religiosa. Ya desde el siglo XIX se venía percibiendo en Francia una enconada lucha de los republicanos contra el clero, lo que influye notablemente en la vida española, pero a largo plazo. En 1877 se hizo famoso el discurso de León Gambetta, en la Cámara francesa, con su célebre frase "el clericalismo, ¡he ahí el enemigo!". En 1880 se obliga a los jesuitas a abandonar los establecimientos de enseñanza, pero hasta 1886 es cuando la Cámara de diputados francesa seculariza la enseñanza primaria y el educador francés que está implantando la educación laica en su país —Alfred de Loisy (1857-1940) destituido como profesor (1893)— es excomulgado por Roma en 1908.

La encíclica de León XIII marca un claro deseo intervencionista de la Iglesia, en política y sociología. La punta de lanza de tal actitud está representada por la Compañía de Jesús, creación típica española, que despliega su actividad más intensa precisamente en España. La antítesis de la Iglesia, en España y en el mundo, estará representada por los intelectuales. No sólo la llamada de Gambetta; especialmente los científicos dedicados al culto de la razón y la experimentación científica en condiciones de reproductibilidad, se manifiestan claramente en contra del intervencionismo eclesiástico.

En 1895, los medios científicos se sienten sorprendidos cuando el profesor francés de física, Pierre Curie, contrae matrimonio con su alumna polaca María Slodowska (que será madame Curie) y el estremecimiento entre los científicos se produce a causa de que —todavía en el siglo XIX— es un matrimonio sin ceremonia religiosa porque ambos contrayentes son librepensadores. Todo ello mientras estudian la radioactividad y descubren el radio. Sin embargo, en España el episodio tiene muy escasa trascendencia. En ese momento aunque el joven catedrático de Salamanca admira y se entusiasma con los movimientos de resistencia al poder de la Iglesia, principalmente franceses, ni a él ni a sus compañeros novecentistas ni a sus compañeros universitarios de Salamanca ni a sus amigos intelectuales, les afectan directamente las medidas y disposiciones francesas, ni siquiera el ejemplo de científicos tan distinguidos. El ambiente español no se percibe propicio en el cambio de siglo; el influjo clerical que tanto ha retardado el progreso de España continúa con una enorme fuerza encabezada por la Compañía de Jesús y se manifiesta especialmente en países latinos de Europa y de América, pero Francia lleva la iniciativa en las medidas laicas. En España no tendrán repercusión inmediata y habrá que esperar a la implantación de la II República en 1931.

Sociología

Como ya apuntaba la encíclica *Rerum novarum*, la penetración eclesiástica en la política y en la vida en general sólo puede tener eficacia a través de los obreros y de las masas de trabajadores, aceptando la preocupación general por sus condiciones de vida, lo que afecta todas las ideas políticas y todas las creencias religiosas.

En la propia Inglaterra se empieza a sentir la inquietud de los obreros: en 1889 hay una huelga de estibadores en Londres y es el mismo año en que se crea la II Internacional (que dura hasta 1914 en que comienza la gran guerra).

El siglo XX se caracteriza por comenzar (1901) con la fundación en Suiza de la Oficina Internacional del Trabajo (BIT), mucho antes de crearse las diversas agrupaciones de países (S. de N., ONU) a las que siempre se incorporará. En España, el Instituto Nacional de Previsión Social adscrito al Ministerio del Trabajo y creado por esos años (1908), tendrá un carácter eminentemente social, al margen de ideas políticas o de creencias religiosas, pero siempre se percibirá en él un espíritu liberal y humanista. En el mismo año de 1908 se crea en Madrid la Casa del Pueblo, como alojamiento del Partido Socialista que ya tiene cerca de 30 años de existencia (1879) y de la UGT (1888).

Al comienzo del siglo XX, se producen los primeros avisos de la inquietud social con sus consecuencias políticas. En 1905 se produce la primera llamada en la Rusia zarista, que tendrá su explosión dramática en 1917 y, mientras tanto, en 1910, tiene lugar la Revolución mexicana (Madero, Villa, Zapata) de tanta significación para la vida española.

En mayo de 1905, apenas llegado a Salamanca el joven catedrático, tiene lugar en Madrid la boda real de Alfonso XIII con la princesa británica Victoria Eugenia de Battenberg, quien ha debido convertirse al catolicismo dos meses antes. Al desfilar el cortejo por la Calle Mayor, el anarquista Morral tira una bomba que no afecta a la pareja real.

Si en el siglo XIX se había fundado la Federación Americana del Trabajo como primer sindicato obrero, en 1900 nace en Londres el Partido Laborista inglés como consecuencia de una conferencia de los sindicatos socialistas. En 1902 se declara la primera huelga general en España precedida durante varios años de agitaciones obreras principalmente en Barcelona, con impulsos más anarco-sindicalistas que socialistas o comunistas.

En 1903 se crea el Instituto de Reformas Sociales que influirá notablemente en la legislación obrera española y que dará origen al Instituto Nacional de Previsión (1908).

Aún en 1904 se declara que la jornada de los obreros en el campo es de sol a sol. Hasta 1907 se producirá la primera huelga de los obreros textiles en Río Blanco, Veracruz, con un saldo de 200 obreros muertos por las tropas gubernamentales de Porfirio Díaz.

Toda esa protección del trabajador tenía antecedentes en conferencias y convenciones (Berlín, 1890; Berna 1905-1906 y 1913) con el fin de impedir que la capacidad de competencia internacional de una nación se pueda aumentar a costa de las condiciones de trabajo, pero la legislación del trabajo no penetró en España más que a través de los acuerdos internacionales.

En 1919 se crea la Organización Internacional del Trabajo como consecuencia del BIT de 1901, que es acogida en el Tratado de Versalles con el fin de establecer reglas de la organización industrial, de la protección al trabajo y de legislación social. Merced al Convenio de Washington (1919) se estableció *la jornada de ocho horas* con carácter universal, a los 15 años de proclamar en España la jornada de sol a sol. Esta legislación universal fue válida para todos los países que constituyeron la Sociedad de Naciones y, más tarde, pasó íntegra a la Organización de Naciones Unidas. El joven químico-farmacéutico conocerá muy bien toda la legislación internacional y la cumplirá meticulosamente, lo mismo en Salamanca que en Madrid, en sus farmacias, laboratorios y fábricas.

Los países avanzados se preocupan por mejorar las condiciones sociales de los trabajadores. Uno de los aspectos más notables es el problema del transporte en grandes ciudades, que afecta a gran número de personas de escasos recursos. Por ello, si 1900 es el año de la Exposición de París con sus deslumbrantes 12 000 bombillas como apoteosis de la *Belle Époque*, se empieza a sentir ese año un soplo democrático y popular con la inauguración de la primera línea del metro, Porte Maillot-Porte Vincennes. Es el primer transporte rápido (subterráneo) y económico en una gran ciudad, que tendrá imitadores en todo el mundo y, sobre todo, ramificaciones exuberantes por el éxito de su eficacia. La técnica empieza a ponerse al servicio de las clases trabajadoras.

El reciente catedrático salmantino de química se sentirá cada vez más influido por el republicanismo francés con su claro sentido laico y agnóstico, aunque en España no se pueda llevar a la práctica. Al mismo tiempo sentirá siempre una gran atracción por mejorar las condiciones de vida de los obreros y de los campesinos, declarando que uno de los problemas fundamentales de España es la agricultura.

El CAMBIO EN ESPAÑA

Para el mundo hispánico, las cosas tienen un aspecto muy especial que se centra de una manera abrupta en el crítico año de 1898, cuando se producen los desastres navales de Santiago, Cuba, y Cavite, Filipinas, con la pérdida de los últimos vestigios coloniales españoles: Cuba, Puerto Rico, Filipinas, las Marianas y las Carolinas. La situación legal internacional se consagra en París entre el 6 de enero de 1901 y el 21 de febrero de 1902 en que se firma el Tratado de París.

Lo significativo de ese tratado no está sólo en su realización material sino en su contenido espiritual. Toda la nación seguía creyendo firmemente en la potencia invencible del Imperio español y de sus fuerzas armadas. Hasta los españoles más liberales hablaban con desprecio de los "choriceros de Chicago" para designar al país industrial y a la potencia militar que se estaba forjando en América. Todavía se seguía creyendo, como en los siglos XVI y XVII, en la imbatibilidad de los tercios españoles y en el terror que inspiraba el solo nombre del duque de Alba, bueno para asustar a los niños alemanes como si fuera el "coco". Los famosos tercios de Flandes habían sido destrozados en Rocroi por las armas de fuego, aunque en España se seguía mencionando Rocroi como una victoria española. Por el estilo eran todas las apreciaciones, huecas pero rimbombantes, sobre la vida española.

Pero España no aprende. El ejército, totalmente retirado de América, continúa su tradición militarista en el norte de África. La dominación militar de Marruecos comienza con el siglo XX y ocupa la atención de la vida española durante el primer tercio del siglo. Incluso, hay que destacar que el conflicto de 1936-1939 fue iniciado en África por un ejército africanista que se había retirado de América. Es el ejército fracasado en Cuba que se retira a Marruecos para continuar con todas las lacras consagradas: corrupción, frivolidad, altanería, arrogancia, pedantería, presunción y egoísmo, para acabar en el Barranco del Lobo (1921) y en Annual. Sus fracasos americanos y africanos le llevan a intentar dominar en la propia península europea. Eso es lo que ha representado la negra etapa del franquismo.

Un típico intelectual del 98, joven en el cambio de siglo y profesor de la Universidad de Madrid —Américo Castro, nacido en 1885— enumera así las causas de los "desastres del 98": muchos obuses de la escuadra en Santiago de Cuba no tenían pólvora, los sellos de quinina contra el paludismo que diezmaba a los soldados en la manigua contenían harina, los gruesos proyectiles de los fuertes de Manila carecían de espoleta...

Los intelectuales y la enseñanza

Todavía estaba vigente la pragmática de Aranjuez (22 de noviembre de 1559) del poderoso y autoritario Felipe II prohibiendo que todo español saliera del país para enseñar o para aprender. Ni se sabía lo que se pensaba ni lo que se hacía fuera de España, ni se quería saber. La arrogancia intelectual era paralela a la soberbia del poder. Hasta mediados del siglo XIX y como una premonición de la generación del 98, don Julián Sanz del Río (1814-1869), romperá el maleficio de la pragmática de Aranjuez.

La firme y valiente actitud de Sanz del Río le cuesta la primera destitución como catedrático de la Universidad de Madrid por negarse a firmar una *profesión de fe religiosa, política y dinástica*. Es enero de 1867, cuando ni siquiera se ha producido el destronamiento de Isabel II y faltan seis años para que se proclame la primera República Española. Sanz del Río como Kant, no trataba de enseñar una filosofía, sino que enseñaba a filosofar. No satisfecho con el mero pensar quiso vivir —y enseñar a vivir— conforme a su pensamiento.

Algunos meses después, en ese mismo año y en México, Maximiliano se rinde al general Mariano Escobedo, bajo la presidencia de Benito Juárez, y es ejecutado en Querétaro con la aprobación del presidente Juárez, después de haber vencido a la reacción conservadora y a la intervención francesa, implantando las leyes de Reforma. Es cuando, al entrar en la capital, desde el balcón central del Palacio Nacional, Juárez pronuncia su famoso discurso: "Entre los hombres como entre las naciones, el respeto al derecho ajeno es la paz".

En 1875, el marqués de Orovio —ministro reaccionario de Cánovas en el primer gobierno de la restauración— provoca el abandono de sus cátedras universitarias de los profesores Salmerón, Castelar y Giner de los Ríos. Dos ex presidentes de la primera República. Justo un mes después de haber desembarcado en Valencia Alfonso XII, quien es proclamado rey en Sagunto con el apoyo del general Martínez Campos, el del Zanjón.

Como respuesta al Decreto de Orovio y a la restauración, en octubre de 1876 se crea en Madrid la Institución Libre de Enseñanza. Su fundador, don Francisco Giner de los Ríos, recoge las esencias de la filosofía krausista importada de Alemania por don Julián Sanz del Río. Es una filosofía neokantiana que en Europa no ha tenido muchos adeptos pero que en España prende muy bien al destacar dos de los matices más importantes: una honestidad integral y una dedicación fundamental a la pedagogía, todo ello dentro del culto a los valores humanos. Por ello el movimiento representado por la Institución recoge gran parte de la corriente de la generación del 98 que se funde con un espíritu liberal, agnóstico y humanista y con frecuencia hasta declaradamente republicano. El primer presidente del Patronato de la Institución será don Nicolás Salmerón que acaba de ser presidente de la primera República, lo que imprime un matiz republicano a la Institución.

Precisamente, Salmerón había fundado una escuela similar con su ayudante Urbano González Serrano, pero dura poco ante el éxito de la Institución. Al morir Giner de los Ríos en 1915, un institucionista notable, generación del 98, el poeta Antonio Machado, recogerá el mensaje del maestro en la elegía que escribe:

Hacedme un duelo de labores y esperanzas
[...]
Yunques sonad
Enmudeced campanas

Acaso en esas tres líneas está condensado el programa político y social para España, según la Institución y la generación del 98.

Otro de los aspectos del humanismo institucionista es el culto del feminismo. Mientras en España las pocas mujeres que asisten a la universidad —Concepción Arenal y María Goyri por ejemplo— tienen que disfrazarse de hombres llevando pantalones, en 1900, año divisorio de los siglos, el *reichstag* alemán autoriza el acceso de las mujeres a las universidades y el derecho a presentarse a oposiciones. En España, solamente un grupo de *damas de Boston* (1903) patrocina el desarrollo del feminismo intelectual cediendo su propiedad de Miguel Ángel 8 para residencia femenina de estudiantes y para coeducación en todos los niveles, lo que culmina alojando al Instituto Escuela.

Cuando la generación del 98 se apoya en la Institución y en Giner de los Ríos, empiezan a surgir derivaciones de la misma que van a tener importancia decisiva para el desarrollo español, todas ellas ya en pleno siglo XX. Pocas veces se piensa que España no ha tenido Ministerio de Instrucción Pública en todo el siglo XIX, pues se crea en 1901, acaso como una compensación del 98. Una de las primeras medidas del nuevo Ministerio consiste en conceder becas para estudiar en el extranjero: que la juventud intelectual, estudiosa, se entere de lo que se hace fuera de España aunque Felipe II no lo consienta desde su tumba.

El primero que incumple la pragmática de Aranjuez es don Julián Sanz del Río a mediados del XIX y de ahí surge la Institución. Desde 1901 hasta 1907, el Ministerio recién creado concede las becas. En 1907 a fin de organizar y coordinar esas actividades, se crea la Junta para ampliación de estudios e investigaciones científicas, con el acierto de que la preside don Santiago Ramón y Cajal, recién laureado con un premio Nobel científico (1906), pero lo más importante será la elección del secretario, don José Castillejo, quien hará el inmenso servicio a España de enviar durante 30 años, selectos jóvenes estudiosos a estudiar en el extranjero.

Los vocales de la nueva Junta serán Álvarez Buylla, Azcárate, Bolívar, Calleja, Casares Gil, Echegaray, Fernández Ascarza, Fernández Jiménez, Gimeno, Hinojosa, Marvá, Menéndez Pelayo, Menéndez Pidal, Rivera Tarragó, Rodríguez Carracido, Santamaría de Paredes, Simarro, Sorolla, Torres Quevedo y Vicenti.

El joven químico-farmacéutico ya nombrado catedrático de la Universidad de Salamanca, y siempre protegido por sus maestros de la Universidad de Madrid, será uno de los primeros en disfrutar una beca del Ministerio (1905-1906), antes de la creación de la Junta. En esos años primeros del siglo y fuertemente influidas por todo ese ambiente alrededor del 98, las tendencias liberales que a veces se superponen al republicanismo, en ocasiones apoyan las independencias americanas.

Muchas cosas ocurren en esos primeros años del siglo XX en España —bajo el fantasma del 98— y fuera de España, pero no hay que olvidar que la Constitución que logra aprobar Cánovas en 1876, se mantiene vigente hasta 1923. Para la Constitución española no hay cambio de siglo. Precisamente el año en que se crea la Institución es el año en que se aprueba la Constitución y es también el año en que termina la tercera y última guerra carlista.

En 1902 se proclama la mayoría de edad de Alfonso XIII quien ocupa el trono y cesa la regencia de su madre. El mismo año y en el mismo mes de mayo, se declara la independencia de Cuba con Estrada Palma como presidente, al tiempo que se pierde definitivamente el dominio sobre la isla de Puerto Rico y sobre Filipinas, territorio asiático.

Unamuno, que ha sido nombrado rector de la Universidad de Salamanca en 1901, durará ininterrumpidamente hasta 1914 cuando es destituido por el rey. El siglo XX ha comenzado con la actividad universitaria, ejemplar, pedagógica, de esta cabeza privilegiada que puede indicarse como el paladín de la generación del 98 aunque él mismo niega haber pertenecido a ella. Por lo menos, no se puede negar que ha sido el intelectual que más ha influido en los miembros de la generación con una personalidad avasalladora en que siempre ha mezclado en forma original la política, la literatura, la religión, la filosofía y el magisterio. Aparentemente solitario, por su inmenso sentido individualista, ha tenido una capacidad creadora como para considerarlo un maestro integral. Es el hombre que, en todas formas, nos dice: "España no es el 98; no queremos que lo sea; queremos otra cosa; España puede ser..."

Mientras es rector, en 1904 pronuncia un discurso radical en Salamanca ante Alfonso XIII y, en 1906, otro equivalente en el teatro de la Zarzuela. En 1924 es desterrado a Fuerteventura, Canarias, se escapa de allí y va a París, se traslada a Hendaya donde escribe y hace propaganda política. Ni qué decir que el exilio va acompañado de la destitución de su cátedra. Antes del exilio, en Salamanca había escrito *Vida de don Quijote y Sancho* (1905) y *Su Majestad, la lengua española* (1908). Hacia 1910 empieza a escribir su *Rosario de sonetos líricos,* entre los que figuran cinco marcadamente agnósticos, además del bello soneto sobre "La lengua".

Si en alguna persona influyó a fondo, a pesar de sus caracteres y cualidades muy distintas, fue en el joven catedrático de química, quien, desde que llegó a Salamanca en 1905 hasta el comienzo de la guerra en 1936, se convirtió en su constante acompañante, en su protegido, en su devoto discípulo.

En 1909 tiene lugar en Barcelona la Semana Trágica, iniciada con una huelga revolucionaria contra la guerra de África y que termina con el fusilamiento de Francisco Ferrer, un viejo maestro inválido creador de la Escuela Moderna. Al fusilarle, el venerable maestro grita: "¡Viva la Escuela Moderna!" Es el primer estallido de los maestros de primaria haciéndose presentes en la política en forma dramática. El problema seguirá por muchos años: como fueron muchos los maestros de primaria fusilados, encarcelados o destituidos durante la guerra o a su fin, más los muchos miles que salieron al exilio, en 1939, al acabar la guerra, el régimen franquista no tenía cómo cubrir las muchas plazas que había creado la República. Por ello, acudió a uno de los recursos más deprimentes y más pobretones de la derecha española en el campo de la enseñanza: por decreto concedió el título de maestros a los sargentos de buena letra.

Generación del 98 e independencias

Todo el siglo XIX pasa inadvertido en cuanto a las revoluciones científicas y tecnológicas. Mientras el siglo XIX es en Europa y en Norteamérica *el siglo del parto de la ciencia y de la técnica*, en la España de la península es el siglo de los cuartelazos y de las guerras civiles. Se dice que el "cuartelazo" es un invento inglés para deteriorar el poderío español. Pudiera ser, pero no hubiera servido de nada de no existir excesivos generales dispuestos a escuchar las insinuaciones británicas y las promesas de apoyo. En la España americana el siglo XIX es *el siglo de las independencias*: comienzan con el siglo (1805-1810), se consagran con la batalla de Ayacucho (1824) que expulsa del continente al poder español y terminan con el episodio tragicómico del 98 en las islas.

En vista de las vicisitudes de las dos repúblicas (1873-1875 y 1931-1939) y de la simpatía de los republicanos por las independencias americanas hay quien ha llegado a decir que la única y última independencia americana que falta por consagrar es la de la República española en la propia península europea. Desde luego las repúblicas modernas han dejado de hablar en América de la madre patria y de sentimientos parecidos para sustituirlo por un sentimiento de fraternidad.

Por todo ello, cuaja la generación del 98 y en ella cuenta el nuevo catedrático de química orgánica en la Facultad de Ciencias de la Universidad de Salamanca.

De vez en cuando, siguiendo el espíritu del destronamiento de Isabel II (1868), se producen movimientos liberales como el intento fallido de sublevación de la escuadra en Cartagena (1885) con matiz republicano pero sin trascendencia duradera.

Las independencias americanas de los países hispanohablantes se vieron muy influidas por la independencia de las colonias británicas, así como por el pensamiento de algunos criollos y de peninsulares liberales. Vinculada la independencia de los Estados Unidos al movimiento de la Ilustración, su consolidación posterior se deberá al auge de las máquinas movidas por el carbón como consecuencia de la Revolución industrial inglesa. Cuando se producen las independencias en los países que hablan español ya ha tenido lugar la Revolución francesa que no deja de influir en la formación de los nuevos países hispanoamericanos.

En España, como siempre, se llega tarde cuando en 1897 el gobierno liberal de Sagasta concede la autonomía a Cuba y a Puerto Rico.

El general que ha protegido la restauración de la dinastía borbónica en 1875 —Martínez Campos— es el mismo que trata, poco después, de pacificar Cuba en el Zanjón (1878) a base de diálogo y tolerancia, pero acaba perdiendo la isla a pesar de un segundo intento en 1895, porque Martí, Gómez y Maceo han iniciado, con el grito de Baire, la tercera y definitiva guerra de independencia cubana, sin hacer caso del Zanjón, que terminará con la victoria de Calixto García en el oriente bravío, después de haberse iniciado en 1868 con el grito de Yara o de la Demajagua (Carlos Manuel de Céspedes).

En España muere Alfonso XII (1885) a los 10 años de restaurado y empieza la regencia de María Cristina que durará hasta 1902 con la mayoría de edad de Alfonso XIII que ha nacido en 1886 como hijo póstumo.

En la propia isla de Cuba, último país hispanoamericano en lograr su independencia de España, se conmemora la actitud de Pi Margall, el ex presidente de la I República, con una lápida en el Vedado habanero.

La catástrofe tragicómica del 98 revela el escaso valor de la vida española y el engaño en que se vivía. Era común la idea de que bastaba un empujoncito de la Escuadra de Cervera para acabar con esos advenedizos recién llegados a la historia.

Si bien el agresivo presidente Mc Kinley había anunciado su intervención abierta en la guerra de Cuba, en diciembre de 1897, los Estados Unidos no declaran la guerra a España hasta abril de 1898 tomando como pretexto la voladura del *Maine* en el puerto de La Habana, un episodio muy confuso, todavía no esclarecido. En mayo se produce la batalla de Cavite, Filipinas, en la que los Estados Unidos destrozan la flota española y en julio se produce el desastre de Santiago de Cuba.

La esclavitud

Toda la política española, predominantemente reaccionaria, provoca también un gran retraso sobre la abolición de la esclavitud uno de los principios de la Revolución francesa y uno de los índices del pensamiento liberal. Si bien en la Nueva España la esclavitud para los indios había sido abolida por la Segunda Audiencia presidida por Vasco de Quiroga (1530), lo que no tuvo inmediata trascendencia, hasta 1880 no se proclama en Cuba, donde todavía existía muy extendida, siendo la isla una provincia española.

La esclavitud de los indios fue fácil de eliminar por la consideración de la falta de evangelización y porque la reina Isabel había prohibido hacer esclavos a los indios. Además, se evadió el problema simplemente esclavista pretendiendo utilizar el trabajo de los indígenas como "repartimientos".

Si bien Lincoln la había proclamado en los Estados Unidos en 1859 dando origen a la guerra civil, pocas veces se recuerda que la primera abolición ame-ricana se promulgó en México cuando todavía era la Nueva España el más grande territorio americano. Coincide precisamente con el grito de Independencia del padre Hidalgo (1810) y el decreto está grabado con letras de oro en el Palacio de Gobierno de Guadalajara, donde se promulgó: "siendo contra los clamores de la naturaleza, el vender a los hombres, quedan abolidas las leyes de la esclavitud" (5 de diciembre de 1810). En el madrileño Paseo de Rosales y en el pedestal de la estatua del padre Hidalgo, están recogidas las bellas frases, eminentemente humanitarias, del prócer.

Es más, el problema de Texas, hacia 1850, se plantea por los colonos ingleses que no pueden cultivar la tierra sin el trabajo manual de los esclavos negros. El decreto de Guadalajara del padre Hidalgo no permitía el empleo de esclavos si Texas era territorio mexicano. Todavía se estaba lejos de descubrir petróleo en Texas que era sobre todo un territorio agrícola. De ahí que Sam Houston acaudille la separación de Texas del resto de la nación mexicana para poder usar y abusar de los esclavos, pero a los cinco años la república independiente de Texas se anexiona a los jóvenes Estados Unidos. En 1859 el presidente Lincoln proclama la abolición de la esclavitud en los Estados Unidos pero el Senado no lo aprueba hasta el 19 de junio 1862, medio siglo después que Hidalgo.

La abolición española para Cuba se publica en la *Gaceta* en 1880 pero no se hace efectiva hasta conseguir la libertad definitiva de todos los esclavos en Cuba (1886) con lo cual, la abolición en la isla antillana, todavía dominio de España, es una de las últimas junto con la del Brasil. No es necesario decir que el catedrático de Salamanca, nacido cubano, ha seguido de cerca los acontecimientos.

El humanismo liberal

Por todo ello, se explica la reacción firme y serena de una minoría intelectual seria y responsable que marca una diferente e importante postura nacional como para ser designada la generación del 98.

...España puede ser muchas cosas pero para ello necesita tener un respeto absoluto a la verdad, a la honestidad, al trabajo. De ahí sale el gran movimiento intelectual del 98, inspirado en el humanismo liberal que debe llevarse a cabo con una completa austeridad.

Todo el primer tercio del siglo XX en que se acumulan los errores de Alfonso XIII, nos va a hacer soñar con el alba de un nuevo siglo de oro para España, sueño que cuajará en la República.

El krausismo, la Institución, la Junta, la Residencia, el Instituto-Escuela, Cosío, Unamuno, Cajal, Ortega... por ahí hay que buscar la solución.

En 1900 ya se ha hecho sentir una agitación obrera en España, principalmente en Barcelona, acaso como consecuencia de que en 1890 había tenido lugar el 1 de mayo, la primera celebración española de la fiesta del trabajo, lo mismo en Madrid que en Barcelona. Ese mismo año de 1890, Alemania había instaurado como obligatorio el descanso dominical, pero en España no se proclama hasta 1904 mientras la jornada en el campo ha seguido siendo de sol a sol.

En España, los escasos representantes de la Ilustración —a fines del siglo XVIII— clamaron por desarrollos acordes con los tiempos, pidiendo, por ejemplo: "más fábricas y menos comentarios de Aristóteles".

No se les hacía caso pues durante 20 siglos Aristóteles había sido el inspirador del pensamiento católico y de la escolástica.

Solamente progresaban en España durante el siglo XIX y comienzos del XX el ejército —de tierra y de mar— y la Iglesia, que muestra su agresividad a través de la

Compañía de Jesús. Entre cuartelazos y guerras carlistas, los militares ocupan el poder en la mayor parte del siglo XIX. Hasta bien entrado el siglo XX, el espíritu combativo de los jesuitas será sustituido y aumentado por el *Opus Dei*, creado en 1929 pero que no alcanza su poderío pleno hasta después de 1939 al término de la guerra española protegido especialmente por el Papa Pío XII, elegido ese mismo año y enemigo declarado de los jesuitas.

La Institución libre de enseñanza, con todas sus derivaciones, se puede considerar como el representante típico de la generación del 98, que es tanto como decir humanismo liberal, liberalismo humanista o republicanismo.

En 1903, proclamada la mayoría de Alfonso XIII, se convocan elecciones que ganan los republicanos en la mayoría de las capitales. La candidatura triunfante por Madrid es presidida por Galdós. También a principios de siglo, Joaquín Costa ingresa en el Partido republicano, vinculando a la República la síntesis de su programa —Escuela y despensa— que tendrá gran resonancia.

La beligerancia política y social de la Iglesia católica en España se manifiesta constantemente. Terminando el año 1900, el obispo de Pamplona excomulga a redactores de un periódico navarro por publicar artículos duros contra la religión y el clero. De la misma manera, los obispos de Salamanca, con frecuencia jesuitas, mantienen una lucha constante contra los catedráticos más notables de la universidad, especialmente Unamuno y Dorado Montero. La lucha viene desde 1640 (alrededor de las batallas de Rocroi) cuando los jesuitas prohíben en sus colegios la filosofía cartesiana recién formulada y base del racionalismo posterior.

En diciembre de 1900, la Iglesia lanza un folleto, en España, en el que se proclama abiertamente que el liberalismo es pecado y llama a luchar por la fe.

Todavía en 1901, León XIII lanza otra encíclica creando la democracia cristiana como ayuda a los obreros para que huyan de las sediciones y de las revoluciones. León XIII morirá dos años después (1903).

Otro catedrático de la universidad salmantina es el joven cubano que se incorpora de lleno a la generación del 98 con sus modestas contribuciones a la química orgánica y a la química biológica.

El anhelo de poder de los militares llegará, en el siglo XX, a aprovechar el auge de los poderes totalitarios, nazi-alemán y fascista-italiano, para aniquilar todo el rebrote liberal, intelectual y humanista de la Segunda República.

Ciencia y literatura

Con el comienzo del siglo XX aparecen las primeras publicaciones en alemán de Sigmund Freud sobre el psicoanálisis y la interpretación de los sueños. Sin embargo, Freud nunca recibirá el premio Nobel.

Unos años después, en pleno auge de la hegemonía científico-técnica alemana, los alemanes descubren a Cajal y le otorgan el primer premio Nobel científico a un español (1906).

Por esos años, se había propuesto a Galdós para premio Nobel de Literatura, incluso antes que el de Medicina a Cajal. Todo el mundo estaba impresionado por la fecundidad de Galdós como escritor, así como por su agudeza para captar los distintos aspectos de la vida española del siglo XIX, sólo comparable a la de Balzac respecto a la vida francesa. Parece que fue el propio rey, Alfonso XIII, quien se opuso a la concesión del premio Nobel a Galdós, presionado por autoridades eclesiásticas molestas por las tres novelas galdosianas de tesis religiosas: *Gloria*, *Doña Perfecta* y *La familia de León Roch*.

En 1900 aparecen en las librerías los profundamente nacionalistas *Episodios nacionales* de Galdós quien el mismo año publica su novela *Misericordia* de fondo intensamente social. En enero de 1901, el estreno teatral de la *Electra* de Galdós produce un escándalo en la vida madrileña.

En 1904 Blasco Ibáñez publica su novela *El intruso* recogiendo la vida de Bilbao y los problemas sociales de las minas de hierro y de los Altos Hornos, al tiempo que pinta los esfuerzos de los jesuitas por apoderarse del poder económico vasco desde la Universidad de Deusto y la Iglesia de la Virgen de Begoña. Mientras los Altos Hornos de Bilbao son controlados técnicamente por los ingleses, en el año de 1900 se ha creado en los Estados Unidos la U.S. Steel Corp., sin problemas con los jesuitas. En 1904 se funda en Madrid la fábrica de cervezas El Águila pero también el centro de estudios eclesiásticos de Comillas, Santander, se transforma en Universidad Pontificia, una vez más con dominio jesuítico.

El escritor valenciano Vicente Blasco Ibáñez ha sido un republicano de máxima significación. No sólo *El intruso*, novela política-social de Bilbao sino también *La catedral* (el arzobispado de Toledo), *La horda* (los traperos de Madrid) y *La bodega* (la uva y el vino de Andalucía, representado por la casa Domecq) constituyen las cuatro novelas de fondo político-social que mejor representan la vida española del cambio de siglo. Probablemente, ésa ha sido la causa de prohibir las cuatro novelas blasquistas de fondo social durante el franquismo, en pleno siglo XX.

A esta corriente de escritores agnósticos y liberales (Unamuno, Galdós, Blasco Ibáñez) debe agregarse al más joven, el asturiano Ramón Pérez de Ayala, con su A.M.D.G., la vida en un colegio de jesuitas.

Como consolación a la negativa de Galdós y a la indiferencia de Blasco Ibáñez, se concedió el premio Nobel de Literatura (1904) a don José Echegaray, un ingeniero, físico y matemático, que había sido ministro de la primera República (para que no se diga) y fundador del Banco de España, pero que escribía unos dramones de gusto muy discutible. En efecto, en seguida surgió la protesta en forma de un manifiesto de la "juventud literaria" de entonces que proclamaba ideales literarios no identificados con Echegaray. El premio era compartido con F. Mistral. Los jóvenes de aquel momento, que encabezaban el manifiesto, eran típicos representantes de la generación del 98: Baroja, Azorín, Unamuno. Sin embargo, al poco tiempo, Unamuno escribe un artículo retirando su firma del manifiesto. Ninguno de los tres tuvo premio Nobel después. Ni Baroja, ni Azorín se manifestaron nunca en pro de Galdós; Unamuno, sí.

En ese comienzo del siglo XX, España cuenta con un extraordinario ingeniero, vocal de la Junta, que domina las matemáticas y la física, don Leonardo Torres Quevedo (1852-1936). Ya en 1905 ha podido dirigir un barco desde tierra, sin nadie adentro, en el puerto de Bilbao, el *Telekino*. Es un precursor sensacional de la electrónica. En 1907 ha construido el transbordador del Monte Ulía a la isla de Santa Clara, en San Sebastian, lo que le valdrá el encargo de construir el transbordador de las cataratas del Niágara que funcionará durante todo el siglo y es llamado *spanish trail*, así como también ha diseñado una armadura funicular para dirigibles.

Al comenzar el siglo XX, en ciencia y tecnología, España no cuenta sino con Cajal (premio Nobel, 1906) y Torres Quevedo más el recuerdo de Isaac Peral y el submarino en el XIX. A Cajal no se le hace caso hasta que resuena internacionalmente su premio Nobel. Entonces sí, se crea el Instituto Cajal, se le ayuda, se le apoya, crea una brillante y numerosa escuela histológica, preside la Junta y, a su vez, se ayuda y se respalda a numerosos científicos y humanistas. Pero la ayuda a Torres Quevedo es mínima; apenas si se le hace caso. En estos últimos años del siglo es cuando se le intenta revalorizar ¿Por qué no se tomó la decisión de apoyarle? ¡Un hombre que precede a la electrónica en casi un siglo! y que no se aprovecha en España. ¿Falla de la industria privada? ¿Falla del gobierno?

Todavía hay que mencionar otro caso de creaciones técnicas españolas desatendidas: el autogiro creación de un ingeniero, *La Cierva*, hijo de un ministro de Alfonso XIII, que ya invade del todo el siglo XX. Tampoco se le protegió ni se facilitó su avance dejando que se desarrollase plenamente el helicóptero Sikorski. El submarino de Isaac Peral, la electrónica de Torres Quevedo y el autogiro de *La Cierva* son tres ejemplos de la incapacidad española para desarrollar novedades técnicas de creación nacional. Acaso sea el rechazo hispánico del trabajo en equipo, de la colaboración múltiple, la causa de tales fracasos.

Esas consideraciones y otras más son las que ocupan y preocupan al joven estudiante novecentista que vive los acontecimientos reseñados en el ámbito nacional y en el internacional, en ciencia y tecnología, en política y vida pública, en pensamiento y humanismo, en enseñanza, en religión, en sociología, sintiéndose cada vez más un humanista racional preocupado por relacionar ciencia y filosofía.

Con esas preocupaciones se presenta en Salamanca para iniciar su vida de catedrático universitario.

Salamanca (1905-1920)

AL LLEGAR

Llegando a Salamanca, toma posesión de su cátedra de química orgánica, en la Facultad de Ciencias de la Universidad, el 12 de abril de 1905. Al hacerlo, se entera de que unos días antes, el 3 del mismo mes, ha tomado posesión de la cátedra de patología médica en la Facultad de Medicina don Agustín del Cañizo a quien ya conocía de Madrid y de la Unión Escolar. Los jóvenes solteros deciden iniciar la vida salmantina instalándose juntos en la misma pensión. Es premonitorio el encuentro y la coincidencia de los dos jóvenes novecentistas. Durante los 30 años siguientes Cañizo será el médico más respetado y confiable, no sólo de la capital salmantina sino de toda la provincia. Innecesario es decir que la amistad del médico y el químico farmacéutico va a ser firme y continúa abarcando a todos los familiares respectivos.

Cuando en 1977 regresé a España para dar testimonio de lo que había sido la universidad del exilio durante 40 años y al ser asignado a la Universidad de Salamanca, experimenté una profunda emoción cuando el catedrático de otorrinolaringología me dijo: "Así como nuestros padres iniciaron juntos la vida en esta Universidad, hace 72 años, quiero ser yo quien te acompañe ahora en tu toma de posesión". Era Casimiro Cañizo, el más joven de los hijos de don Agustín y lo cumplió amparados por el retrato del rector eterno don Miguel de Unamuno. En su muy numerosa clientela figuran la mayoría de los profesores universitarios y, naturalmente, el más ilustre de ellos, el propio rector don Miguel de Unamuno. Cañizo será el médico de Unamuno no sólo en Salamanca sino también en Madrid, durante la República, cuando Unamuno preside el Consejo Superior de Cultura y Cañizo es uno de los vocales.

Otra feliz coincidencia es que un año antes (mayo de 1904) ha tomado posesión de la cátedra de latín en la Facultad de Filosofía y Letras don Pedro Urbano González de la Calle, que nació el mismo año de 1879, hijo del famoso filósofo Urbano González Serrano y con el que va a emparentar. Cuando el hijo latinista toma posesión, su padre ha fallecido, pero va a emparentar con el nuevo químico-farmacéutico y tendrán una intensa vida común en Salamanca, en Madrid y en el exilio mexicano. De momento, se conocen poco porque el catedrático de latín no había hecho en Madrid la vida de estudiante novecentista ni acude al café Novelty. Desde que llegó a Salamanca, vive en el Hotel Comercio, el mejor de la ciudad, entonces situado en la plaza de los Bandos; hoy ya no existe, ha sido sustituido por un banco. Los dueños del hotel, gente liberal, tendrán una buena amistad con el catedrático de latín y con el de química.

Motivo de admiración resulta también la figura de don Pedro García Dorado Montero, catedrático de derecho penal, que ha hecho varias y muy valiosas publicaciones originales. Sobre todo, llama la atención del químico-farmacéutico la calidad humana de don Pedro, antiguo sacerdote que se separó de la Iglesia y que creó una familia ejemplar constituyéndose en vivo modelo de una vida agnóstica respetada por todo el mundo, menos por el combativo obispo de Salamanca, con el que tiene fuertes enfrentamientos. Dorado Montero es de origen muy humilde; nació en un pequeño pueblo de Salamanca, Navacarros, y de niño fue atropellado por una carreta quedando maltrecho de un brazo y de una pierna. Yo recuerdo todavía, siendo muy niño, cómo me impresionaba verle entrar y salir en las casas de la familia, con la dificultad de sus movimientos. Y es que el catedrático de latín y el de química orgánica fueron muy amigos suyos y los dos fueron albaceas del catedrático de derecho penal que falleció en 1919. Una hija de Dorado Montero fue alumna de González de la Calle y, en la década de los veinte, fue profesora de latín en el Instituto-Escuela de Madrid. Un hijo de Dorado Montero fue un ingeniero que ejerció en Ávila.

En su casa, "cabe el río", don Pedro tiene una impresionante biblioteca, con todos los libros en rústica pues, según él mismo decía, son más baratos y así se pueden comprar más.

Gran profesor de matemáticas es don Guillermo Sáez, riojano, paisano y compañero de Rey Pastor, pero, así como éste llega a tener una trascendencia internacional por su traslado a Buenos Aires y su labor desde Argentina, Sáez no se mueve de Salamanca sin perder su calidad magisterial. Como él solía decir: "yo le enseño matemáticas a una bola de billar", pero sin salir de Novelty. Otra mente muy brillante del claustro salmantino es el catedrático de Hacienda y Economía en la Facultad de Derecho, don Francisco Bernis, un gran hacendista que cuando se traslada a Madrid organizará la primera Comisión Nacional Bancaria de la que será secretario. Esa Facultad de Derecho cuenta con otras luminarias que pronto entran en contacto con el nuevo profesor de química. Don Demófilo de Buen es el catedrático de derecho civil en esa Facultad que ha sido lo más brillante de la Universidad salmantina, prestigiada por sus aportaciones a la jurisprudencia.

Don Demófilo es el hijo mayor de don Odón de Buen, famoso biólogo catedrático de Madrid, que desempeñará un importante papel en el futuro del químico-farmacéutico. De momento la amistad con el civilista Demófilo tiene un importante matiz: su firme e insobornable agnosticismo, su gran inclinación a las causas democráticas y populares —coincidiendo con su nombre— y, como consecuencia, su intachable republicanismo y su gran humanismo. Don Demófilo tuvo también actividades destacadas en los círculos masónicos. Todo ello influye en la formación y en la conducta del recién llegado catedrático de química.

Excepcionalmente notable es también el catedrático de derecho político, don Enrique Martí Jara, un modelo más de republicano agnóstico, influido por el socialismo fabiano inglés, cuya actividad será más notable en la década siguiente y en el ambiente de Madrid. Fue una de las personas que más influyeron en la formación y en la conducta de mi padre, al mismo tiempo que se le debe reconocer como uno de los más eficaces factores en la llegada de la segunda República española, todo ello desde Madrid.

De gran significación fue también la familia Pinilla que representaba toda una dinastía de gran raigambre salmantina y de ferviente republicanismo que influyó sobre mi padre. Don Hipólito Rodríguez Pinilla, catedrático de medicina era especialista en niños y más tarde se trasladó a Madrid como profesor de hidroterapia, pues en aquella época los balnearios termales tenían mucha significación. Un antepasado de don Hipólito había sido diputado en la primera República, por Ledesma, lugar de origen de la dinastía. Un hermano ciego, don Cándido, era escritor y poeta, a quien frecuentemente el propio Unamuno le hacía de lazarillo por las calles de Salamanca. Don Hipólito fue padre de numerosos hijos distinguidos de apellido Rodríguez Mata: el mayor, Tomás, médico, llegó a tener un sanatorio en Madrid que le sirvió de refugio a mi padre cuando huía de la policía política; el segundo, Enrique, economista, tuvo un destacado papel en las finanzas de la segunda República y fue catedrático universitario; Ramón, médico en Bilbao, y Emilio, ingeniero eléctrico, así como la más joven de todos, Julia, primera actriz de "La Barraca", vinieron al exilio mexicano.

Una mención especial le corresponde al catedrático de ginecología y obstetricia en la Facultad de Medicina don Casimiro Población, quien no solamante fue el encargado de recibirnos a todos los que vinimos al mundo en aquellos tiempos en Salamanca, sino que mantuvo una amistad indisoluble con todos los catedráticos liberales. No sólo él, también su familia, especialmente los hijos que fraternizaron conmigo y con mis hermanos además de los hijos de Cañizo. En mi reciente estancia en Salamanca (1977-1981) un episodio de gran emoción ha sido la reanudación de las viejas amistades infantiles no sólo con Casimiro Cañizo sino también con los hijos de Población: Pepe, el médico y Fernando el arquitecto. Don Casimiro Población se trasladó a Madrid durante la República y, como había sido el ginecólogo que me recibió en Salamanca en 1911, tuve la satisfacción de que fuera también quien recibiera a mi hija Ángela, en Madrid en 1935.

Una coincidencia de otro tipo, en ese año de 1905, en que inicia su vida salmantina el catedrático de química orgánica, es la inauguración en plena Plaza Mayor, del café Novelty. Actualmente sigue existiendo en el mismo lugar, aunque ha sido renovado en su interior; cuando se fundó en 1905, era un típico café de la época, con sus veladores de mármol que se sacaban al exterior, en la Plaza, los días de buen tiempo. Lo que hizo famoso al café Novelty es que durante muchos años y a diario, acudía a él don Miguel de Unamuno, rector o no, mientras se lo permitieron sus ausencias de Salamanca, por exilios, por viajes —"Por tierras de Portugal y de España"— o por tareas políticas en Madrid. Novelty fue no sólo la auténtica extensión universitaria de don Miguel, sino la de lo más granado del profesorado de la Universidad que le hacía tertulia. Desde el mármol que dejaba lleno de fórmulas matemáticas el profesor Sáez hasta que el propio don Miguel lo inundaba de pajaritas de papel, extrañas y complejas, como si se tratase de un auténtico doctorado en cocotología. Todavía recuerdo algún día cuando muy niño, me sentaba junto a don Miguel tratando de aprender la finura de sus pliegues y dobleces.

Parece que en los primeros días de su estancia en Salamanca el catedrático de química acudía al café Novelty y, según fue costumbre salía de paseo, carretera de Zamora adelante, mientras charlaba y discutía. En uno de esos días, el joven químico tuvo la osadía, derivada de su juventud novecentista, de pretender discutir con el rector sobre religión, tema particularmente grato para él y sobre el que alardeaba con conocimientos abrumadores. Siempre recordó mi padre aquella acalorada discusión con don Miguel a lo largo de la carretera de Zamora, tanto que al regresar a Salamanca entraban en la Plaza vociferando y manoteando. No obstante, la amistad de don Miguel y la devoción hacia su persona, sus ideales y sus actitudes fueron una constante en la vida del químico-farmacéutico, lo mismo en Salamanca como en Madrid.

Becario en París

Creado el Ministerio de Instrucción Pública en 1901, a raíz del desastre del 98, una de sus primeras misiones consistió en fomentar becas para que salieran al extranjero jóvenes de distintas especialidades. Semejante actividad se regularizó y se organizó en 1907 con la creación de la Junta para Ampliación de Estudios e Investigaciones Científicas. Pero en esos seis años previos el Ministerio concedía becas directamente, dando prioridad a los jóvenes catedráticos recién incorporados al escalafón universitario. Gracias a esa política, uno de los primeros elegidos fue el recién nombrado catedrático de química orgánica en la Facultad de Ciencias de la Universidad de Salamanca. Precisamente, la beca otorgada a mi padre tenía como objetivo principal, "estudiar la *enseñanza* de la química", lo que cumplió el becario en el curso 1905-1906 asistiendo en La Sorbona a los cursos del profesor Béhal. No sólo aprendió cómo se enseñaba la química en La Sorbona sino que captó el panorama de la investigación científica y, siguiendo directrices del propio Béhal, se trajo a Salamanca temas de trabajo en la síntesis de sustancias terpenoides concentrando sus esfuerzos en la síntesis de la forona y de la ionona.

De aquella estancia en París, su primer viaje al extranjero, se trajo también la necesidad de seguir viajando y conociendo tierras y gente distintas. En años posteriores estimulará viajes colectivos de profesores de Salamanca. Como aquel que organizó con un grupo de compañeros universitarios a Dublín para ir a saludar al obispo. El bellísimo Colegio Mayor Fonseca de Salamanca, en los años primeros de este siglo era el alojamiento de numerosos irlandeses que iban a estudiar a Salamanca, tanto que era conocido como "colegio de los irlandeses" más que por el nombre actual de Fonseca. Allí estudió quien luego fue obispo de Dublín y les había estimulado a visitarle. El paso por Londres y por Irlanda fue de gran utilidad para varios de los profesores salmantinos sorprendidos por la cultura y la vida sajonas. Parece que en el cruce del Canal de la Mancha tuvieron mal tiempo y se marearon todos, especialmente el profesor Sáez que con sus matemáticas trató inútilmente de organizar un regreso sin embarcarse.

También desde Madrid organizará viajes y hará salir a sus hijos siempre que pueda: a Francia, a Suiza, a Inglaterra, a Alemania. Especialmente buscará la manera de tener representaciones científicas que le permitan asistir a congresos y conferencias de química, de farmacia o de oceanografía; en Francia, en Holanda, en Bélgica, en Polonia, en Rumania, en Dinamarca, en Suecia, en Mónaco, en Checoslovaquia... hasta en una ocasión cruzó el océano para asistir a un congreso de química en Washington y en Filadelfia. Unas veces solo, pero la mayoría de las veces acompañado de mi madre y de algunos otros familiares o amigos. Incluso asistió a la famosa conferencia de Lieja en 1929, donde se revisó la nomenclatura internacional de la química orgánica.

De su estancia en París trajo también muchas anécdotas sobre la vida francesa, porque había logrado llevar a Londres al dueño de la modesta pensión parisina que ocupó durante su beca. El contraste entre la conducta del francés con la vida inglesa fue sumamente instructivo para el profesor salmantino. Pero, sobre todo, lo más valioso que aprendió en París fue la organización y la vida política.

De allí viene un refuerzo notable de su republicanismo radical. La vida política en Francia le inclinará más a tomar la organización francesa como un modelo ideal para España, empezando por el régimen republicano.

En sus años de estudiante en Madrid ya había manifestado su inquietud por los viajes, que entonces sólo se podían realizar en tren, pues aún no había carreteras, ni automóviles disponibles. Para ver una Semana Santa en Sevilla, disponiendo de poco dinero, había organizado un viaje con unos compañeros en el que aprovechaban el viajar de noche durmiendo en las duras tablas de los vagones de tercera y hasta usando los bancos de los parques sevillanos para no gastar en hoteles. Esa experiencia primera le sirvió para organizar el viaje a París con la complicación de tener que transportar un enorme y pesado baúl. Su gran conocimiento práctico de los viajes en tren le será muy útil en los años venideros para mantener una comunicación fluida entre Salamanca y Madrid cuando ni siquiera había tren directo y se requería el apresurado cambio en Medina del Campo.

A la vuelta de París, con su beca, sintió la necesidad de dar una conferencia en el Ateneo de Madrid sobre sus experiencias. No obstante su francofilia exacerbada, trajo textos franceses despectivos para España, si bien algunos demostraban más ignorancia en geografía, como aquel libro en que decían que la ciudad de Sucre en los Andes bolivianos se llamaba así porque se producía la caña de azúcar, o bien libros sobre España que describían las escuelas primarias que, en lugar de enseñar a leer y escribir, enseñaban a los niños a torear. Parece que hubo cierto escándalo con tal conferencia, que sólo se sofocó enseñando los textos originales que había traído de París. Debían de ser textos inspirados en la malévola contribución a la Enciclopedia en que Nicolás Masson de Morvilliers hace una desafortunada descripción de España (1782) que mereció respuestas serias de dos abates, el español Antonio José Cavanilles, botánico, y el italiano Santiago M.C. Danina.

En la historia de la química y de la farmacia habían sucedido acontecimientos que tuvieron que ver con esa Universidad tan famosa y una de las más antiguas, fundada en 1200, tan sólo 15 años antes que Salamanca. A comienzos del siglo pasado, en 1805, un mancebo de botica de un pequeño pueblo alemán —Paderborn— había aislado el principio activo del opio, la morfina, pura y cristalizada. Lo sorprendente es que la había descrito como una sustancia alcalina. Los comentarios y las resistencias a admitir el descubrimiento de Sertürner eran mordaces en toda Europa: "¿Cómo se atreve un boticario alemán de pueblo a decir que hay álcalis vegetales, cuando todos sabemos que los álcalis son sólo minerales?". Por ese entonces (comienzos del siglo XIX) Alemania era un país subdesarrollado, tanto como puede haberlo sido cualquier país hispanoamericano en el siglo XX. "Si por lo menos hubiera sido un sabio sueco o un profesor de La Sorbona, sería de creer".

En esa época no se admitían como creadores de ciencia más que a Francia y a Suecia; Alemania no era de fiar, Inglaterra tampoco, a pesar de la Revolución industrial y de su poderío militar y comercial, y de los Estados Unidos no se hablaba más que como de un grupo de colonias agropecuarias. En efecto, la consagración vino de la propia Sorbona, pero tuvieron que transcurrir más de 10 años para que un ilustre profesor francés, en su cátedra de París, comenzase su clase diciendo: "Tiene razón ese boticario alemán: sí hay álcalis vegetales y el trabajo que él ha hecho con el principio activo del opio, la morfina, es un modelo de experimentación farmacéutica". Así, Gay Lussac, el profesor de La Sorbona, consagraba para la historia a Sertürner, el modesto boticario alemán; debían pasar aún unos años más para que se inventase la palabra alcaloide —"parecido a los álcalis"— distinguiendo así a los álcalis minerales de los vegetales.

El becario del Ministerio de Instrucción Pública español reflexionaba sobre todo esto para confirmar el valor universitario universal de La Sorbona, felicitándose por escoger la Universidad de París para aprender a enseñar la química. Al mismo tiempo, pensaba que ese incidente alrededor del descubrimiento de la morfina había sido una premonición de cómo se iba a desarrollarse científicamente Alemania. En efecto, avanzando el siglo XIX, otro mancebo de botica alemán, Liebig, consigue una beca para ir a estudiar química a La Sorbona y elige al profesor Gay Lussac para trabajar con él, tal vez pensando que ya había demostrado su simpatía por el desarrollo de Alemania. Todavía hoy, trabajos conjuntos de Gay Lussac y Liebig no han sido superados al cabo de siglo y medio. Pero lo más importante que hace Liebig es llevarse a su país el cetro y la dirección del estudio de la química, en enseñanza, en investigación y en utilización. ¡Qué diferencia con el joven profesor de Salamanca! ¿Dónde están las causas de la diferencia? ¿Falta de ambiente oficial para recibir a los becarios? ¿Distintos ambientes nacionales, alemán y español? O bien, ¿tesón y capacidad de trabajo?, los "tónicos de la voluntad" que dirá Cajal. El caso es que todas esas interrogantes hacen pensar al catedrático de Salamanca que acaso debió elegir Alemania como destino de su beca. A lo largo del siglo XIX, Alemania ha saltado de ser un país subdesarrollado a ocupar uno de los lugares prominentes en el desarrollo del mundo, gracias al avance de la química, principalmente en la segunda mitad de ese siglo.

Cuando menos, de esas reflexiones, algo que lo perseguirá constantemente queda claro: cuando tenga un hijo dispuesto a formarse bien en la ciencia química, hará todo lo posible por inducirle a que se forme en Alemania. Y lo cumplió.

Si no logró traer de Francia la dirección en la implantación de la química en su país, sí trajo en cambio una fuerte francofilia política y social. De ahí que en la inminente primera Guerra Mundial se manifieste como un ardiente aliadófilo. En su vida española el espectro del krausismo, el recuerdo a distancia de Sanz del Río, Giner y Cosío, el trato continuo con Unamuno y Dorado Montero, el liberalismo de Martí Jara y Demófilo de Buen y los principios de la Revolución francesa, le inclinan a cultivar un humanismo liberal y a trabajar por la implantación pacífica de una República en España, inspirándose en el modelo francés.

De todos modos, los resultados de su beca en París fueron reunidos en una memoria de 134 páginas con el título *La enseñanza de la química en Francia* con un prólogo de su maestro Carracido. Escrita en 1908 debió quedar en los archivos del reciente Ministerio sin que se tenga noticia de que nadie utilizase los conocimientos ni los consejos allí reunidos. Las autoridades no se preocupaban por enterarse de lo que los pensionados aprendían fuera de España.

Una costumbre muy arraigada en la ciudad de Salamanca consiste en que la mayoría de sus habitantes se ven y se encuentran en la Plaza, en la "Plaza" por antonomasia, la bellísima y única Plaza Mayor. Se pasea dando vueltas en círculo, a diario, especialmente los domingos. Y se pasea en dos círculos de direcciones encontradas, la "vuelta de los hombres" y la "vuelta de las mujeres". No es que los sexos sean los componentes únicos de cada dirección circular, es simplemente un predominio que facilita y precisa las citas: "nos vemos mañana a las 12 en la vuelta de los hombres". Para cumplir la cita hay que enrolarse en la vuelta de las mujeres y así se llegará a cruzar circularmente con el amigo que ya está circulando en la vuelta de los hombres.

En realidad, la costumbre no es exclusiva de Salamanca; se da igual en otras ciudades y pueblos que tienen plaza —aunque no tan soberbia como Salamanca— y también es costumbre que se implantó en muchas villas americanas de fundación y hábitos españoles. No es tampoco una separación de sexos impuesta por la vida provinciana; es un punto de referencia tradicional. La verdad es que en cada vuelta hay una correcta coeducación. El catedrático de química orgánica ya ha ido a París con su beca y regresado, ya ha ido a saludar al obispo de Dublín con sus compañeros universitarios y vuelto. Se ha reintegrado a la vida salmantina, universitaria y profesional, pero no es ajeno a las costumbres tradicionales de la ciudad y también acude a las vueltas de la Plaza.

Sería en 1908 o acaso en 1909 cuando, desde la vuelta de los hombres, empezó a fijarse en unas jóvenes forasteras que en la vuelta de las mujeres circulaban vestidas de negro acompañando a una dama bien conocida en Salamanca, Teresa García, hija única de don Federico y doña Aquilina, acaudalados plateros —otra peculiaridad salmantina— que tenían una importante platería en la plaza del Poeta Iglesias, contigua a la Plaza Mayor. Al averiguar de quiénes se trataba supo que eran procedentes de Navalmoral de la Mata, al norte de la provincia de Cáceres, que estaban pasando una temporada con su hermana mayor, esposa del catedrático de latín.

La atracción hacia las hermanas González de la Calle era por la mayor de las solteras, María Luisa, con la que, gracias a las vueltas de la Plaza, inició el noviazgo que cuajó en matrimonio el 1 de septiembre de 1910, boda que se realizó en Navalmoral de la Mata.

Navalmoral y Casatejada

Don Urbano González Corisco, hijo de los honrados labradores Vicente y Paula, era notario en Navalmoral de la Mata donde, a fuerza de trabajo honesto, había logrado llegar a ser propietario de diversas fincas rústicas del término de Navalmoral y pueblos próximos (Peraleda, Belvís, Millanes). Sus tres hijos, Urbano, Francisco y Vicente, se habían educado en Madrid estudiando las carreras de filosofía y letras, farmacia y derecho, respectivamente. Curiosamente, los tres hermanos González Serrano de Navalmoral de la Mata contrajeron matrimonio con tres hermanas del pueblo cercano de Casatejada, Petra, Ángela y María Antonia, hijas de don Juán José de la Calle, propietario también de fincas rústicas en Casatejada, Saucedilla y pueblos de la Vera del Tiétar, hacia Plasencia, origen de otros antepasados. Todos ellos, típicos representantes de la burguesía agraria.

El mayor, Urbano, que casó con Petra, se estableció muy pronto en Madrid, distinguiéndose como joven filósofo, mencionado por Galdós en los Episodios Nacionales, fue sustituto de Salmerón en su cátedra de metafísica, con quien mantuvo una leal amistad, intelectual y política. Incluso, junto con su maestro Salmerón, había fundado una escuela liberal y agnóstica que fue precursora de la Institución gineriana. Escribió numerosas obras originales y fue durante varios años director del Instituto de San Isidro en el que imprimió una filosofía agnóstica y humanista, después de haber sido fundado como centro de enseñanza de los jesuitas. Urbano González Serrano hizo política republicana, siendo diputado por el distrito Navalmoral-Logrosán al que representó en las Cortes de 1880. En la inauguración de las mismas fue el único diputado que formuló una protesta por la restauración monárquica de 1875 en Sagunto, protegida por el general Martínez Campos, el de la paz del Zanjón en Cuba. No se había podido hacer semejante protesta antes, en las Cortes de 1876, porque estando tan reciente la primera República y su anulación por imposición militar, no se permitió la presentación de candidatos republicanos, lo mismo que ocurrió en 1877 en que tampoco se autorizó la presentación de candidatos republicanos por ser las primeras elecciones después del aniquilamiento militar de la segunda República.

El más joven de los hermanos González Serrano, Vicente, abogado que se casó con María Antonia, regresó a Navalmoral con su título y siempre vivió allí vinculado a las propiedades rústicas y haciendo vida local hasta el punto de llegar a ser alcalde de Navalmoral durante algún tiempo.

El farmacéutico Francisco, casado con Ángela, también se estableció en Navalmoral, tuvo farmacia abierta mientras vivió y después de muerto su viuda continuó manteniéndola. Francisco tenía su nombre por el día en que había nacido, consagrado a San Francisco de Sales, pero acaso era el más agnóstico y de tendencias más liberales de los tres hermanos. Algún historiador local ha destacado la imagen del padre, Urbano González Corisco, conservador y ferviente católico practicante, en contraste con los tres hijos —Urbano, Francisco y Vicente— liberales, agnósticos y republicanos. Si bien, Urbano, viviendo en Madrid y unido a Salmerón por tantos motivos, era el más avanzado en su liberalismo, con fundamento filosófico sólido, el farmacéutico Francisco se manifestaba en forma práctica como más decidido: era quien le preparaba y le vigilaba las elecciones a su hermano mayor, Urbano; era el que ayudaba a su hermano pequeño, Vicente, en la alcaldía de Navalmoral y era el ayudante y colaborador eficaz de un personaje singular, propietario de varias fincas rústicas en el término de Navalmoral. Don Antonio Concha, solterón de Plasencia, era un gran propietario rural al mismo tiempo que tenía actividades intensas en la masonería. No se sabe de ninguno de los hermanos González Serrano que tuviesen actividades masónicas pero sí se sabe que el farmacéutico Francisco ayudaba constantemente a don Antonio Concha en la administración de las fincas así como en otros menesteres que fueron muy importantes para el pueblo de Navalmoral de la Mata. Don Antonio Concha dejó en su testamentaría todos sus bienes para fundar unas escuelas y una biblioteca para beneficio del pueblo. El alma de la Fundación Concha fue, mientras vivió, el farmacéutico Francisco González Serrano. El mismo historiador local que destacara el contraste entre el padre notario y los tres hijos, señalaba también con admiración la tolerancia recíproca entre el notario católico conservador y los hijos republicanos liberales. La Fundación Concha fue regida y administrada por un Comité de cuatro o cinco personas, en que siempre había miembros de la familia González Serrano; mi padre fue uno de ellos y el hijo Urbano González de la Calle, otro. Se solían completar con catedráticos liberales de Salamanca, amigos de la familia. Así continuaron las cosas, incluso después de fallecer los tres hermanos González Serrano, hasta que llegó la catástrofe violenta de la guerra 1936-1939 y el establecimiento del franquismo, con lo que desapareció el nombre de don Antonio Concha, el de los González Serrano y se descuidó sobremanera la biblioteca y las escuelas.

El farmacéutico Francisco González Serrano fue protagonista de un episodio dramático que tuvo que ver con su profesión. En 1886, una intensa epidemia de difteria causa estragos en el pueblo de Navalmoral. En el curso de 15 días, cuatro niñas menores de cinco años, hijas del farmacéutico del pueblo, mueren a causa de la difteria sin que exista ningún medicamento capaz de haberlo evitado. Pocos años después se distribuye en España el suero antidiftérico que contiene una antitoxina para producir inmunidad, al mismo tiempo que ayuda a combatir la enfermedad cuando ya ha comenzado. Es el descubrimiento de un médico alemán, Emil Adolf von Behring, que se verifica alrededor de 1890 y que tiene tanta resonancia internacional que, al empezar a otorgar los premios Nobel con el nuevo siglo, el primero que se concede en el sector de la medicina es a Behring (1901) por su descubrimiento del suero antidiftérico.

Cuando el farmacéutico rural recibe el maravilloso medicamento, fruto del nuevo desarrollo científico de Alemania, a los pocos años de haber perdido cuatro hijas por causa de la difteria, sin armas para prevenirla ni para curarla, decide que, a partir del momento en que llega a sus manos, el pueblo de Navalmoral tendrá una permanente reserva de suero antidiftérico, día y noche, fiestas y vacaciones, que ofrecerá gratis a todos los habitantes en su oficina de farmacia, práctica que continuarán los seguidores en la administración de la botica rural. Acaso, ese acontecimiento dramático de la investigación científica influyó sobre mí para dedicarme a la busca de nuevos medicamentos.

La generosidad para el pueblo donde vive, como recuerdo y homenaje a la pérdida irremediable de sus hijas y con un fondo de grandeza social como reacción al drama sufrido por no haber dispuesto a tiempo de los últimos y maravillosos descubrimientos científicos, es la gran lección de ética profesional que he aprendido de mi abuelo, el boticario de Navalmoral de la Mata, don Francisco González Serrano a quien no llegué a conocer personalmente, pero cuyo nombre llevo con orgullo. La niña que nace al año siguiente de la tragedia diftérica, María Luisa, conocerá en Salamanca —vueltas de la plaza— al catedrático de química orgánica y casará con él. Fue mi madre, que falleció en el exilio mexicano a la edad de 99 años y meses.

Fallecido en 1905 a la edad de 54 años, el farmacéutico Francisco, había seguido a su hermano mayor, Urbano, que también había fallecido de 54 años, un año antes, en 1904. El hijo de Urbano González Serrano, Urbano González de la Calle, había ganado la cátedra de latín en Salamanca meses después de fallecer su padre y vivía soltero en el Hotel Comercio, pero esperaba contraer matrimonio con su prima hermana, Ángela, hija mayor del farmacéutico Francisco, que se había salvado fortuitamente de la tragedia diftérica. Como en 1905 fallece el farmacéutico, padre de Ángela, el matrimonio de Urbano y Ángela no puede llevarse a cabo sino hasta 1906, con lo cual, el catedrático de Latín establece su hogar conyugal en Salamanca. Con tantos fallecimientos recientes y respetando la costumbre hispánica de lutos prolongados, no sólo el matrimonio tuvo que realizarse de luto sino que todas las mujeres seguían vistiendo de luto.

Recién casada la hermana mayor, Ángela, que ya tiene casa en Salamanca, recibe a sus hermanas menores, María Luisa y Concha, las dos nacidas después del episodio de la difteria. Es así como se conocieron —vuelta de los hombres, vuelta de las mujeres— María Luisa González de la Calle y José Giral Pereira, con lo cual, el catedrático de química iniciará también una relación constante con la vida de Navalmoral, que le llevará a salir diputado por Cáceres en las elecciones constituyentes del 31.

Entre sus primeras oposiciones en Madrid, ya había apuntado su carácter inquieto. No sólo en la Unión Escolar novecentista: siendo todavía estudiante ya había participado en una Asociación Española de Químicos en Madrid, de la que fue presidente. En Salamanca dará muestras reiteradas de su multifacética actividad profesional, científica, universitaria y política. Antes de las oposiciones para Salamanca ejerció brevemente la profesión farmacéutica rural, como regente en un pueblo de la provincia de Ávila, lo que no dejó mucha huella pues rápidamente fue atraído por las oposiciones a una cátedra universitaria. Al llegar a Salamanca no se decide a iniciarse en el ejercicio farmacéutico que sería perfectamente compatible con su magisterio químico en la Facultad de Ciencias. Tener una farmacia en España implicaba disponer de cierto capital —que no tenía— o, como hizo en el pueblo abulense, actuar de regente en una farmacia de propiedad ajena. Por eso tardó en abrir farmacia. En cambio, se inició pronto con un laboratorio de análisis industriales que requería menos capital y tuvo suerte de contar con ayuda de los Ferrocarriles. En la plazuela de la Libertad (llamada durante el franquismo, de Onésimo Redondo) y en locales propiedad de los Ferrocarriles, en parte de lo que hoy es el despacho principal de pasajes, pudo organizar un laboratorio de análisis técnicos contando con su condición de perito y con la base obligada de analizar todo lo que consumían los ferrocarriles, ya que Salamanca era una importante estación en el camino a Portugal, y se requería el control de varios productos técnicos: combustibles (principalmente carbones), artículos de limpieza, desinfectantes, lubricantes, frenos, al mismo tiempo que le quedaba la libertad de atender al público en un panorama ilimitado de análisis químicos: minerales, clínicos, alimentos, plantas medicinales, aguas de balnearios, etcétera.

En esos años, la capacidad analítica profesional se distinguía sobre todo en el análisis de las aguas de balnearios, una actividad que había desarrollado y puesto como modelo el químico alemán Fresenius cuyo nombre irradiaba su prestigio por todo el mundo desde la ciudad alemana de Wiesbaden, y no dejó de influir sobre mi padre lo mismo en Salamanca que en Madrid. Un balneario, en aquellos años de auge de la hidroterapia, cifraba su prestigio y la calidad de su clientela en la precisión científica de los componentes químicos de sus aguas. Un análisis de aguas de balnearios era largo y trabajoso pero se pagaba bien. El primer análisis hecho en Salamanca, en 1910, fue el del agua de Valdelazura, cerca de Plasencia, Cáceres. Después seguirían otros más y hasta en su exilio mexicano llega a practicar también dichos análisis.

Entre unos análisis y otros, entre 1910 en Salamanca y 1932 en Madrid, llegó a practicar personalmente 2 500 análisis. El laboratorio salmantino lo inició con la colaboración del señor Angoso, quien continuó con la parte oficial correspondiente a los ferrocarriles.

En el ejercicio profesional tiene preferencia el aspecto analítico antes que el farmacéutico. Cuando más adelante tenga su farmacia en la misma Plaza Mayor, seguirá atendiendo los análisis cuyo laboratorio traslada en parte a la rebotica, donde amplía su actividad analítica farmacéutica. Ya en Salamanca empieza a preocuparse por la preparación de medicamentos. Hay que tener en cuenta que, durante el primer cuarto de siglo, la ciudad de Salamanca no tiene gas de tubería (gas del alumbrado) ni se ha popularizado todavía la distribución de gases del petróleo comprimido en cilindros. De ahí que haya que aguzar el ingenio para cualquier tipo de manipulación experimental, empezando por cómo alimentar los mecheros y los sopletes. La rebotica es un verdadero laboratorio donde no solamente se practica la química experimental sino también la bacteriología que empieza a ser difundida. La estufa de cultivos, en un patio pequeño que linda con la sombrerería contigua, llama la atención del sombrerero quien, al saber que allí tiene animalitos muy pequeños, le dice al farmacéutico: "cuando les eche de comer, me avisa para que los vea", como si fuese un zoológico.

Entre las preparaciones farmacéuticas empieza a desarrollar sulfato de bario para radioscopia, cuya preparación y distribución se intensificará en Madrid. También prepara un aceite de hígado de bacalao saborizado agradablemente. Lo que más se recuerda de aquella farmacia salmantina es la preparación completa de oxígeno gaseoso cuando no existían aún los cilindros metálicos de gas comprimido. Se preparaba toda una serie de aparatos de vidrio y frascos lavadores para generar el oxígeno por reacciones químicas y llenar bolsas de lona con sus válvulas correspondientes. A la distancia de tantos años, se adquiere un respeto retrospectivo por la habilidad y el tesón de un farmacéutico provinciano de aquellos tiempos. Sobre todo por el éxito que tenían aquellos balones de oxígeno tan intensamente buscados como bien recibidos y utilizados porque prolongaban la vida de algunos enfermos graves. Sin embargo, algunas personas consideraban que el desfile de bolsas de oxígeno era un precursor frecuente e irremediable del paso del viático. Todo ello tenía lugar alrededor de 1917, año que las historias de la farmacia indican como el de la introducción del oxígeno en la medicina.

Su espíritu inquieto le lleva a proyectar su variada actividad fuera del laboratorio de análisis y de la oficina de farmacia. También exportaba materias primas hacia el centro de Europa. Hay quien pretende atribuirle las primicias en localizar minerales de volframio y en haberlos exportado mucho antes de que en los años cuarenta fueran a satisfacer la industria alemana de guerra, pasando por el vecino Portugal. Varias veces se le atribuyó haber contribuido a analizar minerales de estaño, otra riqueza minera específica de la provincia. Lo que sí es rigurosamente cierto es que durante varios años estuvo exportando vagones enteros de la excelente variedad de digital que hay en las sierras de Salamanca, hacia Centro-Europa, principalmente a Suiza. Su inquietud por los recursos naturales locales le llevó a erigir una fábrica de colas y gelatinas por el barrio de Pizarrales, en las afueras de Salamanca. Fue un atrevido proyecto industrial en una ciudad que no tenía más que una fábrica de abonos, pero que, por la condición más pecuaria que agrícola de la provincia, disponía de materia prima abundante en los huesos y pieles de animales grandes. La fábrica requirió un financiamiento que iba más allá de las posibilidades personales y la obtuvo en forma satisfactoria de los buenos amigos del Hotel Comercio e, incluso, del doctor Población, el ginecólogo universitario. La fábrica duró varios años produciendo utilidades aceptables. Con el traslado a Madrid del técnico principal, el químico-farmacéutico terminó su función.

Sus actividades desbordaron el círculo químico —analítico, farmacéutico, industrial— y también abarcaron los ámbitos corporativo comercial e intelectual. Fue organizador y miembro activo del Centro Farmacéutico Nacional de Salamanca, organización profesional para la distribución comercial de medicamentos. El centro se fundó, y todavía continúa ahí, en la bellísima casa de doña María la Brava, la de los Bandos. Fue ensayador de metales y fiel-contraste de oro y plata en Salamanca, tierra de plateros (1912). Fue director-gerente de la Sociedad Química Salmantina (1916); fue farmacéutico de la Beneficencia Municipal; fue presidente del Colegio de Farmacéuticos en Salamanca y lo será también más tarde en Madrid; fue vocal directivo de la Unión Farmacéutica Nacional y de la Caja de Ahorros del Cuerpo de Farmacéuticos Titulares; fue consejero técnico de la Cámara Oficial de Comercio e Industria de Salamanca; fue inspector provincial de Sanidad, lo que le proporcionó episodios anecdóticos chuscos.

Toda esa actividad variada no sólo era el fruto de una vida inquieta, sino que tenía fundamentalmente una razón económica. El sueldo de catedrático universitario no alcanzaba para llevar una vida plena y menos después del matrimonio y el crecimiento de la familia. Entonces, como ahora, y lo mismo para todos los países hispanoamericanos, el profesorado universitario ha estado muy mal retribuido y todos han necesitado complementar los magros sueldos con ingresos adicionales más o menos relacionados con la profesión correspondiente.

De la salmantinísima calle a la Plaza

Cuando regresó de su beca en París, se encontró que su íntimo amigo y compañero de pensión, el doctor Cañizo, había contraido matrimonio y se había establecido en una casa familiar, donde también tenía su consultorio, que fue creciendo en forma rápida. Poco después vinieron las vueltas en la Plaza, noviazgo y boda, con la necesidad de preparar una vivienda para una familia que empezaba a formarse. Lógicamente, si su esposa María Luisa era hermana menor de Ángela, la esposa del profesor González de la Calle, era aconsejable buscar la proximidad de ambos matrimonios que se habían realizado con pocos años de diferencia. El matrimonio González de la Calle había iniciado su vida abajo de la calle de San Pablo, cerca de la casa en que san Juan de Sahagún había zanjado el pleito de los Bandos, y muy cerca del edificio de la Universidad pero que obligaba a subir la fuerte pendiente para llegar a la Plaza. A fin de evitarla pero sobre todo para vivir juntos ambos matrimonios, encontraron vivienda satisfactoria en una moderna casa de pisos en la calle del Dr. Riesco, denominación reciente de la antigua calle de Toro: los González de la Calle abajo, los Giral arriba. Como quiera que esa calle ha tenido después el inoportuno nombre del "generalísimo", cuando yo regresé a mi tierra en 1977, no quise que mencionaran mi nacimiento en esa calle del nombre inoportuno, porque no era cierto; lo resolvió elegantemente el director de *El Adelanto* diciendo que yo había nacido en la "salmantinísima calle de Toro". La casa, que todavía existe, se encontraba casi enfrente de la del doctor Cañizo, otro motivo más para continuar la gran amistad en distintas generaciones. En esa casa de la calle de Toro nació también mi hermano Antonio y desde entonces la presencia del tío Urbano y la tía Angelita será constante. Poco después nos cambiamos a una casita moderna de una serie de hotelitos con minúsculo jardín, que había construido el rico industrial de los abonos —Mirat— en la avenida que lleva su nombre, una especie de calle de circunvalación de la ciudad. Poco duramos allí, pero sí lo suficiente como para recordar la impresión que producía en la mente infantil el paso de un hombre que había adquirido gran popularidad por aquellos tiempos: el famoso tenor Fleta pasaba para ver a su novia, una hija del señor Mirat que vivía en una casita adjunta y con la que casó después. Y duramos poco porque entonces fue cuando mi padre adquirió la farmacia de la Plaza Mayor que tenía vivienda en el mismo edificio, con escalera interior que comunicaba directamente domicilio y farmacia.

Era el número 36 de la Plaza Mayor. El 20 de mayo de 1916, el catedrático de química orgánica firma el contrato en que alquila, por 15 años, la planta baja destinada a farmacia y laboratorio y el segundo piso para vivienda. La renta anual estipulada en ese contrato de 1916 era de 3 500 pesetas, garantizado sin modificación por los 15 años.

Quizás otra coincidencia de nuevo con el doctor Cañizo es que éste se construyó también su nueva casa más amplia, con consultorio y laboratorio en la avenida Mirat, mudándose de la calle de Toro. La casa del doctor Cañizo construida a la medida tenía un frontón en el que jugábamos los jóvenes, garaje y vivienda para el chofer con su familia, pues la clientela del doctor había crecido mucho y tenía que hacer salidas urgentes a cualquier hora, al interior de la provincia.

La Plaza donde estaba la farmacia entonces tenía jardines y templete para la música al centro; había circulación escasa en aquel tiempo, por la calzada circundante. Hoy, la farmacia ha sido sustituida por una cafetería y no se autoriza la circulación interna, ya no tiene templete y está toda enlosada. Cierto domingo, un niño de seis años venía de jugar en los jardines de la Plaza y subía a su casa quejándose de tal manera que el padre recordó en seguida la tragedia ocurrida 30 años antes en el pueblo de Navalmoral de la Mata advirtiendo la posibilidad fatídica de un nuevo ataque de difteria. Ahora el farmacéutico provinciano disponía de laboratorio con microscopio; rápidamente me tomó un frotis de la garganta, vio al microscopio los típicos bacilos diftéricos y dirigiéndose al anaquel el farmacéutico echó mano al suero antidiftérico. Sin embargo, con toda honestidad farmacéutica, no lo aplicó sin llamar antes al doctor Nogueras, catedrático de pediatría, quien se personó rápidamente en la Plaza Mayor a pesar de ser domingo. Confirmado el diagnóstico del farmacéutico, me aplicaron el suero y en menos de dos horas se resolvió un problema que 30 años antes ocasionó el fallecimiento de cuatro niñas.

Los 30 años transcurridos no marcan una diferencia entre los dos farmacéuticos —mi abuelo y mi padre— ni entre el pueblo y la provincia; la diferencia estaba en que, mientras tanto, había tenido lugar el descubrimiento de Emil Adolf von Behring. Una diferencia dramática que señala el valor de los descubrimientos científicos en la evolución de la farmacia y de la medicina, así como de la vida entera.

En la casa de la farmacia en la Plaza nació mi hermana María Luisa. Salamanca tiene un clima extremado: frío seco en invierno y calor fuerte en verano. Acaso por eso, era frecuente ir a pasar el verano en otro lugar, costa o montaña. Además, en esos primeros años del matrimonio, todos —adultos y niños— padecíamos catarros intensos y frecuentes. El primer verano que salimos de Salamanca tuvo como destino una playa portuguesa, Figueira da Foz, cerca de Salamanca por tren y barata como todo Portugal, pero no debió de salir bien porque no volvimos al mar. En cambio, el doctor Cañizo recomendó mucho que pasáramos los veranos en la montaña; comenzamos por Cercedilla y después se hizo rutinario San Rafael. Sería la experiencia clínica del doctor Cañizo o el efecto beneficioso de los pinos, el caso es que desaparecieron los catarros.

La diversidad inquieta del profesor de química orgánica le hace ampliar su capacidad de enseñanza al acumularle la cátedra de cristalografía (1910). A pesar de que las condiciones de trabajo son muy deficientes intenta llevar a cabo investigaciones nuevas que se dirigen principalmente al campo de la química orgánica y al del análisis, pero siempre preocupado con los escasos medios de trabajo salmantinos.

Así, describe la identificación de plomo en bronces y latones; intenta utilizar las electrocombustiones orgánicas, a falta de mecheros y sopletes; discute la teoría del carbono tetraédrico relacionándola con sus conocimientos de cristalografía; estudia las síntesis de Grignard; se ocupa de reacciones coloreadas del gas hidrógeno, vuelve a estudiar cianuros complejos (nitroprusiato, carbonil ferrocianuro y reacción de Legal); recopila y critica las marchas analíticas sin el empleo del ácido sulfhídrico; propone un nuevo análisis orgánico con aplicación del magnesio; el cloruro de aluminio como agente condensante; revisa los cálculos de los análisis químicos, considerando los límites de error en relación con la confianza del número de cifras decimales con que se dan; averigua las causas del ennegrecimiento en la calcinación del pirofosfato magnésico, etcétera.

En una variedad tan grande de actividades, no sorprende que también se dedique a escribir libros. El primero es una memoria que entrega a la Academia Nacional de Medicina que había convocado a un concurso para un premio. Por eso, debe ser entregada con seudónimo y, como la presentación es de 1911, el que elige es el de "Primogénito" pues lo espera con ilusión. La memoria es premiada y la Academia la edita con el nombre de *Ración alimenticia desde el punto de vista higiénico y social.* Con 368 páginas, la publica la Editorial Dosal, en 1912. Es su primer trabajo serio sobre alimentos, lo que marca un camino para el futuro. Más tarde, en Madrid, cuando sea catedrático de química biológica, se le nombrará profesor especial de bromatología y, desde su exilio mexicano, serán muchas las contribuciones que hará a los problemas de nutrición y alimentos, en forma de trabajos experimentales y de largos artículos de recopilación, difusión y crítica. Todo se inicia en esa primera memoria premiada por la Academia de Medicina. Al mismo tiempo que el premio, se le ha concedido la condición de académico correspondiente de la Nacional de Medicina. El meritorio trabajo tiene el valor de ir apoyado sólidamente por tablas de composición y de precios de los alimentos consumidos en Salamanca alrededor de 1910. Cuando quiso comparar los precios con los de la capital madrileña no pudo obtener datos confiables pero sí los obtuvo plenamente de la ciudad de Barcelona, de manera que el estudio tiene ese valor comparativo entre Salamanca y Barcelona. Sorprende tanto la falta de datos de Madrid como lo completo de los datos de Barcelona. Tal vez, ahí empieza a crearse la sincera admiración y la profunda simpatía que el viejo castellano y madrileño castizo desarrollará por el trabajo, la organización y el sentido de responsabilidad de los catalanes.

Su segundo libro combina sus experiencias y conocimientos sobre análisis y química orgánica: *Análisis orgánico funcional*, Editorial Librería de Victoriano Suárez, 635 páginas, Madrid, 1913. Parece ser que la obra estaba destinada precisamente a ganar méritos en las oposiciones que hubo de hacer años después, con la intención de ir a Madrid, a las cátedras de análisis químico y de química orgánica. Realmente, el texto recogió una cantidad tan grande y variada de experiencias y reacciones que todavía había tenido, hasta hace poco tiempo, un valor práctico indiscutible. Sólo la introducción moderna —desde hace pocos años— de equipos espectroscópicos variados ha venido a desplazar a la combinación de reacciones químicas para llevar a cabo los análisis orgánicos y a cambiar radicalmente la forma de realizarlos y de interpretarlos.

Al inaugurarse el curso 1918-1919, le correspondió pronunciar el discurso de apertura en octubre del 18, según era tradicional en las universidades españolas. Vale la pena reproducir los párrafos de introducción.

Incapacitado para hacer discursos y plenamente convencido de la inutilidad de estos actos, me veo obligado, por ministerio de la ley, a ocupar esta tribuna y forzado a desempeñar una labor que no estimo eficaz: ni por el auditorio, heterogéneo e inquieto; ni por el tema, especializado y técnico; ni por el conferenciante, inhábil y torpe de expresión.

Yo no sé, ni quiero, teorizar. Pienso, con Diderot, "que los estudios teóricos son propios para llenar las capitales de orgullosos razonadores y de contempladores inútiles, y las campiñas de pequeños tiranos, ignorantes, holgazanes y desdeñosos". Me dedico a una ciencia, la Química, esencialmente experimental; la práctica, los hechos de observación, constituyen la casi totalidad de su estudio. Es, genuinamente, una ciencia de acción. Venir a este sitio a *hablar* de química y no a *hacer* química, es cometer un delito de lesa ciencia. Conste, pues, que a ello voy forzado por las circunstancias antedichas.

Y sin embargo... Siento una gran satisfacción en poder ocupar este sitio; y en este acto, que diputan de solemne. Es una ocasión, que no se repetirá en mi vida, la de poder dirigirme a vosotros, catedráticos y alumnos (maestros y discípulos algunas veces), invitados varios y representantes todos de profesiones diversas, que llenan en el marco de la democracia análogas funciones sociales. A las clases mal llamadas directoras, a los elementos productores, a la juventud estudiantil, a todos me dirijo, porque a todos debe interesar el desenvolvimiento de las energías de España. Y mi oración, discurso, o lo que sea, va encaminado a fijar la POSICIÓN DE LA UNIVERSIDAD ANTE EL PROBLEMA INDUSTRIAL.

Ése fue el título del discurso, es decir, el pretender ligar la actividad universitaria con el tercer aspecto del carácter universitario, la *utilización del conocimiento*, que es el menos respetado para integrar la misión universitaria, pero el más valioso para contribuir al desarrollo nacional. Cuando, en 1977, don Lamberto Echeverría, catedrático de derecho canónico en Salamanca leyó su correspondiente discurso de apertura que tituló "Discurso de discursos", porque hizo un análisis de todos los pronunciados en la Universidad, al evaluar el de mi padre de 1918, declaró que, a pesar de los 60 años transcurridos, tenía plena vigencia y podría servir de modelo y guía a ciertos gobernantes y universitarios actuales. Y la Introducción del de mi padre terminaba con este párrafo:

Aspiro, y éste es uno de los motivos de mi satisfacción, a remover los espíritus en pro de una causa de tan vital importancia como el resurgimiento industrial de nuestra patria. Pretendo poner mi esfuerzo al servicio de una fecundísima tarea de aproximación de la Universidad a la industria. Y es mi más ardiente deseo el que sepamos todos colocarnos a la altura moral que los trágicos momentos actuales reclaman. Para desarrollar las fuentes de riqueza material de nuestro país y para que nuestro acervo espiritual dirija noble y patrióticamente esa obra de engrandecimiento nacional, con normas éticas de estricta pureza, y sobre todo, con predominio exuberante de la voluntad sobre la pasión. Que es grave defecto de nuestra raza ser más pasional que volitiva. Y que para las empresas de la moderna vida (creo que de todas las vidas), el triunfo siempre es de la voluntad.

Otra vez se siente el discurso de Cajal —"Los tónicos de la voluntad"— en la Academia de Ciencias y, de cualquier manera son hermosas lecciones ejemplares de vida y de conducta universitarias. El discurso académico contiene a continuación un valioso y detallado estudio de las industrias más importantes que pueden y deben ser apoyadas por la química universitaria. Es conveniente mencionar aunque sólo sean los títulos de los capítulos que contiene: Industrias agrícolas, Carbones, Electricidad y fuerzas hidráulicas, Minería y metalurgia, Industrias químicas, Maquinaria, Causas de nuestro atraso industrial y la Universidad ante el problema industrial.

Como es lógico suponer, algunas de las propuestas se han ido realizando, pero de manera limitada. Por ejemplo, un gran sueño de todos los apasionados por el progreso de España era la realización de los Saltos del Duero, sueño que ya se realizó. Gracias a ellos, en la provincia de Salamanca existen fuentes importantes de electricidad de origen hidráulico, que ya están funcionando, unas exclusivamente españolas como el salto de Almendra (en el Tormes, poco antes de verter al Duero) y otras compartidas con Portugal, cuando el Duero hace frontera, como los saltos de Aldeadávila y Saucelle. Lo triste es ver esos impresionantes saltos desiertos porque, una vez hechas las obras, las instalaciones necesitan muy poco personal para mantenerlas. Es triste verlas desiertas porque fuentes de fuerza eléctrica tan poderosas no se aprovechan con complejos electroquímicos y electrometalúrgicos que originarían la producción de una variedad de sustancias mucho más valiosas. Y no sirven de consuelo los argumentos que dan allá: que la mayor parte de esa fuerza eléctrica se envía al País Vasco y llega hasta París, produciendo divisas. Es decir, que desde Castilla se proporciona energía para la industria vascongada y que la iluminación de los bulevares en la Ville Lumière se logra con luz producida en Salamanca, pero... en el transporte se pierde por lo menos 30%, mientras que si se aprovechase esa fuerza eléctrica *in situ*, como quien dice "al pie de la mata", en complejos electroquímicos, se aprovecharía íntegramente favoreciendo el desarrollo de la industria química castellana con energía barata y atendida técnicamente desde nuestra tan prestigiada Universidad. Con estas consideraciones no puede dejar de recordarse el complejo electroquímico de las cataratas del Niágara explotadas conjuntamente por Canadá y los Estados Unidos en situación paralela a la de Portugal-España; o bien, el enorme desarrollo de la electrometalurgia en Venezuela explotando la energía generada en el Caroní, último afluente del Orinoco. Y tampoco se puede olvidar que antes de nuestra guerra, el brillante profesor de química inorgánica de Madrid, don Enrique Moles, estaba estudiando precisamente el aprovechamiento integral de los Saltos del Duero, para la industria química; estudios que han quedado ignorados entre cárceles y exilios.

VIDA POLÍTICA

¡Don Giral, me apunté pa republicano! No era raro oír esa expresión en la farmacia de la Plaza. Y oírla de esa manera, en boca de charros lígrimos y de gente sencilla. Nunca en la Universidad ni en los centros oficiales. Su proselitismo republicano fructificaba en actividades de organización y de relacionar a unos con otros. El proselitismo entre los intelectuales y los universitarios se hacía en encuentros personales, en el Novelty, en paseos y excursiones, pero nunca en los centros de enseñanza. Siempre tuvo un exquisito cuidado en no abusar de su posición magisterial, ni en Salamanca ni en Madrid ni en México, para fines políticos.

Los primeros años de vida salmantina no registran gran actividad política, fuera de sus encuentros personales con Unamuno y con los demás catedráticos de Salamanca. En cualquier caso, hay que recordar que nunca fue hombre de discursos ni de artículos. Fue un hombre de acción. Acaso influía también su condición de químico toda vez que la química es una ciencia experimental: en su discurso de apertura destaca la importancia de *hacer* química sobre el *hablar* de química. El mismo espíritu le impulsará a *hacer* política y no a *hablar* de política. De cualquier manera, política republicana por los influjos durante la adolescencia, por su paso por París y por su estrecha relación con Unamuno.

En su aludido discurso de apertura dice "...que sepamos todos colocarnos a la altura moral que los trágicos momentos actuales reclaman...". La actualidad a que se refiere son los años 1917 y 1918 cuando todavía no ha terminado la guerra en Europa, la llamada primera Guerra Mundial. Si el discurso se pronunció en octubre del 18, el armisticio no se firmará hasta noviembre, pero ya se presiente el fin de la guerra. Sin embargo, el discurso está firmado en julio, fecha tradicional de entregar los originales para dar tiempo a su impresión lista para el reparto el 1 de octubre. Un discurso como ése tuvo que empezar a escribirlo antes de julio, por la cantidad de datos y cifras que contiene. Y es a esa actualidad a la que atribuye los "momentos trágicos".

A comienzos del 17 se ha sentido gran intranquilidad en Rusia, aumentada por los rumores trasmitidos al embajador francés referentes a la locura de la zarina, lo que desemboca en la Revolución de febrero en Petrogrado y el asalto al Palacio de Invierno por los bolcheviques que van cantando *La Marsellesa*, pero se dice que esos mismos bolcheviques han recibido dinero de Alemania con el fin de debilitar el frente oriental.

Lenin, que está emigrado en Suiza, recibe permiso para reintegrarse a Rusia; en un vagón precintado que atraviesa todas las fronteras y líneas de guerra llegando a Petrogrado a mediados de abril para hacerse cargo de la dirección de la revolución.

Poco antes del singular viaje de Lenin, los Estados Unidos declaran la guerra a Alemania y participan en ella, en forma decisiva, junto a los aliados, decisión que tuvo que ver con los colorantes sintéticos y con los productos naturales.

Un mes antes, los Estados Unidos reforman la situación política de Puerto Rico vigente desde el 98, pasando a ser una parte más —con ciertas reservas y limitaciones— de los Estados Unidos; acaso con el designio de aumentar fácilmente sus soldados. Las tropas estadunidenses desembarcan en St. Nazaire en junio.

Curiosamente, al comenzar 1917, dos investigadores físicos alemanes, Otto Hahn y Lise Meitner, trabajando en radiactividad experimental, descubren el protactinio, hallazgo que contribuirá al desarrollo de la bomba atómica 30 años después. En mayo del mismo año, otro investigador alemán, Franz Fischer, anuncia la liquefacción del carbón, es decir, transformar la hulla (muy abundante en el mundo y en Alemania) en combustibles líquidos del tipo de la gasolina. Es un descubrimiento técnico importante que tendrá valor estratégico para Alemania (que no tiene petróleo) en la segunda Guerra Mundial, pero que no se podrá poner en condiciones de competencia económica durante tiempos de paz.

En mayo de 1917, Kerenski ha sido nombrado primer ministro de Rusia y el zar abdica su corona imperial, pero en mayo de 1918 el gobierno soviético se instala en el Kremlin con Lenin al frente. En julio de ese mismo año, el zar y su familia son asesinados en Ekaterinburgo, desatando el terror rojo, y en septiembre se proclama la República rusa. También en 1918 se produce la separación de Austria y Hungría.

En 1917 aparecen los tanques en la guerra. Recuerdo todavía los noticieros cinematográficos vistos en el Liceo, desde la platea de Teresa García, la platera, y la impresión que nos causaban a los niños de entonces. No era tanto su coraza defensiva ni sus cañones agresivos como su capacidad para moverse por todas partes gracias a su sistema de oruga. El tanque, aparecido en esa guerra de 1914 a 1918, se puede considerar como el vencedor del barro que atasca todo aparato con ruedas. Por los noticieros cinematográficos sabremos después de la eficacia de las ametralladoras y del empleo militar de la aviación. Todo ello es suficiente para pensar en "momentos trágicos" del mundo.

En marzo de ese trágico 1917, se celebra en Zaragoza una gran asamblea republicana con el fin de unificar los distintos grupos republicanos que están bastante divididos en España. La asamblea aprueba un programa mínimo que no se podrá llevar a efecto hasta la II República o, por lo menos, iniciarse en sus aspectos fundamentales. Curiosamente, el catedrático y farmacéutico salmantino que despliega gran actividad para aglutinar republicanos, no acude a Zaragoza, lo que es difícil de explicar, menos aún cuando tenga consecuencias trágicas a pesar de no haber ido a Zaragoza.

A mediados de junio se celebra en Rusia el primer congreso de los soviets (asamblea de obreros y soldados) en el que tienen mayoría amplia socialistas y moderados con más de cinco mil delegados. Los bolcheviques que siguen a Lenin apenas si cuentan con 105 delegados, pero Lenin pronuncia su famoso discurso en el que reclama todo el poder para los bolcheviques y exige eliminar a Kerenski. El discurso de Lenin provoca la hilaridad de los asistentes; nadie lo toma en serio pero a partir de ese momento decrece vertiginosamente la popularidad del gobierno de Kerenski.

Ya existe el telégrafo; no hay radio ni televisión, hay noticieros cinematográficos y es suficiente para que las noticias lleguen a España con bastante rapidez. Los socialistas españoles, que tienen pocos años organizados, creen que también para ellos ha sonado la campana revolucionaria y declaran la huelga general el 13 de agosto de 1917. Es la primera gran huelga general y revolucionaria en España. El día 14 se detiene a los miembros socialistas del comité de huelga: Besteiro, Largo Caballero, Saborit y Anguiano, todos de la Unión General de Trabajadores (UGT). Curiosamente, el primer dirigente de la huelga será don Julián Besteiro, catedrático de lógica en la Universidad de Madrid y que será el presidente de las Cortes Constituyentes de la II República (1931). Los días 14 y 15 hay choques violentos de la fuerza pública con los obreros y el día 19 el ejército sofoca por fin la revuelta. El conflicto español se ha originado en un problema con los ferroviarios que se viene arrastrando desde julio y el comité reclama elecciones limpias y la convocatoria de Cortes Constituyentes. En Barcelona donde dominan los sindicalistas, más que los socialistas, surge la figura de Ángel Pestaña al frente de la Confederación Nacional de Treabajadores (CNT).

En la represión de la huelga, el general Burguete, encargado de Asturias, incita a "cazar mineros como fieras", una situación que se repetirá 17 años después (1934) en plena República en que el nuevo Burguete será el propio general Franco.

Mientras la UGT, socialista, muestra una actitud pacífica pero firme, los sindicalistas de la CNT en Barcelona se muestran francamente revolucionarios. El 11 de noviembre se celebran elecciones de concejales y el voto popular elige a los cuatro miembros socialistas del comité de huelga, los que, al salir elegidos y amparados en la inmunidad democrática, quedan en libertad. Estaban en el penal de Cartagena, los cuatro condenados a cadena perpetua.

La repercusión en Salamanca se manifiesta en la detención de varios izquierdistas, más republicanos que socialistas. Por eso, menciona los "trágicos momentos actuales", o sea unos meses antes de escribir el discurso.

Uno de los más antiguos recuerdos infantiles lo tengo tenebrosamente grabado al ver a mi padre en la cárcel provinciana, cuando yo no tenía más que seis años. Estábamos pasando el verano de 1917 en Cercedilla; después, los veraneos serán en San Rafael, lo mismo desde Salamanca que desde Madrid. Recuerdo la primera nube trágica en el hotelito de Cercedilla donde pasábamos el verano con el tío Urbano y la tía Angelita a más de la abuela y las hermanas solteras de mi madre. A mi padre le habían detenido rápidamente porque él se quedaba en Salamanca cuidando la farmacia. Recuerdo vagamente el traslado a Salamanca con mi madre y, siempre, acompañados por la venerable figura del tío Urbano. Recuerdo, sobre todo, la entrada en la cárcel provincial de Salamanca, lóbrega y desagradable, con mi madre acongojada llevando un velo negro, y, como siempre, el tio Urbano con su respetable barba, su traje oscuro y su sombrero negro impecable, dando solemnidad a aquel encuentro que representaba la primera detención política de mi padre. Recuerdo que el niño de seis años estaba estremecido, al mismo tiempo que sorprendido y aturdido. A mi padre se le había acusado de ser el delegado de los socialistas para proclamar la huelga en Salamanca. Siempre nos explicó que nunca tuvo relaciones con los socialistas entonces, cuando Lerroux, jefe de los republicanos, estaba peleado con Pablo Iglesias, fundador del Partido Socialista. Sin embargo, era amigo y admiró al verdadero comité de huelga, netamente socialista: Besteiro, Largo Caballero, Saborit y Anguiano que fueron condenados a cadena perpetua, de la que se salvaron porque unas inminentes elecciones sacaron a los cuatro como concejales con inmunidad parlamentaria. De todas maneras hay que destacar que los únicos catedráticos universitarios detenidos en 1917 en toda España eran Besteiro (socialista) y mi padre (republicano).

Entre los detenidos figuraban varios republicanos destacados de Salamanca y, además, el cónsul francés de la ciudad. Aunque oficialmente España era neutral en la guerra europea de 1914-1918, había muchos españoles germanófilos que influían para perseguir a los franceses aunque fuesen autoridades. Parece que la fuerte francofilia de mi padre, a más de su republicanismo, determinaron la detención. El caso es que mi padre nunca dejó de sentir y de manifestar su gran simpatía por la causa francesa y, en consecuencia, por los aliados. A pesar de la impresión que nos había hecho la detención de mi padre, ésta duró poco tiempo. Cuando salió en libertad, con su optimismo sereno nos contaba detalles de su convivencia con malhechores comunes, pero, además, daba la impresión de que la detención le había aumentado su francofilia, su aliadofilia y su republicanismo. A poco de salir me convenció de que empezase a asistir a clases de francés a pesar de mis seis años de edad. Las clases se daban en un círculo adecuado, a la vuelta de la farmacia en la calle del Prior y algo percibí de que la enseñanza del francés tenía que ver con algún compañero de prisión. Recuerdo cierto episodio con sentido del humor porque mi padre nos compró un juego de niños en que, de acuerdo con los tiempos, los dos bandos que disputaban el juego se designaban como los "aliados" y los "desliados". Nunca se me borró el recuerdo de ese nombre que no entendía con mi mente infantil.

De todos modos, resulta sorprendente la actitud de las autoridades universitarias al encargar a mi padre el discurso de apertura para el curso 1918-1919, de acuerdo con las normas universitarias, discurso que hubo de empezar a escribir a poco de salir de la cárcel salmantina. La realidad es que gran parte de la ciudad de Salamanca se le echó encima por haberse significado en las reivindicaciones obreras siendo un farmacéutico y catedrático aunque nunca se afiliase ni a la UGT ni al Partido Socialista. Nunca dejó de ser un republicano liberal humanista con grandes inclinaciones hacia los movimientos obreros, pero sin formar parte de ellos. Acaso debe destacarse tal encargo como una buena disposición de la Universidad de Salamanca y de las autoridades universitarias españolas hacia la libertad de palabra y la libertad de cátedra, aun en un régimen monárquico, conservador y derechista, bien entendido que jamás hizo uso de la libertad de cátedra para hacer proselitismo político.

Como una coincidencia curiosa, debe mencionarse que, por esos tiempos, a fines de 1916, se crea en México la Escuela Nacional de Química Industrial por don Juan

Salvador Agraz, estando en México Venustiano Carranza como jefe del Ejército Constitucionalista (no quiso aceptar su papel de presidente de la República). Esa Escuela de Tacuba ha sido el germen de la Facultad de Ciencias Químicas de la UNAM en la que mi propio padre enseñó desde 1947 hasta 1962 y en la que hemos enseñado, investigado o aprendido dos hijos, cuatro nietos y tres biznietos del catedrático farmacéutico de la Universidad de Salamanca.

Unamuno

Sería inoportuno pretender una biografía o una crítica de la ingente y variada obra de un pensador tan profundo y tan decisivo en la historia española contemporánea. Pero tuvo tal influencia en la vida de mi padre que vale la pena dedicarle algunos recuerdos a manera de brochazos impresionistas sobre su trayectoria en la compañía del químico de la Universidad y farmacéutico de la Plaza.

Habiendo nacido en 1864 y fallecido el último día de 1936, don Miguel reparte su vida por igual entre el siglo XIX y el XX (36 años en cada uno). Su vida en el siglo XX está vinculada a la Universidad de Salamanca. Vale la pena recordar algunos hechos menores en relación con su vida universitaria pues influyó a muchos amigos, a mi padre, al tío Urbano y a mí mismo. Contra lo que se cree, en una práctica de la misión universitaria, una enseñanza básica consistía en no faltar a clase ni a los eventos universitarios y, además, negarse a dar las clases fuera de los locales universitarios. Era frecuente en una universidad de escaso alumnado, que al tener sólo uno o dos estudiantes en ciertas asignaturas, algunos años, el profesor se llevase a su casa (o al café) a los alumnos, para mayor comodidad. Don Miguel, rector o no, seguía tal costumbre recordando el ejemplo de uno de los profesores salmantinos más ilustres: Francisco de Vitoria, creador del derecho internacional y residente en el Colegio de San Esteban. A pesar de su fuerte artritismo que casi le impedía andar, no faltó nunca a su clase en locales universitarios porque los alumnos le subían en hombros la empinada cuesta desde el colegio hasta la universidad y le volvían a bajar. Otra práctica que don Miguel puso como modelo en la Universidad consistió en negarse a dar las enseñanzas en forma de lecciones magistrales. Después de unas muy escasas clases sobre el alfabeto (griego, que era su clase oficial) y unas reglas básicas de gramática, repartía libros fundamentales, en griego original, y hacía que los estudiantes los fuesen traduciendo y comentando con su ayuda. Ese método sirve también para clases experimentales sustituyendo los libros por sustancias, aparatos, reacciones o prácticas de cátedra. Es lo que se llama "leer un libro".

Desde aquel primer encuentro en el Novelty recién inaugurado y aquella acalorada discusión religiosa en la carretera de Zamora, apenas llegado a Salamanca, los contactos fueron creciendo en intensidad y frecuencia, en la Universidad, en las excursiones y paseos, en la misma farmacia, en el propio Novelty y por todas partes de la ciudad.

Mientras tanto, don Miguel escribió (1908) *Su majestad, la lengua española* y poco después (1910) su espléndido soneto *La lengua*. Ambas obras hacen evidente cómo se ha castellanizado el vasco y cómo ha llegado a dominar la lengua desentrañando su belleza como el más firme lazo de unión entre todos los países hispanoamericanos, si bien hay críticos que lo valoran y lo interpretan de otras maneras. No hay que olvidar que el padre de don Miguel, don Félix de Unamuno, fue un emigrante vasco en México, durante el siglo XIX, en el estado de Nayarit (Tepic), donde puso una panadería, y es él quien le inspira la figura de *Nada menos que todo un hombre*.

La relación seguiría desde Madrid aunque se vaya al exilio francés pasando por Canarias. Un episodio importante en la vida de don Miguel es su destitución como rector en 1914 cuando llevaba 14 años seguidos en el rectorado, incluso viviendo en la habitación alta de la esquina del célebre edificio de la Universidad, misma habitación que hoy ocupa el Museo Unamuno. La destitución del rector fue dispuesta por Alfonso XIII a través de su ministro de Instrucción Pública, Francisco Bergamín, lo que llama más la atención si se recuerda que en tiempos recientes el hijo, José Bergamín, distinguido poeta y escritor, ha sido un seguidor y admirador de Unamuno, no sólo como filósofo y poeta sino también como republicano, al grado de haber hecho el exilio en México.

Cuando se destituyó a don Miguel, solamente cuatro o cinco catedráticos de la Universidad se atrevieron a protestar en un claustro extraordinario presidido por el vicerrector que lo sustituyó y que, no queriendo admitir la protesta, expulsó del claustro a los protestantes al grito de "Que se vayan esos *intelectuales*". O sea que motejar de intelectuales a catedráticos de la Universidad en su propio claustro, es una forma de casi insultar a la gente de razón y de pensamiento. Con ese sentido ha quedado el recuerdo del incidente en la ciudad de Salamanca.

A medida que iba creciendo el trato y la admiración por don Miguel, mi padre empezó a formar un programa político con Unamuno como centro, soñando con la idea de crear un partido republicano, fundamentalmente de intelectuales —a pesar del sentido que se le dio en el claustro— presidido por don Miguel de Unamuno, partido que aunque no fuese muy numeroso, aglutinase a gente de calidad con sentimientos republicanos. La idea más cuajada se la expresa años después en una carta dirigida desde Madrid a Hendaya. Pero la resistencia de don Miguel a entrar en un partido, aunque fuese a la cabeza del mismo, era tan grande ya desde Salamanca que es cuando dice aquellas frases ingeniosas para expresar su negativa: "¿Partido yo? No, yo entero" o aquello de que sólo aceptaría un partido con un solo afiliado que fuese él. Manifestaciones de su exagerado individualismo anárquico. Ya lo decía él de vez en cuando: "Ni los leones van en rebaño ni las águilas vuelan en bandadas".

Hay que considerar el subtítulo y la tesis de una biografía escrita en inglés (no se ha traducido al español) por una estadunidense, graduada en la Universidad de Columbia (Nueva York), Margaret T. Rudd, discípula de Federico de Onís, a su vez discípulo directo de don Miguel. El subtítulo en cuestión, *The lone heretic* (University of Texas Press, 1963), podría traducirse como *El hereje solitario*. Si bien es cierto lo de hereje así como para considerarle un precursor del existencialismo, no es cierto su condición de solitario mas que como otra forma de su exagerado individualismo. Acaso en el fondo de su pensamiento aceptaría el rebaño y la bandada con tal de ir él delante, pero ni siquiera es aceptable la idea pues eso es lo que intentó mi padre durante años y no lo logró por negarse a ello don Miguel, no por carecer de seguidores.

Todo eso hacía que el trato con don Miguel fuese intenso y familiar, hasta 1914 en su casa rectoral de la Universidad y después en la casa de la calle de Bordadores. Otras veces, más escasas, el propio don Miguel venía a la casa del tío Urbano o a la de mi padre. Probablemente esas visitas fueron la causa de la poca atracción que me producía don Miguel en los años salmantinos de mi infancia, porque cuando se anunciaba su llegada nos retiraban a todos los niños al grito de "¡Que viene don Miguel!" y eso se explicaba porque si estábamos presentes en alguna ocasión tenía que ser con la condición de estar quietos y callados. Más de una vez oí la reprimenda: "¡Calla, niño, que está hablando don Miguel!". A pesar de su intento paternal de darme aquella clase práctica de cocotología ante un velador del Novelty, era mucho don Miguel para unos niños de aquella época.

Otro incidente infantil con don Miguel tuvo lugar en los pinares de San Rafael en ocasión de una visita veraniega que solía frecuentar para jugar al tresillo, pues era un gran tresillista. Estaba don Miguel hablando en pie con el tío Urbano y con mi padre entre los pinos cuando yo, que tendría unos 10 o 12 años, me puse a hacer volatines en la rama de un pino. Nunca olvidaré la cara de espanto de don Miguel al volverse: "¡Ese chico se mata!" Pasado el susto, con su habitual ingenio empezó a llamarme "la flor del pino".

Lo mismo que digo eso, tengo que reconocer que, ya en la adolescencia, cambié totalmente mi actitud hacia él cuando empecé a leerle y a pensarle, llegando a estar familiarizado con toda su obra y su pensamiento, admirándole cada día más hasta llegar a considerarle como la figura más importante del pensamiento español, por lo menos para mí. Por ello, recuerdo con sorpresa, en una de las visitas a su casa en la calle de Bordadores, haber visto numerosos libros nuevos apilados. Para mí no tenía mucha significación pero luego me enteré de que era la primera edición casi entera del *Abel Sánchez* que no se había vendido. Cuando uno ve los miles de ejemplares y la cantidad de ediciones que se han impreso y se han agotado, después de su fallecimiento, no puede por menos que recordar aquella pila de ejemplares sin vender de una primera edición muy escasa.

Otras veces, la visita de don Miguel era en la propia farmacia buscando medicamentos. Le recuerdo, con su interminable curiosidad escudriñando los anaqueles, los frascos y todo lo que podía. Pero recuerdo, sobre todo, aquel día que de pronto estalló en sonoras carcajadas con un frasco en la mano: "¡Vaya ocurrencia! ¿A quién se le habrá ocurrido semejante adverbio?" Lo que tenía en la mano era un reactivo de los que empezaba a preparar una prestigiosa casa alemana, indicando en la etiqueta *"químicamente* puro". ¿Qué hubiera dicho don Miguel en estos tiempos en que manejamos reactivos *cromatográficamente* puros y *espectroscópicamente* puros?

De gran significación fueron las excursiones que preparaban entre mi padre y el doctor Cañizo, proporcionándole un acompañamiento de gran calidad intelectual, lo que hacía sumamente atractivo el escuchar los diálogos y las conversaciones. Generalmente se utilizaban los automóviles con gran capacidad de los doctores Cañizo y Población. A veces, también algún otro que iba desde Madrid, como el del doctor Goyanes, cirujano de gran prestigio que había convivido con el doctor Cañizo en Berlín cuando ambos estaban becados.

En aquella época, quienes más fácilmente disponían de automóviles eran los médicos de mucha clientela. Por supuesto, mi padre no tuvo coche durante su estancia en Salamanca pero era el organizador de semejantes paseos. Una prueba típica de ello está en la fotografía que se encuentra en la biografía de don Miguel escrita por Emilio Salcedo (editorial Anaya, 1964, frente a la página 177). Fue una excursión por la parte montañosa de la provincia de Salamanca y la fotografía está tomada en la plaza del pueblo de la Alberca. En ella aparecen los economistas Flores de Lemus y Enrique Rodríguez Mata, el doctor Cañizo, el doctor Población, Martí-Jara, Wenceslao Roces, mi padre, y unos niños que éramos los hijos del doctor Población, el mayor del doctor Cañizo y yo mismo a los 9-10 años, pues esa excursión se hizo alrededor de 1920.

En esas excursiones, el propio don Miguel gustaba de recoger anécdotas que él mismo provocaba con su insaciable curiosidad. En una ocasión, al llegar a un pequeño pueblo y entrar en la taberna en donde había varias mesas en que se jugaba a las cartas, don Miguel inquirió de uno de los jugadores: ¿Quién te parece que fue el mejor inventor del mundo? Como era bien conocido en todos los pueblos de la provincia, el interpelado le respondió, con las cartas en la mano: "Pues mire, don Miguel, está claro que fue el que inventó la baraja". A lo cual siempre tenaz, le volvió a preguntar: Y ¿qué piensas del que inventó la cama? Entonces el jugador de cartas, rascándose la cabeza debajo de la boina, dijo: "Pa mi que fue el mismo".

En los paseos a pie desde Salamanca, a veces se desviaban de la carretera de Zamora y se iban por el camino de la estación, lo que a don Miguel le agradaba porque se les sumaba un almacenista de granos o garbancero que expresaba ideas peculiares sobre la guerra que al propio don Miguel le hacían gracia y las repetía con frecuencia: "Don Miguel, si los ingleses *preforan los Dradanelos, las catacumbas*", o bien "Vivimos sobre un volcán con la mecha encendida".

Un curioso incidente que refleja bien el carácter difícil de don Miguel ocurrió en 1919 cuando falleció don Pedro Dorado Montero, catedrático de derecho penal.

Recuerdo haber presenciado la formación del cortejo en la Plaza, delante de la farmacia de mi padre. Coche de caballos, ningún signo religioso —era entierro laico y republicano— catedráticos a los lados con cintas de los colores de la Facultad correspondiente; togas, mucetas, birretes, todo con la mayor solemnidad universitaria. Entonces no me daba cuenta de la trascendencia de ciertas cosas. Parecía que todo el profesorado estaba presente; más tarde me enteraría de que no quiso ir al entierro —y mucho menos, presidirlo— don Miguel de Unamuno. Hacía cinco años que había dejado de ser rector pero todo el mundo le consideraba como la figura más insigne de la Universidad. Lo que ocurría era que, lo mismo como rector que como compañero, se había llevado mal con don Pedro. Las dos cabezas más brillantes de la vetusta Universidad —¡tan españolas, las dos!— en vida se habían llevado mal, apenas si se hablaban y, al fallecer uno, el otro rehúye presidir el sepelio... mas al llegar al cementerio, aparece don Miguel, desprovisto de todo atuendo y representación oficiales y pronuncia la más hermosa oración en alabanza del desaparecido. Lástima que nadie recogió el texto.

Don Pedro y don Miguel, las dos enormes personalidades de la Universidad, son las que más influyen sobre el catedrático de química orgánica, y de una manera especial influye también ese antagonismo hispánico entre los hombres eminentes, antagonismo que parece no querer doblegarse sino ante la muerte. Lo mismo mi padre que el tío Urbano quedaron fuertemente impresionados por ese episodio y varias veces lo recordaron y lo comentaron, lo que tiene más valor si se recuerda que los dos fueron albaceas de don Pedro y los dos fueron fervientes seguidores —cada uno a su estilo— de don Miguel.

En mi padre, el episodio reforzó una obsesión como norma de vida: unir a los intelectuales, unir a los liberales, unir a los republicanos, unirlos para realizar juntos una gran tarea nacional, pero en vida y constructiva. Sobre todo a los intelectuales, a los universitarios, para que participen en la vida pública.

QUE INVENTEN ELLOS

Merece una reflexión singular la frase que don Miguel escribió en 1909 —"¡Que inventen ellos!"— y que tan controvertida ha sido. Algunos jóvenes españoles e hispanoamericanos, obsesos con la idea de imitar rápidamente a los estadunidenses angloparlantes, especialmente en disciplinas científicas y técnicas, han tratado de oponer dicha frase al desarrollo científico de los jóvenes hispanohablantes, como si fuese una voz de ultratumba de la España histórica y tradicional. Incluso, se ha llegado a pensar que esa posición de don Miguel representa un paralelo en el campo agnóstico y librepensador al retraso que ha significado para España la intervención de la Iglesia católica por causa de la Inquisición. También científicos españoles criticaron duramente a don Miguel por esa expresión, por ejemplo, el matemático español Rey Pastor cuya vida argentina le ha hecho aproximarse a la vida hispanoamericana.

Por el contrario, hay otros pensadores españoles que exaltan de tal manera el valor de las humanidades que llegan a decir que los más recientes avances científicos y técnicos, hasta la electrónica y la bomba atómica, son fruto de la formación humanística, de "letras". Ha habido quien ha llegado a decir que para una buena formación en medicina era prioritario dominar el griego y el latín.

El no aceptar las invenciones es consecuencia de no tener en cuenta el equilibrio entre las tres condiciones universitarias, menospreciando o ignorando la aplicación o utilización del conocimiento. Una actitud de don Miguel frente a las "invenciones" era su gran respeto y exaltación de la Naturaleza. En una ocasión le llevaron de Salamanca a Burgos unos amigos para visitar una granja avícola montada con todos los adelantos de principios del siglo XX para aumentar la producción de huevos mediante luces y timbres de despertadores. Recuerdo lo indignado que estaba don Miguel al regresar y protestaba airadamente que a las gallinas les hicieran poner más huevos encendiendo más o menos luces y mediante ruidos artificiales en lugar de guiarse por el canto del gallo.

Algunos hemos pensado que ese aparente menosprecio a la ciencia y a la técnica, se refiere a la ciencia y a la técnica *mal aprendidas y mal ejecutadas* que es lo que nos ha llevado a los desastres del 98. Por eso, la discutida sentencia se puede interpretar dentro del espíritu del 98. El mismo Unamuno, en plena República (1934), fustiga a "esas masas de jóvenes de hoz y martillo, o de yugo y flechas, o de compás y escuadra, o de escapulario y cirio"... *España puede ser muchas cosas*, pero nada de lo que nos ha llevado al ridículo y a la catástrofe del 98. Comentando el 98, Américo Castro profundizará en el pensamiento de Unamuno como un "sentido de incitación para crear formas de cultura más expresivas de vida, que fundadas en un pensamiento despersonalizado", en lugar de rebaños obedientes a consignas de cualquier tipo.

Unamuno le tenía pavor a las profesiones especializadas sin una formación humanística previa. Poco después, Ortega diría que "el especialista es el *nuevo bárbaro* de la edad moderna" y el propio don Miguel hará una exaltación de la contradicción como condición humana: "si un hombre nunca se contradice será porque nunca dice nada". Esta expresión ha sido recogida de oído —"oída en una conversación"— nada menos que por el físico matemático Schrödinger, judío austriaco, premio Nobel, profesor en la Universidad de Dublín y creador de la mecánica cuántica aplicada a la estructura del átomo, para rectificar su posición ante el intento de explicación físico-matemática de la vida.

Vale la pena recordar aquí la expresión de otro premio Nobel, francés y biólogo, Jacques Monod, exaltando el rigor en busca de la verdad, como base de "El azar y la necesidad": "la ética del conocimiento es la base de la confrontación entre la lógica y la experimentación".

Se trata de practicar la ciencia y la técnica con gran rigor, bien aprendidos, para poder decir que también "nosotros podemos y debemos inventar". Y no se trata de inventos impersonales, como el de la baraja y la cama, ni fantásticos como el del garbancero del camino de la estación, sino inventos ejecutados en grupo, colectivamente, con rigor y precisión, es decir, con condiciones que nos hubieran permitido construir el submarino, desarrollar la electrónica y fabricar el autogiro. Acaso lo que don Miguel hubiera debido decir sería más amplio: Que construyan y desarrollen ellos.

El caso es que todas las informaciones recogidas de los jóvenes catedráticos investigadores liberales coinciden en señalar a Unamuno, rector o no, como un protector eficaz de los jóvenes investigadores posteriores a mi padre: Ignacio Ribas (química orgánica), Carlos Nogareda (físico-química), Maximiliano Gutiérrez de Celis (química inorgánica), Fernando Galán (biología), José Puche (fisiología).

Por lo que respecta a aquellos tiempos, primeros años del siglo XX en una España tratando de superar el 98, la expresión de don Miguel no ligó adecuadamente con la idea de un esfuerzo común. Aunque llevaba pocos años en Salamanca, mi padre ya conocía suficientemente bien a don Miguel como para no repetir la novatada de discutirle directamente a lo largo de la carretera de Zamora. De ahí que, cuando muy raramente hablaba de don Miguel y las invenciones, lo más que decía era "cosas de don Miguel". En cambio, el comportamiento de mi padre y su conducta son la mejor respuesta a la sentencia unamuniana, lo que no le impidió continuar con una completa y leal adhesión a don Miguel y una constante colaboración pública con él.

Véase el apartado sobre la vida universitaria y científica con la lista de sus variadas "invenciones" y el resumen de su intensa e incesante actividad científica y técnica. Todo ello rematado por las contundentes y profundas afirmaciones respecto a la química experimental y sus aplicaciones técnicas, expresadas en su discurso de apertura que se escribe a los ocho años de la comentada expresión unamunesca.

Tampoco hay que olvidar que su expresión sobre la capacidad de inventar se produce en 1909, último año de la Semana trágica en Barcelona, lo que aumenta el pesimismo y la depresión nacional, a 11 años de los desastres del 98.

Por otro lado, cabe pensar en algún influjo posible de Ganivet (1865-1898) considerado precursor de la generación del 98. En 1897 escribió Ángel Ganivet su *Idearium español* en el que incluye estos párrafos: "Nuestro desquite llegará el día que nos impulse un *ideal nuevo*, no el día que tengamos, si esto fuera posible, tanta riqueza como *nuestros adversarios...* Nuestra acción principal no será nunca económica, pues por ella sólo seríamos *imitadores serviles*". Unamuno era buen amigo de Ganivet y habían tenido comunicación frecuente. ¿Influiría Ganivet en el Unamuno de 1909? ¿Se refería a los adversarios como "ellos"? Ganivet falleció el mismo 98.

Porque sí fuimos tan ricos como los adversarios, un siglo antes, cuando la riqueza se cifraba sólo en oro y plata. Pero ya a fines del siglo XVIII, la gente de la

Ilustración en España preveía la necesidad de "inventar", que es lo que se hace durante todo el XIX, y varios de ellos clamaron porque hubiese "más fábricas y menos comentarios de Aristóteles" ¿Podría ser ese el *ideal nuevo* de Ganivet? También hay quien ha podido imaginar un Unamuno empapado en el espíritu del 98 que pensaría ¿Para qué inventar si siempre hemos de tropezarnos con la estupidez de los gobernantes?

El *ideal nuevo* de Ganivet encajado en el espíritu de la generación del 98 podría representarse muy bien por el discurso de apertura de mi padre (1918), especialmente sintetizado en la Introducción, y por su actividad desplegada durante su estancia en Salamanca.

De cualquier modo, no hay que olvidar la gran tendencia de don Miguel a las paradojas, lo que hace más difícil entenderle pero también estimula la reflexión sobre problemas fundamentales.

Por ejemplo, gran conocedor de la literatura hispanoamericana, cuando le dio por corregir a varios escritores, también corrigió a sor Juana Inés de la Cruz. Cuando ésta decía "si es para vivir tan poco ¿de qué sirve saber tanto?", don Miguel apostrofaba "si es para saber tan poco ¿de qué sirve vivir tanto?"

Aquí está una de las expresiones sobre la invención, si bien en otra ocasión dice esto tan importante para la vida española de Europa y de América: "que la ambición sea mayor que la codicia".

El mismo espíritu que le impulsa a corregir las frases de sor Juana —como antes lo hizo al mismo Campoamor— le hace también comentar nada menos que "al Cantar de Mio Cid" en una forma aprovechable para la ciencia experimental: "lengua sin manos ¿cómo osas hablar?; mano sin lengua ¿cómo osas obrar?", lo cual supera el "inventar".

Ahora existe en España la costumbre de evaluar a los intelectuales por sus Cajales y sus Unamunos, con que borrar la mala impresión del "Que inventen ellos" y aproximarse al *ideal nuevo*.

De cualquier manera, vale la pena recoger estas últimas e iluminadoras expresiones unamunianas: "Los hombres piensan, sienten y obran juntos, de muy distinto modo que aislados", y "La pasión es enemiga de la lógica".

Cuando se enfrenta con el Antiguo Testamento en aquella sentencia tan conocida del Eclesiastés: "Vanidad de vanidades y todo vanidad" (todo vacío) Unamuno dice: "Plenitud de plenitudes y todo plenitud" (todo lleno, lleno de ideas).

Y finalmente, don Miguel declara *su* religión: "mi religión es buscar la verdad en la vida y la vida en la verdad".

Eso es lo importante, pues el episodio de don Miguel sobre las invenciones es un caso más del conflicto entre el superespecialista deshumanizado y el hombre cumplido. Al fin y al cabo las ideas vertidas en sus invenciones son fruto de pensamientos fundamentales.

Volviendo sobre el discurso de mi padre y los razonamientos orteguianos que hace en su introducción, me parece que una aproximación mayor al *nuevo ideal* con el espíritu del 98 podría ser la conjugación armónica de los *Cajales* (voluntad), los *Ortegas* (razonamiento) y los *Unamunos* (pasión), con la adición de Giner de los Ríos (enseñanza).

Hacia Madrid

A pesar de la tradición universitaria salmantina, casi contemporánea de La Sorbona y muy anterior a las universidades alemanas, no era fácil desarrollar la Universidad española para alcanzar el nivel de París, ni siquiera reproducir el papel de la pequeña Universidad de Giessen o de la más cuajada de Munich, en las que Justus von Liebig había desarrollado su tarea de llevarse para Alemania la primacía de la química que se había iniciado en Francia con Lavoisier. El ambiente español era distinto, aún con el espíritu de la generación del 98. El catedrático salmantino piensa que en esa España, si se quiere hacer algo, hay que hacerlo en Madrid, donde él ha vivido, se ha criado y ha estudiado. La antigüedad de Salamanca sirve para poco y, a veces, estorba.

Intenta varias oposiciones a cátedras de análisis y de orgánica, pero están muy presionadas, hay mucha política científica de por medio. En el desarrollo de la química, esos años del primer cuarto de siglo están marcados por la lucha de dos grupos encontrados: la escuela de Zaragoza y el grupo del Hipódromo. Éste se denomina así porque trabajan en centros cerca del primitivo hipódromo, al final de la Castellana, donde se instala el Museo de Historia Natural, la Residencia de estudiantes, el Instituto Escuela y el Instituto Rockefeller. Es la gente de la Junta, que cultiva la ciencia pura, bien formada y actualizada en todas las ramas con rigor científico. Los de Zaragoza, en cambio, se preocupan más por el aspecto industrial, por la química práctica y productiva con espíritu tradicionalista. Entre ambos grupos se reparten las influencias, especialmente en la distribución de cátedras universitarias.

El catedrático de Salamanca, por no estar plenamente de acuerdo con unos ni con otros, pretende tomar una posición intermedia que recoja lo mejor de ambas tendencias y hacerlas compatibles. Trata de crear un grupo de ese tipo con su compañero de farmacia e íntimo amigo Obdulio Fernández; con un químico valenciano, Morales Chofre, que ha estado en París con madame Curie, y con algunos jóvenes que empiezan. Lo importante es que los grupos puedan influir en la distribución de cátedras y de otros puestos importantes. La realidad es que el catedrático de Salamanca no tiene ningún éxito en su intento de obtener una cátedra en Madrid. Solamente logran conseguir la cátedra de análisis de medicamentos en farmacia para don Obdulio Fernández.

Unas veces los de Zaragoza y otras los del Hipódromo son los que interfieren. Hasta 1923 se logrará que se pongan de acuerdo ambos grupos, cuando menos en crear un nuevo plan de estudios de la química apoyado principalmente en las cuatro ramas fundamentales: inorgánica, orgánica, analítica y físico-química, mientras se dejan las ciencias básicas (matemáticas, física, ciencias naturales) como complementos auxiliares. El nuevo plan que dura con pleno éxito hasta la guerra de 1936, es obra de ambos grupos representados por don Ángel del Campo, en nombre del grupo del Hipódromo y por el catedrático de Zaragoza don Antonio de Gregorio Rocasolano.

Sin embargo, ninguno de los dos grupos, ni antes ni después de ese plan, ayudan al catedrático de Salamanca en su anhelo de ir a Madrid, que es impedido por unos y por otros. Una prueba del torpedeo por ambos lados fue su mala suerte con los metales raros, especialmente con el titanio. La manera absurda como se realizaban las oposiciones, incluía un ejercicio práctico que se realizaba encerrando en un laboratorio a los opositores durante ocho horas. Allí se les entregaba una muestra problema que debían analizar en ese corto tiempo. Generalmente las muestras eran una mezcolanza caprichosa de diversas sustancias sin ninguna relación con la realidad de los problemas químicos. La mala suerte con los metales raros demostró lo equivocado de tales pruebas: en más de una ocasión la muestra contenía titanio, el profesor salmantino lo encontró, los demás no y, sin embargo, no le otorgaron la plaza.

En 1915, con motivo de una reunión científica de la Asociación Española para el Progreso de las Ciencias, en Valladolid, llevó como contribución su proyecto de marcha analítica sin el empleo de ácido sulfhídrico, que era el terror de los analistas, por lo que su aportación llamó mucho la atención. Así me lo dice en una carta Eugenio Muñoz Mena, un químico vallisoletano quien al saber de mi proyecto de preparar esta biografía, me escribió en 1985 para comunicarme que él estuvo presente en aquella reunión de Valladolid, cuando tenía 16 años, y cómo le impresionó la figura de mi padre, lo que le influyó mucho para seguir la carrera de químico y para ser republicano. En efecto, Eugenio Muñoz Mena fue ayudante de Miguel Catalán en su época gloriosa de los espectros, fue profesor en el Instituto Escuela —mi primer maestro de química— fue químico municipal de San Sebastián, químico de la aduana de Irún, hizo el exilio en Francia y en México como republicano ejemplar, en laboratorios y en enseñanza, acabando como patrono del Colegio Madrid en México. Me recuerda en su carta que quiso ser presentado a mi padre lo que logró gracias a un tío suyo, Eugenio Muñoz Ramos, doctor en farmacia y en ciencias físico-químicas, que ejercía en Valladolid y quien presentó a mi padre como "un modelo humano digno de admiración".

A pesar de juicios como ésos de Valladolid y de otros méritos ya enumerados, no logró una cátedra en Madrid, pero en 1920 se decidió, renunciando de momento a las cátedras, para lo cual se apoyó en la farmacia profesional y en una nueva actividad en el Instituto Oceanográfico. Renunció a las cátedras, solicitó la excedencia, se dedicó a vivir del ejercicio profesional de la farmacia y, gracias a don Odón de Buen, pudo llevar a cabo una labor científica en el Instituto Oceanográfico como químico del mismo. Así empezó su nueva vida madrileña.

Madrid (1920-1931)

La farmacia y el entresuelo

La desesperación de José Giral por no obtener una cátedra universitaria en Madrid le inclinó a elegir la farmacia como profesión liberal para apoyar su vida madrileña abandonando temporalmente la vida universitaria, decisión en la que influyó mucho la educación de los hijos. Como prueba, yo ya llevaba un año largo viviendo en Madrid (desde 1919) con la abuela y las dos hermanas solteras de mi madre, año en que había acudido regularmente al Instituto-Escuela. El resultado de esos años de prueba fue tan satisfactorio para mi padre que, a pesar de lo que costaba en cuotas complementarias (de lo cual le oí quejarse varias veces), se decidió integralmente por la vida en Madrid a todo riesgo.

No era solamente mi educación sino la de mi hermano Antonio (Salamanca, 1912, México, 1996) un año menor que yo, quien también se incorporó al Instituto-Escuela y, años mas tarde, lo haría mi hermana María Luisa. La vida provinciana de Salamanca no había ofrecido nada que pudiera compararse ni de lejos. A pesar de que el Instituto-Escuela quedaba dentro de la línea ideológica de la Institución que, en las cátedras universitarias de química estaba representada por el grupo del Hipódromo, se decidió sin duda por ellos.

Los hijos se lo hemos agradecido siempre pues fue una época de privilegio que coincidió con nuestra formación, influyendo decisivamente en ella.

En 1920, solicitó la excedencia en el escalafón universitario y se trasladó a Madrid sin ninguna colocación fija, tomando en traspaso la farmacia fundada por Sánchez Ocaña, en Atocha 35 (hoy es el número 25), frente a Relatores y casi enfrente del Teatro Calderón. Por supuesto sin suficientes fondos personales, tuvo que acudir a algunos miembros de la familia para lograr apoyos económicos.

Si bien había obtenido un buen traspaso de la farmacia de Salamanca, a don Quirino Paradinas, no era suficiente para adquirir la de Madrid. No sólo adquirió la farmacia sino también alquiló el entresuelo para laboratorio, reposición, biblioteca y en los primeros tiempos vivienda de la tía Antonia.

Era importante encontrar una vivienda cerca de la farmacia y la encontró pronto en la calle del Amor de Dios, esquina a la plaza de Antón Martín.

Bastaba caminar cinco minutos por la misma acera para trasladarse de la casa a la farmacia y viceversa.

El número 14 de Amor de Dios, que fuimos a ocupar, había sido en tiempos anteriores sede de una imprenta que debía de tener cierta importancia porque en ella se imprimió una edición de *Lazarillo de Tormes*; la de 1831, en que figura como autor don Diego de Mendoza. La calle del Amor de Dios se llamó así durante la República de Roberto Castrovido, un gran periodista republicano, fallecido y enterrado en México. La casa tenía una entrada ancha, de cochera, quizás por el transporte pesado de la primitiva imprenta. En los tiempos en que la habitamos ya no quedaba rastro de la imprenta, pues la construcción era moderna y los bajos estaban llenos de bares y cafés con ruidosas pianolas, que en algunos meses de preparación de exámenes, con todas las ventanas abiertas, interferían con la concentración necesaria para el estudio.

La calle del Amor de Dios es corta y termina en ese número 14, esquina con la plaza de Antón Martín, que tuvo enseguida salida de metro con el consiguiente nombre. El otro extremo de la calle comienza en la de las Huertas y representa la entrada trasera de la Academia de la Historia, con puerta principal por la paralela calle del León. La residencia en la Academia de la Historia se hizo famosa por ocuparla don Marcelino Menéndez Pelayo, solterón que utilizaba esa puerta para discretas salidas y entradas, según chismes que contaban por el barrio.

A la vuelta, ya en plena plaza de Antón Martín, vimos construir el cine Monumental, el más grande de Madrid en aquellos tiempos, en el que disfrutamos, mi hermano Antonio y yo, toda una colección de películas españolas, de cine mudo, a las que solíamos ir los sábados, pagando 60 céntimos de peseta por entrada.

Recuerdo muy bien aquellos primeros tiempos de la década de los veinte cuando esperábamos a mi padre en el recibimiento, con mi madre y mi hermano Antonio. Cuando llegaba mi padre, después de haber cerrado la farmacia, la pregunta angustiosa de mi madre era *¿cuánto?*, pues en aquel tiempo dependía el éxito del traslado, la mudanza y el traspaso, del ingreso diario, por el apuro para devolver cuanto antes el préstamo.

Recuerdo también que una sastisfactoria cifra de venta diaria andaba en alrededor de las 300 pesetas, en aquellos tiempos (década de los veinte).

Con dedicación y habilidad organizó la farmacia con un excelente encargado —Alfredo— y aprendiendo a moverse muy bien entre cuentas bancarias, aprovisionamiento de la reposición, mayoristas, letras, giros, laboratorio anexo a farmacia y una selección de buenos practicantes que él mismo contrataba por horas en la farmacia militar que estaba casi en frente de la misma calle de Atocha, en la casa en que vivía Benavente.

El manejo de las cuentas bancarias no era frecuente en profesiones liberales por aquellos tiempos, y menos aún entre catedráticos universitarios. Siempre oí hablar con admiración de cómo entendió mi padre el aspecto mercantil de una farmacia y la soltura con que lo manejaba sin disminuir nada de su condición de profesión liberal ni de sus fundamentos científicos. Tampoco había sido necesario hacer cursos especiales de administración de empresas.

También fue una idea afortunada el emplear a los practicantes de la vecina farmacia militar. El ejército tenía, entonces y antes, un cuerpo de farmacia militar muy valioso, bien organizado técnicamente, con una buena red de farmacias militares distribuidas por la ciudad. Por todo ello, la farmacia funcionó muy bien profesionalmente, sin complicar para nada a los practicantes que cumplieron bien su tarea profesional, aunque en el 39, año en que ya se había desprendido de la farmacia incluso antes de 1936, les causase disgustos y problemas políticos a varios de los practicantes porque "habían trabajado para el Sr. Giral". Un detalle, aparentemente insignificante, fue su sistema para representar los precios de los medicamentos, directamente, cuando ni había computadoras ni se soñaba con ellas. Puede que fuera un sistema generalizado pero yo no he visto nunca la representación de los números con letras aprovechando que la palabra DEPURATIVO, de 10 letras, cinco vocales y cinco consonantes, no tiene dos letras iguales. Y también se trata de una palabra farmacéutica.

La combinación de farmacia y entresuelo (laboratorio y biblioteca) se prestó muy bien para disimular las reuniones y conspiraciones políticas que organizaba mi padre. Al laboratorio del entresuelo se podía llegar como un vecino cualquiera entrando directo de la calle al portal, o bien mezclándose con el público que iba a comprar medicinas y, por la rebotica, pasar a la escalera que daba acceso al entresuelo-laboratorio.

En los primeros años de la década de los veinte, la tía Antonia ocupó el fondo del entresuelo que le había cuidado en la niñez, pero pronto falleció. Entonces mi padre amplió el laboratorio y biblioteca con una mezcla de archivos variados, libros, la reposición de la farmacia, reactivos, materias primas para el laboratorio anexo a farmacia y restos de una vivienda personal. Después del fallecimiento de la tía Antonia ya no vivía nadie en el entresuelo y, para entrar en él, recogíamos el manojo de llaves en la rebotica y después de abrir las devolvíamos en una canastilla que, atada con una larga cuerda, se descolgaba por un ventanillo abierto en el piso del entresuelo. En el fondo, donde vivió la tía Antonia, se instaló el laboratorio de análisis con un par de mesas espléndidas, hechas con unas soberbias placas de pizarra que se había traído de Salamanca (pueblo y barrio de Pizarrales).

En mis años finales del bachillerato y comienzos de los estudios universitarios incluso me habilitó un despacho de estudio hasta con una pizarra de pared, con lo cual llegué a dominar el entresuelo: yo abría la puerta y veía caras conocidas, unas veces identificables al abrir y otras después. Pero también me quedaba muchas veces solo y me dedicaba a escudriñar los escondrijos que utilizaba mi padre y que nunca la policía lograba descubrir. En ese laboratorio me dediqué a aprender prácticamente lo fundamental de la química experimental.

Muchas veces, en ausencia de mi padre, llegaba la policía para hacer registros, frecuentemente mientras estaba detenido en la Modelo. Yo les abría y les dejaba buscar con la tranquilidad de que nunca encontrarían nada. Hasta me reía por dentro. En cambio, cuando yo me quedaba solo, me dedicaba a buscar y encontraba cosas que a mí me iluminaron y que la policía hubiera sido feliz de hallar. Pero yo lo dejaba todo como lo había dispuesto mi padre y nunca se percató de mis actividades en sus ausencias, ni la policía tampoco.

En una ocasión encontré el proyecto de un manifiesto republicano entre las facturas de la farmacia, y luego encontré otro en un frasco de boca ancha de la reposición que contenía almidón en polvo. En otra ocasión me encontré con ejemplares de las subversivas "Hojas libres", que redactaba en Hendaya don Miguel y que estaban cuidadosamente guardadas en los hornillos no utilizados de la vieja cocina que había servido a la tía Antonia. Las transportaba en automóvil Eduardo Ortega y Gasset desde Hendaya hasta la farmacia.

Otra vez desarmé un viejo lavabo, bajo cuyas piedras encontré todo lo relacionado con la masonería. Nunca hablé con mi padre de ello, ni me dijo que era masón, pero yo lo había encontrado todo en aquel lavabo inútil. Tampoco yo le dije nada pero me hizo pensar mucho. Teóricamente eran atractivos los principios de la masonería, sin embargo pensé que las reuniones y las tenidas en las logias me iban a quitar mucho tiempo que prefería dedicar mejor a profundizar los conocimientos químicos y farmacéuticos, que me parecían más valiosos para el desarrollo de España. Desde entonces decidí no pertenecer a la masonería aunque guardé un gran respeto por los masones y por sus actividades.

Por otro lado, las reuniones estudiantiles, especialmente las dedicadas a las directivas de la FUE, absorbían bastante tiempo. Tanto que en un día en que había estado ausente demasiado tiempo me armó una tremenda regañina con el consabido "yo no mantengo vagos", a pesar de que mis faltas de asistencia a los estudios eran por participar en las reuniones estudiantiles de fuerte matiz político. Todavía recuerdo la impresión que me hizo su amenaza: "si no te corriges, te doy una muda y 50 duros y te vas a ganar la vida como puedas". Eso de los 50 duros me impresionó pero me hizo reaccionar después de pensarlo mucho y decidirme por hacer una vida universitaria seria.

En ese local de Atocha 35, "frente a Relatores", integró en forma ejemplar, entre planta baja y entresuelo, todas las actividades farmacéuticas: despacho de medicamentos de patente, preparación de recetas individuales (que entonces eran todavía frecuentes), preparación de recetas repetibles (píldoras, sellos, papeles o inyectables), como una iniciación del laboratorio anexo a farmacia, laboratorio de análisis clínicos, laboratorio de análisis de alimentos o industriales, verdadero laboratorio anexo a farmacia que se concentró en el sulfato de bario para radioscopia ("sulfobarium"), y que representó la iniciación de la industria farmacéutica que se ha desarrollado intensamente en todo el mundo a lo largo del siglo XX.

Otra breve actividad de gran significación profesional era la báscula para el peso de los clientes. Aunque ya se habían instalado básculas automáticas en muchos lugares públicos, había numerosos clientes que sólo se fiaban de la precisión científica de pesarse en una farmacia y los había que requerían la intervención personal del farmacéutico o, cuando menos, del encargado, el serio Alfredo. Ciertamente, el rendimiento económico de una báscula, cuya pesada costaba 10 céntimos, era bien pobre y lo más que me fastidiaba, a mí personalmente, era que mi padre me encargaba ir a pagar anualmente la contribución especial por tal servicio que se pagaba en oficinas distintas de las otras contribuciones con colas y molestias. Delicias de la burocracia hispánica, pues era una cantidad insignificante pero "había que cumplir la ley".

En una ocasión en que intervino en la directiva del Colegio de Farmacéuticos tuvo que contribuir también a la creación de un Instituto de Control de Medicamentos que se mantendría con un pequeño sello adicional. Mientras la parte médica del Instituto (farmacología) se había cubierto correctamente sin problemas, para cubrir la parte químico-farmacéutica se hizo una de aquellas absurdas oposiciones con ejercicios prácticos que contenían metales raros (titanio entre ellos y otra vez, fue él el único en encontrarlo). El ministro con el que tenían que tratar (toda la sanidad dependía entonces de Gobernación) era el tristemente célebre general Martínez Anido, el mismo que le mandaba detener para enviarle a la Modelo. Era el ministro que había dado la orden de no cubrir las plazas a partir del químico-farmacéutico republicano y como éste llevaba el número uno, hubo que dejar todos los puestos vacantes. Lo peor fue que aceptaron cubrir las plazas, por decreto del propio ministro, dos de los jueces que habían dejado vacantes las plazas a las que hicieron oposiciones 18 aspirantes. El problemita en cuestión era una mezcla de cloruro de titanio, cloruro de vanadio y acetato de lantano. ¿Algún interés farmacéutico?

En el laboratorio de análisis clínicos no había mucha actividad, pues eran datos fáciles de obtener en otros muchos lugares. En cambio, había mucho respeto por los análisis industriales, por su variedad y por el prestigio personal. Carbones, aguas de balneario, minerales, alimentos diversos. Éstos nos gustaban mucho porque los dueños de las empresas que los encargaban, además de pagar buenas facturas, solían enviar como obsequio numerosas muestras bien recibidas cuando se trataba de estudios nutricionales de alimentos sabrosos. Recuerdo con especial agrado una mantequilla danesa y unas sardinas en conserva de unos industriales catalanes emigrados en Galicia. Con la variedad de estos análisis ya se decidió a contratar ayudantes químicos.

Los primeros, los hermanos Gómez Ibáñez (originarios de Teruel), no sólo fueron sus colaboradores químicos en el laboratorio, sino que también, de ideas políticas afines, actuaron como sus secretarios cuando comenzaron las actividades políticas de la República. Primero Horacio, el mayor, y luego Olimpio quien también fue profesor en el Instituto-Escuela. En cambio, el más joven —Pepe, de mi edad— no tuvo participación en las actividades químicas ni políticas, terminó su carrera en la Facultad de Ciencias y desplegó una valiosa actividad científica en el continente americano, desde los Estados Unidos, como profesor investigador físico-químico.

El Oceanográfico

Durante esa primera época madrileña del comienzo de los años veinte, algo que ayudó mucho a sus actividades capitalinas, todavía sin acceso a la anhelada cátedra madrileña, fue el Instituto Oceanográfico. Don Odón de Buen, catedrático titular de biología en la Facultad de Ciencias de la Universidad de Madrid, había tenido la idea de fundar hacia el inicio de la década de los veinte, un Instituto Oceanográfico, para el que necesitaba una sección de química, en la que vino a encajar mi padre. Acaso influiría en ello su gran amistad salmantina con don Demófilo, el hijo mayor de don Odón, y que había tenido un brillante desempeño en la cátedra de derecho civil de la Universidad de Salamanca. De muy pequeño, recién instalados en Madrid, recuerdo el laboratorio químico de mi padre para fines oceanográficos, sin relación con las actividades farmacéuticas personales, en un hotelito nuevo de la Castellana y en una casona de la calle de Fomento, hasta estabilizarse en un piso de la calle de Alcalá junto a las Calatravas. También recuerdo cómo en esas primicias de química oceanográfica, buscó enseguida mi padre la manera de compensar las deficiencias experimentales de Salamanca, según había aprendido de su estancia en París.

Era la época en que la tía Antonia ocupaba el fondo del entresuelo y el laboratorio particular de mi padre necesitaba menos espacio del que tuvo después. Más tarde, ya ampliada la química oceanográfica, con nuevo personal joven, su atención por el mar se concentró en acudir a los congresos internacionales de oceanografía que se celebraban en Copenhage o en Mónaco, por el interés que el propio príncipe de Mónaco había demostrado en el estudio del mar y por su amistad personal con don Odón de Buen. Es conocido y bien valorado el Museo Oceanográfico que existe en Mónaco, así como la actividad de don Odón aconsejando a los dueños de las Almadrabas de Huelva para la pesca del atún (bonito), de valor económico en el desarrollo español y con problemas que aún hoy, al comenzar el siglo XXI, siguen sin resolverse.

De cualquier modo, al ser nombrado mi padre ministro de Marina de la República siempre señalamos que la única relación que había tenido con el mar era de orden científico, por la oceanografía. Precisamente, una de sus primeras actividades científicas, oceanográficas, fue una campaña realizada a comienzos de los veinte, en la bahía de Algeciras para establecer patrones de referencia en cuanto a la química del agua del mar. No sólo la química del agua del mar. El paso de mi padre por la oceanografía dejó diversas huellas, especialmente en las algas como materia prima de la industria químico-farmacéutica. La década de los veinte, que es la época mas fértil de mi padre en la oceanografía, coincide con el gran interés universal por los "mucígenos", sobre todo por la "algina", acido algínico y alginatos que han tenido un gran desarrollo industrial. Los primeros trabajos iniciales de mi padre sobre mucígenos y alginas no parecen haber tenido una continuidad que hubiera sido valiosa en un país con tantos miles de kilómetros de costas. Como tampoco lo tuvo la idea del químico-farmacéutico de una explotación integral de las algas, extrayendo además el yodo que contienen. El costoso yodo, tan valioso para la industria farmacéutica, se obtenía de los depósitos minerales del norte de Chile, lo que lo encarecía mucho, si bien hay que recordar que el yodo se descubrió en las algas y no en los minerales. Alcancé a visitar con él una de esas pequeñas industrias para productos valiosos que empezaban a desarrollarse en las costas gallegas, pero que, según mi padre, no prosperaron por causa de abogados y financieros. El mar sigue siendo una fuente muy rica de materias primas para los países de largas costas. Será coincidencia pero don Odón de Buen, su hijo Demófilo y mi padre están enterrados en México, después de exilios diversos, pero el mar sigue siendo una fuente de riqueza para España, aunque mal aprovechada.

EL INSTITUTO ESCUELA

La decisión de pedir la excedencia en Salamanca fue un gesto valiente, cuyo incentivo primordial se basaba en que sus hijos empezaban a formarse en la línea de la Institución, concretamente en el Instituto-Escuela como lo más afín a la generación del 98. El Instituto-Escuela se fundó en 1918 por don Santiago Alba, ministro liberal en la monarquía de Alfonso XIII. Iniciado como un "ensayo pedagógico", en una época en que el mundo estaba saturado de pedagogía, pretendía dar una mayor fluidez y unidad a toda la enseñanza en la edad formativa: la enseñanza media del bachillerato (Instituto) con la enseñanza primaria (Escuela) dejando mejor preparados a los alumnos para escoger la especialidad de los estudios superiores científicos, profesionales, humanistas o técnicos, a nivel universitario.

El fondo y la esencia del Instituto-Escuela, según el propio don Francisco Giner que lo había concebido y según don José Castillejo que lo había llevado a la práctica, consistían en integrar la formación de hombres completos, totales. Era el núcleo intelectual que se estaba creando para lograr una reforma sustancial de España a través de la educación. Giner de los Ríos había propuesto una manera de enfocar la enseñanza y de entender la educación armónica e integral basada en la tolerancia, el amor al trabajo, la búsqueda del rigor, la neutralidad religiosa y la educación activa e intuitiva. Era el idealismo incurable de Giner, era un ensueño pedagógico, que se logró en gran parte con el Instituto-Escuela.

Duró esa fase de "ensayo pedagógico" unos 15 años, seleccionando temporalmente a maestros de primaria y a catedráticos de Instituto de toda España. Algunos de ellos, muy señalados, fueron trasladados al Instituto-Escuela en forma definitiva, mientras otros tenían que esperar el comienzo de cada curso para confirmar su actividad en el Instituto madrileño cumpliendo la condición de "ensayo pedagógico".

Uno de los que comenzaron desde su fundación como profesor fijo fue el de historia, don Francisco Barnés, que lo era hasta entonces del Instituto oficial de Ávila. Mi padre tenía por él simpatía y admiración por ser un "institucionista" completo: compañero de Machado, había sido discípulo directo de don Francisco Giner de los Ríos y parece que sus consejos y orientaciones fueron decisivos para convencer a mi padre de llevarnos a estudiar al Instituto-Escuela, aunque ello representase el pedir la excedencia en el escalafón universitario con las aventuras del traslado sin ocupación fija en Madrid. Otra circustancia coincidente fue que mi abuela Ángela, casada con el farmacéutico de Navalmoral pero ya viuda, se había establecido en Madrid con dos hijas solteras y a mí me mandaron el primer año a vivir con ellas para probar el nuevo centro de enseñanza.

Los consejos del profesor de historia que tanto influyeron en mi padre, estaban reforzados por las relaciones de parentesco gracias al enlace de las tres hermanas de Casatejada, con los tres hermanos de Navalmoral.

Si mi madre era hija de la pareja Francisco-Ángela, la esposa del institucionista profesor fundador del Instituto-Escuela, Dorotea, era hija de la pareja Urbano-Petra y, por lo tanto, prima hermana de mi madre y hermana del catedrático de latín en Salamanca, el tío Urbano. Andando el tiempo, una hija de Dorotea Barnés sería mi mujer.

Una de las actividades originales del señor Barnés en el Instituto-Escuela fue la organización de las excursiones por toda España para enseñarnos a conocer el país en todos sus aspectos: geográfico, histórico, artístico, industrial, y científico. Cada alumno llevaba una peseta el sábado. Recogido y administrado por los propios alumnos, ese fondo nos permitía hacer una excursión de un día (en domingo) tres veces en el año a los alrededores de Madrid: Toledo, Ávila, Segovia, El Escorial, Aranjuez, Guadalajara, Alcalá, la Sierra de Guadarrama, etc. Cada quien llevaba su comida preparada en la casa según los gustos familiares. Entre semana, a las horas de clase, nos llevaban por grupos a visitar museos y edificios notables de Madrid. Ni qué decir tiene que el Prado lo conocíamos a detalle. En los dos últimos años del bachillerato se llevaban a cabo excursiones de más tiempo: una semana en 5to y dos semanas en 6to.

Todavía en nuestro tiempo, las excursiones largas se hacían en tren, acostumbrándose a las duras tablas de la tercera clase para pasar las noches. En los años más recientes se empezó a utilizar el autobús, cada vez con más intensidad.

Cuando se instauró la II República, el señor Barnés fue dos veces ministro de Instrucción Pública, lo que se aprovechó para estabilizar el Instituto-Escuela como una institución oficial, abandonando la condición de "ensayo pedagógico" que se consideraba bien logrado. También sirvió esa época para crear nuevos Institutos-Escuela en provincia: Barcelona, Sevilla, Valencia.

Curiosamente, en plena república, los Institutos-Escuela fueron torpedeados por los socialistas que consideraban tales centros de enseñanza como "elitistas", propios de burgueses a pesar de las buenas relaciones con socialistas como Besteiro y Fernando de los Ríos como si el elitismo mental no fuese imprescidible para formar buenos intelectuales y destacados profesionales como los que necesitaba el país, pero así eran los socialistas: obcecados con las masas, los obreros y la igualdad para todos.

Concretamente, puedo asegurar que los socialistas impidieron la creación del Instituto-Escuela de San Sebastián que trataba de organizar el profesor Muñoz Mena. En cambio, se crearon dos Institutos-Escuela en el exilio, con más larga vida que los de España, incluso que el original de Madrid. Los dos siguen funcionando: el de Santo Domingo, República Dominicana, es el de más larga duración (más de 50 años) creado con fuerte influjo del Instituto-Escuela de Valencia. Más reciente es el de México, fundado por hijos de exiliados que tanto nos oían hablar a los padres de las maravillas del de Madrid.

Como a las autoridades mexicanas les pareció poco explícito lo de Instituto-Escuela a secas, decidieron que el de la ciudad de México llevase el nombre de Instituto-Escuela del Sur, referido a la localización en la inmensa ciudad.

Los colegios creados en México por la emigración republicana, sin llevar el nombre escueto de Instituto-Escuela, han recogido todos el espíritu fundamental de la institución, de Giner de los Ríos y del Instituto-Escuela. Los más antiguos y de mayor éxito en México —el Luis Vives, el Madrid y la Academia Hispano Mexicana— así lo han hecho. Mi padre dedicó una gran parte de sus esfuerzos y actividades personales al Colegio Madrid, el más numeroso, con unos 3 000 estudiantes. Sus últimos 15 años así lo hizo, teniendo siempre presente el recuerdo del Instituto-Escuela de Madrid y los buenos resultados obtenidos con sus hijos al decidir valientemente, en un momento crítico, su aventurado traslado de Salamanca a Madrid con el fin de mejorar la educación de los hijos.

Otro profesor identificado con el Instituto-Escuela desde su fundación fue don Miguel Catalán, casado con la hija de Menéndez Pidal (Jimena), muy activa en la delicada enseñanza de los más pequeños (párvulos y primaria), con ayuda de Petra, mi mujer. El señor Catalán, profesor de física y química, era un investigador reconocido internacionalmente por haber descubierto los multipletes en los espectros de emisión, que ayudaron mucho a esclarecer la estructura del átomo, por lo cual tiene dedicado con su nombre un volcán en la cara oculta de la luna. Catalán, además de gran profesor, fue el tutor de la cuarta generación que terminó el bachillerato en 1927. Lo curioso fue que, recibiendo el título el 20 de junio, a los cinco días (el 25) nos examinamos oralmente en la Universidad del primer curso preparatorio (cuatro asignaturas) con pleno éxito gracias a la ayuda de Catalán. En mi caso personal significó mucho la ayuda de mi padre, además. Fue el primer triunfo masivo del Instituto-Escuela en la Universidad, con exámenes exclusivamente orales cuando se había pronosticado nuestro fracaso por no estar acostumbrados a los exámenes y a los libros de texto. Fue un episodio que contribuyó mucho al prestigio de la pedagogía gineriana.

Si bien todos los del grupo sacaron algunas asignaturas aprobadas, el preparatorio completo lo sacamos Ovidio Botella (luego brillante arquitecto) y yo. Los dos estuvimos de acuerdo en que lo principal había sido la formación en el Instituto-Escuela.

El Instituto-Escuela de Madrid comenzó en Miguel Ángel 8, local cedido por un grupo de damas de Boston a don Ramón Menéndez Pidal para estimular y favorecer el desarrollo intelectual y social de la mujer española, lo que se centró en la formación inicial de maestras femeninas hacia el comienzo del siglo. Aprovechando todavía la influencia del Congreso Nacional Pedagógico de 1882, celebrado en Madrid, se fue utilizando Miguel Ángel 8 para estudio de niñas y para residencia femenina, dirigidas por María de Maeztu. En esa fase se percibe la huella bien que efímera de otra mujer española excepcional: doña Emilia Pardo Bazán, así como la esposa de don Ramón, doña María Goiry y de Victoria Kent. Por todo ello, Miguel Angel es el local adecuado para las enseñanzas femeninas pues, aunque una de las características del Instituto-Escuela era la *coeducación*, se dio más importancia a disponer de locales apacibles, lo cual era también típico del espíritu del Instituto-Escuela. A partir de ese momento y sin dejar nunca Miguel Ángel fue dedicado principalmente a bachillerato femenino. La primera ampliación (bachillerato masculino) vino con el reciente y sobrio edificio del Hipódromo, que es hoy el Instituto Ramiro de Maeztu. La ampliación final está representada por el nuevo edificio del Retiro (coeducación completa).

Mientras mi hermano y yo hicimos todo el bachillerato en el Hipódromo, mi hermana Ma. Luisa lo hizo en el Retiro. Acaso pueda señalarse lo más característico del Instituto-Escuela en los siguientes puntos que resumen la idea inicial de don Francisco Giner, formación de hombres cabales en su sentido más amplio. Esta enumeración de características puede considerarse como un contraste con lo que era la enseñanza oficial en aquella época, así como la enseñanza en colegios llevados por religiosos.

Enseñanza cíclica. Nada de asignaturas aisladas ni memorísticas. Desde los primeros años, lo mismo en la primaria que en el bachillerato, lo fundamental: historia, geografía, literatura y gramática, filosofía, matemáticas, física, química y ciencias naturales. Todo ello desarrollado año tras año en forma cíclica y razonable, es decir, una enseñanza globalizada, formativa de la condición humana.

Nada de exámenes ni libros de texto que estimulan la perniciosa enseñanza memorística. En su lugar, resúmenes escritos de las clases hechos por todos y cada uno de los alumnos, leídos y criticados después por los compañeros.

Se pensó que esa técnica perjudicaría en las carreras universitarias en que predominan los exámenes orales pero, a la larga, resultó preferible.

Es curioso ver cómo en el Instituto-Escuela se daba poca importancia a la caligrafía, en oposición a las colegios religiosos. En éstos, especialmente los irlandeses, se cuidaba mucho el escribir con una letra bonita y uniforme. En el Instituto-Escuela no; casi todos los egresados hemos tenido mala letra y muy desigual. Parece como si fuese un reflejo de las libertades de pensamiento y de expresión, con tolerancia. Coincidiendo con esto, cuando terminó nuestra guerra se hizo sentir una falta grande de maestros (fusilamientos, cárceles, destituciones, exilios), especialmente para cubrir las numerosas plazas creadas por la República. El problema fue resuelto por el régimen franquista dando el título de maestro a los *sargentos de buena letra*. Mientras el fondo de la enseñanza y de la cultura se desatendía profundamente, no se podía dispensar el escribir con buena letra como si eso fuese suficiente para alcanzar un buen nivel cultural.

Idiomas extranjeros. Reconociendo la importancia de dominar varias lenguas, en el Instituto-Escuela se sentó como principio el disponer en cada caso de profesores nativos. En la enseñanza oficial de aquel tiempo, el francés era obligatorio con todos los inconvenientes de la burocracia magisterial: oposiciones, escalafones, recomendaciones, libros de texto con comisiones, todo lo cual producía resultados muy pobres. En el Instituto-Escuela se seleccionaban con mucho cuidado los profesores franceses nativos, lo mismo que para otros idiomas a escoger entre inglés y alemán, también nativos de idiomas correspondientes. La enseñanza se completaba con intercambios escolares y con excursiones colectivas en el verano a los países respectivos, dirigidos por los propios profesores de idiomas. Hoy son muy frecuentes estas medidas, pero entonces, fuera del Instituto-Escuela, eran muy raras. Obsesionado con los idiomas extranjeros don José Castillejo llegó a pensar y a iniciar varios tipos de escuelas plurilingües como una superación del Instituto-Escuela. Mi hermana Conchita, la más pequeña de las hermanas, nacida en Madrid a diferencia de los demás que éramos de Salamanca, estuvo en una de esas escuelas plurilingües que se extinguieron con la guerra. Una prueba más de que mi padre estuvo siempre atento a las novedades pedagógicas.

Trabajos manuales en talleres adecuados: dibujo, pintura, carpintería, electricidad, agricultura (huertas experimentales), marquetería, cuero y para el sector femenino, bordados y cestería de rafia, todo ello inspirado en las artesanías populares.

Deportes con mucha insistencia, variedad e intensidad. Al fin del curso se hacían competencias que pomposamente denominábamos "olimpiadas" influidos por la moda internacional que había comenzado con el siglo y también porque presumíamos de conocer a fondo la cultura griega.

Música y canto orientados y dirigidos por Rafael Benedito, que dirigía también la masa coral. La mayor parte del esfuerzo se dedicaba a canciones populares y regionales.

Grupos de no más de 30 alumnos para que los alumnos fuesen bien conocidos por los maestros. Se decía que don Francisco Giner, que había dirigido la institución desde que se fundó, un día recibió el saludo de un alumno que no identificó. Su comentario tenía un fondo seriamente pedagógico: "Éste puede ser el comienzo de un serio deterioro".

Religión, fue lo más controvertido como punto polémico de una época en que la religión católica impregnaba toda la vida española. Sin embargo, creo que se llevó con acierto y con delicada discreción. La religión era voluntaria. Los que no querían estudiarla, a la misma hora elegían para sustituirla un trabajo manual o un idioma extranjero más, incluyendo el latín. Quienes estudiaban religión lo hicieron con plena seriedad y con todo respeto. Los profesores fueron acertadamente escogidos entre sacerdotes responsables. Delineó el estudio de la religión el padre Zaragüeta, que era profesor de la Escuela Superior del Magisterio, quien orientó la enseñanza con un plan bíblico, a diferencia de los centros oficiales donde se exigía un conocimiento memorístico del catecismo de Trento. A pesar de las muchas críticas externas, nunca hubo problemas en la enseñanza o no enseñanza de la religión del Instituto-Escuela. Ayudó mucho a la buena marcha de la enseñanza, la desviación bien lograda por los profesores de historia, especialmente por las clases de historia del arte, incluyendo las excursiones.

Más que enfocar la religión hacia la historia sagrada, fue una desviación hacia la historia humana apoyada en las manifestaciones artísticas de los episodios principales, siempre con un profundo respeto. De vez en cuando, los que no íbamos a religión, al juntarnos con los que sí iban (aproximadamente mitad y mitad), teníamos nuestras discusiones, preferentemente en las clases de ciencias naturales en que confrontábamos los diferentes puntos de vista, pero siempre con respeto y con la curiosidad natural de la adolescencia, bien atizada por la libertad del pensamiento y de expresión que era una de las características del Instituto-Escuela.

Aunque nunca le oí comentarios, tengo la impresión de que la enseñanza de religión en el Instituto-Escuela, con los antecedentes de la institución, fue algo que influyó sobre mi padre para trasladar la formación de sus hijos de Salamanca a Madrid, pues ni soñar que en la provincia —ni siquiera en la culta Salamanca— se podía lograr una enseñanza de la religión tan discreta y oportuna.

Otra prueba de cómo fue acogido el Instituto-Escuela, en esos casi 20 años de vida, era oír las listas de cualquiera de los grupos, pues resonaban allí los apellidos más conocidos de toda la intelectualidad madrileña, a pesar de que eran años de plena dictadura primorriverista llamada "dictablanda" en comparación con lo que ocurrió después.

El caso es que, habiendo rehecho la mayor parte de las creaciones ginerianas (institución, residencias, centros de investigación) en los años finales del siglo, con más o menos fidelidad, no se ha podido reconstruir ningún Instituto-Escuela... más que en el exilio, aunque haya trascurrido más de medio siglo. Ciertos colegios, en España y en Hispanoamérica, han podido aproximarse en muchos aspectos a lo que fue el Instituto-Escuela pero no se ha llegado ni a recrear totalmente la pedagogía, ni mucho menos —cosa rara— a reividincar el nombre que parecía lo más inocente. En cambio, en la Alemania Occidental de la posguerra se han creado centros de enseñanza típicamente *elitistas*: para propiciar la formación de intelectuales y de profesionales de alto nivel, empezando por la enseñanza media que es la más formativa y la base de los estudios superiores que son los que hacen avanzar a un país a los primeros lugares mundiales. Con razón, en los últimos años del siglo XX, Alemania ha llegado a superar a todos los países europeos. ¿Serán los centros elitistas? ¿Será simplemente la enseñanza escogida? Hay que pensar seriamente en la igualdad de los estómagos, de los hígados y de los páncreas... pero ¿cabe la igualdad de los cerebros? ¿Habrá forma de emparejarlos? ¿Será posible algún día comparar cuantitativamente a Goethe con Shakespeare, con Pasteur, con Newton o con Cervantes?

LAS PAREDES HABLAN

"Si estas paredes hablaran, ¡cuántas cosas revelarían!" Muchas veces le oí decir eso a mi padre y se refería a las del entresuelo (biblioteca, archivo, laboratorio) donde concentró su actividad política y social. En los domicilios, lo mismo en Amor de Dios que en Princesa (Blasco Ibáñez) no se solían ver manifestaciones de su actividad política, más que, si acaso, la llegada de la policía civil (secreta), en grupos de dos o tres y siempre a las horas de comer o de cenar.

Nunca registraron ni en Amor de Dios ni en Princesa (llamada Blasco Ibáñez durante la República), pues la policía sabía muy bien que no había nada comprometedor. Daba la impresión de que se habían puesto de acuerdo con mi propio padre, uno de cuyos principios era comprometer lo menos posible a la familia.

Con una serenidad impresionante, mi padre les hacía esperar hasta terminar la comida pues ya sabía que se lo iban a llevar a la Modelo. Así transcurrieron todos los años de la década de los veinte, lo que representó unas cinco a seis veces de detención política de mi padre. Recuerdo una vez en que, llegando a la Modelo, para llevar a mi padre comida complementaria, oí una voz firme que preguntaba a los oficiales de prisiones: "Diga V. ¿ya han traido al señor Giral?" Era la voz de don Roberto Castrovido, espejo de periodistas republicanos, que en cuanto se enteraba de que había redada de presos políticos acudía a visitarlos y ya sabía que uno de los primeros sería mi padre. Con el hábito de esas detenciones en Madrid (que solían durar un par de semanas) nos fuimos acostumbrando a ellas a diferencia de aquella tétrica y única detención de Salamanca.

En algunas ocasiones había peligro de que encontraran algo comprometedor. Entonces ayudaba mucho la duplicidad del entresuelo y el domicilio. Las detenciones se realizaban en Amor de Dios y después en Princesa; mi padre, con mucha tranquilidad alargaba la comida... porque mi madre había salido. Terminando la comida normalmente yo salía para la farmacia y en el camino me cruzaba con mi madre que venía del entresuelo con cara de susto y generalmente dando un rodeo por la acera contraria. Nunca me dijeron nada pero yo deducía que había ido a esconder algún papel comprometedor, que podría ser una carta de Unamuno, mientras mi padre hacía tiempo.

Cuando yo me quedaba solo en el entresuelo aprovechaba para enterarme de muchas cosas, pero también cuando estaba mi padre, yo abría la puerta, veía caras conocidas y, sobre todo, cuando mi padre me decía: "Paco, vete al laboratorio", sabía que era visita y conversación sabrosa. Yo me las arreglaba y lograba enterarme discretamente de muchas cosas. Por eso puedo decir ahora que "Las paredes hablan". No aspiro a reproducir todo lo que oyeron aquellas paredes pero sí un resumen de algunas.

Uno de los frecuentes visitantes era don Manuel Hilario Ayuso, profesor de psicología en la Universidad, pero nada discreto ya que iba por todas partes saludando a voces: "¡Salud y República federal!".

En cambio, un modelo de discreción y prudencia fue don Carlos Jiménez Díaz, el gran médico, catedrático de la Universidad. No sé cómo pero él sabía que mi padre reunía donativos reservados para la República aún no nacida. Yo le llevaba algunas de las cuentas reservadas donde se iban sumando diversas cantidades, pero siempre modestas, y mi padre lo disimulaba muy bien entre sus cuentas bancarias. Nunca la policía tuvo noticia ni se aproximó a esas cuentas, a pesar de que don Carlos fue más tarde médico personal de Franco.

Por ello nos sorprendió tanto que don Carlos tiró de cartera y entregó a mi padre 4 000 pesetas que era una cantidad muy elevada (hacia 1925), especificando que eran "para la República" pues a continuación hizo la declaración de que él era profundamente católico y que no quería que se mezclasen ambas cosas.

En una ocasión apareció don Julian Besteiro. Parece que mi padre le había llamado con la pretensión de ir preparando una actividad conjunta de republicanos y socialistas, lo que más tarde sería la "conjunción republicano-socialista", que aportaría los mayores triunfos electorales de la izquierda razonable y sensata. Besteiro estaba de acuerdo en principio, pero desconfiaba mucho del personalismo de los republicanos que tendía siempre hacia una disgregación, mientras defendía la postura socialista como un gran bloque bien disciplinado. Besteiro lo sabía bien pues él mismo había comenzado su carrera política como republicano en el Partido Radical de Lerroux. Era cierto: desde quienes hacían partiditos regionales o con ideas diversas, hasta el genial Unamuno, partidario del individualismo exacerbado. En cambio, la acción conjunta de republicanos y socialistas ya había tenido antecedentes efímeros e intrascendentes.

Como final de la entrevista, Besteiro se expresó con estas palabras que recuerdo muy bien: "Únanse ustedes, los republicanos, y cuando estén unidos ya verán qué fácil será la unión con los socialistas". Frase profética porque de ahí arranca la conjunción republicano-socialista que triunfó proclamando la República y defendiéndola cuando hizo falta. Cuando se rompía "la conjunción" había derrota, cuando se restablecía, en la forma que fuese, se volvía a ganar. Hay que volver a destacar que fueron dos catedráticos universitarios los que simbolizan esa postura, Besteiro y mi padre. Desde entonces, mi padre se dedica a unir republicanos, a base del partido de Lerroux que, como decía él mismo, era el más fuerte y el mejor organizado, aunque muchos lo rechazasen por diversos motivos. Eso explica los esfuerzos por crear la Alianza Republicana como superación del Partido Radical hasta llegar a la creación de la "conjunción" que es la que trajo la República de cuyo gobierno provisional, Lerroux fue nada menos que el ministro de Estado (Asuntos Exteriores) y tuvo tres ministros socialistas (Prieto, de los Ríos, Largo Caballero), a más de Besteiro como presidente de las primeras Cortes de la II República. A la Alianza Republicana no se quisieron unir Álvaro de Albornoz (que había sido radical) y Marcelino Domingo que acabaron fundando el Partido Radical-Socialista, coincidiendo con la proclamación de la República. Frutos del individualismo. En cambio, se unieron a ella el Partido Federal que era poco numeroso, el grupo intelectual de Acción Republicana que desempeñaría después una gran actividad dirigido por Azaña, y grupos valencianos muy decididos, algunos de los cuales guardaban una descendencia espiritual muy estrecha con el novelista Blasco-Ibáñez que estaba emigrado en el sur de Francia y que por poco tiempo (falleció en 1928) perdió la oportunidad de haber sido un brillante presidente de la II República. Los valencianos solían llegar en grupos haciendo alarde de que estaban dispuestos a todo, enseñando que traían la "cacharra". Afortunadamente no hizo falta.

Otro de los reacios a ingresar en un partido republicano fue don José Ortega y Gasset a pesar de que su personalidad y sus artículos fueron decisivos para implantar la República en 1931. Para llegar a ello, le preocupaba mucho a don José la mala fama que tenían ciertos partidos republicanos; algunos de ellos incluso eran motejados de honestidad dudosa. Mi padre argüía que el Partido Radical de Lerroux tenía una organización muy extensa que valía la pena aprovechar.

Don José llegaba a proclamar que si en esos años de la dictadura de Primo de Rivera se llegase a proclamar la República súbitamente, "los cargos de gobernadores se iban a subastar en la Puerta del Sol".

Ese pesimismo tenía su base en que, años antes (1914), el propio Ortega había escrito un artículo —"Vieja y nueva política"— que podía ser un intento noble precursor de la República, pero que tampoco había tenido consecuencias. A mí me deprimía oír aquellas cosas, teniendo en cuenta que mi generación, por aquellos tiempos, rebosaba optimismo y entusiasmo: los 15-20 años, el contacto con la Universidad saliendo del Instituto-Escuela, el juego de la conspiración ingenua, la lucha blanda con el dictador... todo ello necesitaba uno o varios conductores intelectuales. Era deprimente que un hombre que conocía tan bien España tuviese esa idea tan triste mientras buscaba una fórmula satisfactoria que no fuese el crear nuevos partidos. Haga lo que haga y llámelo como quiera, si va a intervenir en política, cualquier grupo más o menos numeroso, será siempre un partido político, decía mi padre. El recuerdo de aquellas conversaciones parece indicar que de ahí salió la "Agrupación al servicio de la República", de una República que no se sabía cuándo iba a proclamarse ni si iba a necesitar muchos servicios, intelectuales o no.

Una noche, tarde, cuando íbamos a cerrar, sonó el timbre del entresuelo y yo abrí. Apareció un personaje desconocido, mal vestido y sin afeitar que preguntó por mi padre indicando que quería verle. La facha y las intenciones me preocuparon y me quedé en la habitación contigua. Tranquilamente, el visitante se sentó en una silla y comenzó a descalzarse hasta sacar de uno de los calcetines un papel doblado y arrugado que entregó a mi padre. Luego, en el camino a casa, mi padre me contó que era un anarquista que traía algún recado misterioso de los anarquistas de Barcelona, al que no dio más importancia, pero yo me llevé un buen susto. Parece que no era nada trascendente.

Otro susto distinto me lo dio Olimpio Gómez Ibáñez que era el secretario en turno, para decirme que mi padre había ido con unos amigos a una partida de caza y que una bala perdida le había herido, pero que ya le habían operado y se encontraba bien en el Sanatorio del Paseo de Ronda, propiedad de Tomás Rodríguez Mata que era quien le había operado. Ni mi padre iba de cacería ni un otorrinolaringólogo era el más indicado para extraerle una "bala perdida". Al llegar al Sanatorio del Paseo de Ronda, quedé aún más sorprendido al encontrar a mi padre tranquilo y con mucho ánimo, sin apósitos y sin dolores, sin afeitar y con un pijama limpio pero... lo más sorprendente es que en el mismo cuarto, sentados en las dos únicas sillas disponibles había una pareja de guardias de seguridad, esta vez con uniforme y con casco de "romanones" que me explicaron su presencia allí para que mi padre "no se escapase" pues estaba detenido. El "paciente" me enseñó unos cuantos metros de vendas alrededor del vientre y me aseguró que se encontraba bien, lo que yo me creí más por el ánimo y la manera de hablar y conducirse que por otra cosa, pero seguí confuso por lo que hubiera pasado. Días después Olimpio me lo explicó y mi padre lo confirmó sin los guardias de seguridad delante. Parece que se había preparado una conspiración más, como todas incruenta. Pero esta vez complicada con militares de alto grado, lo que era de suma gravedad con un régimen de dictadura militar. La conspiración fue desarticulada y mi padre tenía cierta misión crítica de enlace, por lo que la policía le seguía muy de cerca. Pero él debía tener preparado el Sanatorio de Tomás Rodríguez Mata para estos casos de última necesidad. La policía lo siguió, pero Tomás lo esperaba y rápidamente lo internó en el quirófano y, como si fuese un ataque agudo de apendicitis, sin anestesia siquiera, le hizo la incisión correspondiente pero nunca, ni él ni nadie le sacó el apéndice. La policía entró hasta el quirófano, vio la sangre de la incisión y ahí quedó... pero la pareja de guardias seguía con una vigilancia extrema. Nunca padeció del apéndice.

Sin embargo, el episodio del apéndice intacto le producía explicaciones chuscas cada vez que un médico nuevo le auscultaba, en Valencia, en Barcelona o en México, pues tenía que explicar lo sucedido.

Lerroux, en cambio, no venía nunca por la farmacia ni por el entresuelo. Mi padre me enviaba con frecuencia a llevar sobres misteriosos a su casa. Nunca supe que la policía hubiera interceptado ningún enlace pues yo debía entrar a entregárselo en mano y después ya era asunto del propio Lerroux. También en San Rafael, durante el veraneo, tuve que llevarle sobres a Lerroux, lo que hacía en bicicleta, pues Lerroux tenía su casa en Gudillos, al extremo; por cierto, muy cerca de Jiménez Asúa.

En una ocasión me mandó con otro sobre misterioso a una elegante casa de la calle de Velázquez encargándome específicamente que se lo entregase "a Onésimo" o algún otro nombre parecido. El llamado así no quiso recibirme pero más tarde sabría que se trataba del propio Azaña, oculto tras ese nombre y que vivía en la casa del periodista mexicano Martín Luis Guzmán.

Martí Jara

Una persona como de la casa por la gran amistad con mi padre y la coincidencia en muchas de las actividades era don Enrique Martí Jara. Natural de Alpera, en la provincia de Albacete, había coincidido con mi padre en Salamanca por ser catedrático de derecho público y fue siempre compañero de mi padre en sus actuaciones y sus ideas cerca de Unamuno, de la Universidad y de la política. Incluso hubo unos años en Madrid en que los domingos íbamos a ver juegos de futbol en el Estadio Metropolitano, propiedad del Athletic Club, al final de la Avenida Reina Victoria. Como mi padre y Martí Jara eran todavía relativamente jóvenes y habían practicado mucho el excursionismo a pie, solíamos regresar andando, lo que yo recuerdo con gran afecto pues durante todo el camino, Martí Jara se dedicaba a indoctrinarme en política y en sociología con gran asentimiento de mi padre que veía con agrado esta especie de magisterio peripatético, especialmente por su contenido.

Martí Jara no había sido institucionista pero, lo mismo que mi padre, tenía gran afecto por todo lo relacionado con la Institución. En esos años veinte estaba preparando su libro *El rey y el pueblo*, que aparece en 1929 con esta dedicatoria: "A la venerada memoria de don Francisco Giner de los Ríos".

La enorme significación histórica de don Francisco Giner y su obra no radica solamente en la Institución y en los alumnos directos de las instituciones por él creadas, sino que se extendió por todo el ámbito cultural español influyendo directa o indirectamente sobre toda la intelectualidad liberal española con el espíritu del 98. Ejemplos: Martí Jara y mi padre.

Con frecuencia Martí Jara venía por el entresuelo y continuábamos las charlas de los regresos del futbol.

Por otro lado, en su salida al extranjero, Martí Jara había estado en Inglaterra, de donde regresó muy influido por el socialismo fabiano inglés, aquella sociedad fundada por el escritor H. G. Wells, a la que se sumarían otros intelectuales ingleses, como G. Bernard Shaw, y que fue un ejemplo muy atractivo de liberalismo político con claras tendencias sociales.

Por todo ello, y más cualidades, Martí Jara era un precursor ideal de la nueva República que se intuía, y hubiera desempeñado papeles importantes en su vida tan azarosa como breve, de no haber sido por su prematura desaparición (1930).

Su libro *El rey y el pueblo*, publicado un año antes de morir, llevaba como subtítulo *El constitucionalismo de la postguerra y la propuesta de Constitución española*; en las primeras páginas reproducía la iniciación de la Declaración francesa original de los Derechos del Hombre: "La necesidad de enunciar estos derechos supone la presencia o el reciente recuerdo del despotismo" (1793).

Parece que la dictadura militar había tenido la idea de aprobar una nueva constitución para España, desde luego nada democrática ni liberal. Por ello, el libro de Martí Jara contenía un estudio meticuloso de las constituciones modernas comenzando con la de México de 1917 y terminando con la de Lituania (1928). Mediante un agudo sentido crítico destacaba lo bueno y lo malo de cada una de ellas (22 en total) con vistas al proyecto de constitución española. Todo ello hace pensar en lo útil que hubiera sido su participación intensa en las Constituyentes de 1931.

Vale la pena reproducir algunos de sus pasajes, sobre todo mientras siga ignorado y desconocido el libro que tuvo una muy escasa difusión:

Éste es un libro que dicta la actualidad, pero que engarza en lo eterno... Aspira a mirar a través de una corriente universal, el peregrino intento de absolutismo, que la propuesta de nueva Constitución supone.

El análisis sereno nos decía que en el mundo constitucional se hallaba ya sancionada la victoria del Pueblo sobre la Corona, cuando el intento español 'pretende renovar la lucha que, en nuestro solar, pensaron nuestros padres haber ya ganado para siempre. Quiera la vida que el defender lo que a ellos tuvo en eterna zozobra, no cueste tanta sangre como entonces derramaron, ni aparte por lustros a nuestro país de su cotidiano laborar. Aunque la contienda en que este libro se funda, siempre ha sido sangrienta.

Contra lo que pensaba Martí Jara, la lucha continuó con mucha más sangre y con grandes adversidades. Parece como si España estuviera condenada a no disfrutar nunca de un régimen liberal y de una legislación democrática.

Esos primeros años de Madrid, con el entresuelo como punto de reunión y con la constante relación con Martí Jara, fueron muy fructíferos para la II República que se presentía llegar.

Al principio aumentó la pareja en un miembro más: don Antonio Marsá, un catalán bondadoso, de aspecto evangélico, con ideas coincidentes incluso en la veneración por don Francisco Giner y el institucionalismo. La veneración de Marsá por Giner se prolongó en una gran veneración por el sucesor, don Manuel Bartolomé Cosío, quien pudo haber sido el primer presidente de la II República si no se hubiese atravesado una enfermedad mortal que lo tuvo inmovilizado en sus últimos momentos. Precisamente, esos últimos momentos los pasó el señor Cosío en la casita de Marsá en Collado Mediano, en plena Sierra de Guadarrama, donde falleció.

Quizás coincidieron también en la conveniencia de disimular un poco las reuniones prerrepublicanas, creando la Escuela Nueva, en un local por aquellos barrios que eran no sólo los de la farmacia sino también los del señor Marsá que vivía cerca. En realidad, la Escuela Nueva no era un centro pedagógico al estilo de la de Ferrer en Barcelona o de la propia Institución en Madrid, sino un centro de reuniones y de citas republicanas con más o menos aspectos de conspiración. El caso es que duró poco porque la policía los tenía bien fichados y durante algunos años detenía simultáneamente a los tres. La farmacia, en cambio, con sus diversas entradas y la variedad de público, siguió siendo un lugar más idóneo.

En cada detención, Martí Jara, soltero elegante y bien vestido, sólo tenía la preocupación de llevarse a la Modelo... un frasco de insecticida contra las chinches que por esa época eran frecuentísimas en cualquier lugar español y, sobre todo, en la cárcel. En cambio, don Antonio Marsá, con su aspecto evangélico, inspiraba cierta ternura y fue el menos encarcelado de los tres. También era posible que don Antonio fuese sustituido (o confundido) con su hijo mayor Graco, joven muy activo.

Graco Marsá era un joven con una mente clara y una voluntad muy firme. Conocía muy bien las sociedades y los movimientos juveniles, y su firmeza y claridad de expresión cautivaban a los jóvenes con afanes de vida pública. No hacía mucho caso a los movimientos estudiantiles, sino más bien a los sindicatos obreros, lo que a mí no me entusiasmaba.

A sus 17 años, Graco Marsá era una pieza muy atractiva para el espíritu policiaco de la dictadura. Una vez oí decir: "Menuda carrera lleva este chico, Graco Marsá, a los 17 años detenido político. Llegará donde quiera". A pesar de que a los tres años llegó la República, Graco se desvaneció con la contribución de una fuerte infección tuberculosa y no figuró en la política republicana a pesar de los buenos augurios que se le atribuían y de lo bueno que hubiera sido para la joven República, abierta a todo, un joven como Graco.

Una república nueva, Cosío de presidente, con Martí Jara dirigiendo la política y la jurisprudencia y Graco Marsá aportando el entusiasmo organizado de las juventudes, hubiera tenido un nivel muy superior, pero el destino no lo permitió. Martí Jara falleció en Madrid el verano de 1930, mientras se celebraban las reuniones del Pacto de San Sebastián y Graco Marsá se desvanecía, en vísperas de descubrirse los medicamentos tuberculostáticos, así como el señor Cosío moría de un mal de Poth.

Otra virtud de Graco era que, en sus andanzas esquivando policías internacionales, conocía muy bien los hoteles más baratos de París, lo que me sirvió mucho en mis frecuentes pasos por esa ciudad, impulsado por el afán de mi padre de hacernos viajar. Especialmente, uno del boulevard Saint Michel, propiedad de un judío que se parecía a Trotski y que debió de tener afinidades políticas con los republicanos españoles.

Descubrimiento de Azaña

Un buen día, al abrir la puerta me encontré con Martí Jara acompañado de un personaje al que yo no conocía; creo que era la primera vez que venía por la farmacia.

Después de un larga conversación, de la que oí partes —las paredes oyen, a veces mal—, saqué importantes conclusiones que mi padre me confirmó y amplió en el camino a casa. Parece que ahora no había conspiración secreta, por el momento. No puedo puntualizar la fecha, pero debió de ser poco después del destierro de Unamuno. Se trataba de don Manuel Azaña.

Desde el primer momento, mi padre quedó convencido por Azaña, por su lógica aplastante, por su abundancia de conocimientos legales y políticos, por su claridad de expresión y por su republicanismo ferviente.

En realidad, Azaña había hecho una política discreta y poco remarcable en el Partido Reformista de Melquiades Álvarez que era la "extrema izquierda" de los partidos monárquicos, con muy escasos seguidores entre los que había varios de calidad intelectual.

Una de las fuentes de jóvenes políticos para la nueva República sería precisamente el Partido Reformista.

Después de aquella primera visita de presentación, Azaña volvió varias veces por el entresuelo y cada vez que lo veía procuraba enterarme de lo que decía, pues era sumamente interesante. El entusiasmo de mi padre por todo lo que decía Azaña iba creciendo de día en día. Tanto que yo llegué a pensar que ya había encontrado al sustituto de Unamuno para su programa político. Si no lo fue de inmediato, sí logró que así fuera a la larga. Azaña había ingresado a la política de la inminente nueva República, con lo que mi padre acabaría convirtiéndose en el brazo ejecutor de Azaña.

Formaron una pareja bien compenetrada en la que Azaña aportaba sus discursos, —cada vez mejores—, sus escritos y sus intervenciones parlamentarias, mientras que mi padre, callado y sereno, lleno de entusiasmo, se movía para preparar y organizar un partido republicano intelectual: iba y venía, hablaba con unos y con otros, organizaba reuniones y mítines —según permitió la situación dictatorial—, escribía cartas, hablaba por teléfono, enviaba mensajes, todo desde la farmacia y el entresuelo.

En una ocasión, Azaña le encargó tantas cosas que otro amigo presente le dijo: "Pero, hombre, don Manuel, deje V. en paz a don José que no va a poder con todos los encargos", a lo que Azaña apostilló: "Mire V., estoy convencido que para que las cosas salgan bien, para organizar y hacer, hay que encargárselo a hombres ocupados; los hombres que no hacen nada, por mucho que se les encargue, siguen sin hacer nada".

Desde que Azaña comenzó a visitar el entresuelo, casi siempre con Martí Jara, mi padre iba aumentando su entusiasmo, porque cada entrevista le mostraba nuevas facetas de la capacidad intelectual y política de Azaña. Si alguna vez se dejaba llevar por el pesimismo o se mostraba escéptico, era mi padre quien lo animaba y lo estimulaba para participar de lleno en la política republicana. Cuántas veces nos diría que su mejor ejecutoria política había sido impulsar y respaldar a Azaña. Desde entonces comenzó una fiel colaboración que nadie ni nada pudo enturbiar.

Hacia el final de la década, en que se había ampliado el laboratorio y ya no vivía nadie en el entresuelo, aumentaron los escondites y la eficacia del local. Coincidió con ello que Unamuno empezó a escribir desde Hendaya las "Hojas libres", que pasaba por la frontera Eduardo Ortega y Gasset en un automóvil y luego venía a la farmacia a descargar los paquetes de donde se redistribuían.

Otro desahogo de don Miguel eran las cartas personales a mi padre, lo que le comprometía más que nada, pues llegaban siempre toscamente abiertas (señal de que las leían en Gobernación) y llenas de insultos para el rey ("el ganso real") o para el ministro de la Gobernación ("cerdo epiléptico").

Así, con aquellas reuniones en el entresuelo, surgió, primero, el partido de Acción Republicana, poca gente pero de categoría intelectual; después, se incorporó al gran Partido Radical de Lerroux formando la Alianza Republicana, con la adición de otros pequeños grupos regionales. En cambio, no quiso agregarse Ortega que, con su "Agrupación al servicio de la República", pudo representar un fuerte apoyo al grupo republicano.

El antagonismo y el enfrentamiento personal entre Azaña y Ortega fue uno de los males de la nueva República.

Tampoco se quisieron integrar los seguidores y amigos de Álvaro de Albornoz y de Marcelino Domingo que constituyeron un nuevo partido, el Radical Socialista, con la esperanza de reunir muchos afiliados, coincidiendo la proclamación de la República con la creación del nuevo Partido. Tenía razón Besteiro.

A pesar de ser distinguido con el cargo de ministro de Estado (Relaciones Exteriores) en el primer gobierno provisional de la República y pese a su gran dominio como conductor de masas, Lerroux despertaba mucho recelo entre los republicanos, al grado que la fracción más moderada de su Partido Radical se separó constituyendo la

Unión Republicana bajo la dirección de Martínez Barrio. Los radicales socialistas, siempre acaudillados por Albornoz y Domingo, se sumaron a Azaña en 1935, después del bienio negro, y constituyeron el gran partido de Izquierda Republicana, con el lema "Ha nacido un partido nuevo cargado de experiencia". Tampoco el destino permitió que continuase la ruta que tanto prometía para enderezar la historia de España.

Algo que se benefició mucho de aquel entresuelo fue la conmemoración de la primera República el 11 de febrero en forma de banquetes en restaurantes populares, sobre todo en Casa Juan de la Bombilla. En cuanto se aproximaba el 11 de febrero, era un continuo abrir y cerrar la puerta por la cantidad de gente que acudía a pedir entradas o informaciones y cada año aumentaba la clientela en Casa Juan, donde también aumentaban los discursos y sus contenidos.

Los estudiantes y la FUE

En 1927 coincidieron la cátedra de química biológica en la Facultad de Farmacia de la Universidad de Madrid, ganada por mi padre en oposición abierta, por un lado y, por otro, mi título de bachiller en el Instituto-Escuela con aquellos exámenes espectaculares de las cuatro asignaturas del preparatorio de ciencias a los cinco días del título, lo que me daba la entrada a la Universidad. Terminadas las oposiciones de mi padre, le dieron un banquete sus numerosos amigos políticos y científicos en cuya organización intervino destacadamente Martí Jara, quien me iba presentando a los asistentes al tiempo que hacía constar que mi padre estaba más satisfecho de mi bachillerato y exámenes subsiguientes, que de sus propias oposiciones universitarias. Era la opinión de Martí Jara. A pesar de que se trataba de una cátedra de doctorado que, si bien estaba situada en la Facultad de Farmacia, era también optativa para los doctorados de ciencias —químicas y naturales— y de medicina. La cátedra se creó para iniciar el estudio de la bioquímica y había sido ocupada por su maestro Carracido. Al jubilarse éste, la cátedra salió a oposición y la ganó mi padre. Asistentes a aquella cátedra fueron en su tiempo Severo Ochoa y Pedro Laín Entralgo.

Al ingresar en la Universidad, una de la primeras personas que conocí fue a Antonio María Sbert, un estudiante ya mayor que tenía una historia muy peculiar. Estudiaba para ingeniero agrónomo en la Moncloa y ya iba a graduarse cuando, en el acto solemne, presidido por el dictador de entonces, el general Primo de Rivera, Sbert tuvo la valentía de hacerle una serie de peticiones y críticas a su "gobierno" que provocaron su expulsión de la Escuela y la tenaz persecución subsiguiente del estudiante rebelde que se había pasado a la Escuela de Ingenieros Industriales. Desde allí estaba organizando a los estudiantes, lo mismo universitarios que de las escuelas especiales, principalmente de ingenieros. Por eso, el nombre de Federación Universitaria Escolar, cuyo anagrama FUE se hizo famoso por muchos motivos. Según Sbert, el federalismo se representaba por una estrella verde de cinco puntas (como el conocimiento del esperanto) lo que permitió a la derecha cerril española acusarnos de comunistas, cuyo emblema era una estrella roja de cinco puntas, fácil de superponer sobre todo en fotografías blanco y negro, ya que en esa época eran escasas las fotografías a color.

Ni éramos comunistas ni teníamos ninguna filiación religiosa a pesar de que el país estaba inundado de asociaciones de estudiantes católicos. Queríamos una España nueva, reformada a base de una universidad nueva, reformada.

En mis primeros años de universidad dediqué mucho tiempo a la FUE, por la atracción que ejercía Sbert, a pesar de que yo había empezado simultáneamente dos carreras, farmacia y ciencias químicas, que se estudiaban en locales diferentes, lo que me permitía tener doble representación en la FUE, que la hice efectiva en forma sucesiva.

Mi padre no sólo lo consentía sino que lo estimulaba. Acaso eran rezagos novecentistas. Lo que no consentía era que descuidase los estudios. Incluso, llegó a imponerme una tarea nueva: aprender alemán solo. Ya asistía yo a clases de inglés en una academia particular para completar las bases que había adquirido en el Instituto-Escuela, pero de alemán, nada. Y, sin embargo, él estaba convencido de la necesidad de conocer el alemán para una buena formación química, siendo capaz al menos de traducirlo. A pesar de la gramática difícil con sus declinaciones y sus verbos separables, sostenía que valía la pena hacer el esfuerzo con una condición: la perseverancia. Algo ayudaba el escribir los sustantivos con mayúsculas. Como él pensaba que el alemán científico era más fácil y especialmente la química en alemán, me entregó algunos libros de química en alemán y un buen diccionario y me comprometí a dedicarle media hora todos los días, escribiendo la traducción aunque sólo fuese de una línea al principio. En unos dos años, con la media hora diaria llegué a adquirir los suficientes conocimientos para entender la química sencilla de los libros. Después he tenido grandes dudas sobre los designios de mi padre. ¿No sería una argucia para tenerme más tiempo dedicado al estudio? El caso es que fue lo suficiente para completar el dominio del idioma cuando fui a Munich y luego a Heidelberg.

Uno de los catedráticos de la Universidad de Madrid que más protegieron y encauzaron a la FUE y a los estudiantes fue don Luis Jiménez de Asúa, titular de derecho penal. Durante toda la dictadura de Primo de Rivera, su casa de la calle de Santa Engracia estaba siempre abierta para tomar un café: allí nos encontrábamos todos los de la FUE, se intercambiaban informaciones, se planeaban estrategias y se redactaban documentos que luego se imprimían y se repartían como se podía.

Don Luis no era socialista cuando los estudiantes nos reuníamos en su casa, ni nunca nos hizo proselitismo socialista. En cambio, en las Constituyentes fue presidente de la Comisión de la Constitución, siendo ya diputado socialista, tarea que desempeñó muy bien. Algo que nos llamó la atención era la obsesión de don Luis de asociar en todas las declaraciones y documentos a don Felipe Sánchez Román, catedrático de derecho civil. Me parece que hizo bien pues la actividad juvenil e impetuosa del penalista se matizaba muy bien con la serenidad y la mesura del civilista. El caso es que antes de lanzar una declaración o manifiesto de don Luis había que llevárselo a don Felipe para que lo aprobase o lo retocase.

Uno de los temas de discusión preferente en casa de Asúa era sobre qué debíamos hacer cuando se proclamase la República, que lo considerábamos inminente. Nos dividimos en dos grupos: los que se inclinaban por participar directamente en la nueva política dedicándole todo el tiempo y los que creíamos que sería más beneficiosa para el país intensificar nuestra preparación específica en la rama intelectual de nuestro gusto.

Yo me inclinaba por lo segundo y mi predilección era la química orgánica, como había sido la de mi padre. Puesto que en esa rama lo mejor eran los países de habla alemana, yo hablaba mucho con don Luis, que los conocía muy bien y dominaba el idioma. No sólo en Madrid sino también en San Rafael cuando mi padre me enviaba con algún mensaje para Lerroux, que llevaba en bicicleta, aprovechaba para desviarme a la contigua casa de Asúa en Gudillos. Hubo notables representantes de una y otra tendencia.

Entre los que hicieron política una vez proclamada la República destacaron el propio Sbert, González López, Rufilanchas y algún otro, no muchos. Incluso, a algunos decepcionó Sbert por dedicarse a la política catalana en forma exclusiva. Muchos creíamos que su extraordinaria cabeza debía haberse aplicado a la nueva organización y vida de España con una actividad enteramente nacional, que incluía, por supuesto, las autonomías. Aunque se justificaba con la idea de la gran Cataluña, en la que entraba su tierra balear según su maestro Alomar, la verdad es que se restringió a la política catalana como hoy hacen los republicanos catalanes, primero catalanes que republicanos.

En cuanto a los otros, se puede representar por el encuentro posterior (1933) con Salvador Téllez en la calle de Preciados, comprando maletas:

—Me caso y me voy.
—Yo también
—He hecho oposiciones al cuerpo diplomático, organizadas ya por la República   y me han destinado como cónsul a San Juan de Puerto Rico.
—Tengo una beca para investigar en química orgánica y me voy a Heidelberg con un premio Nobel.

Estampa de la Nueva España con la que soñábamos.
Aparentemente mi padre no hacía nada por los estudiantes ni por la FUE, ni yo me había percatado de que tuviese siquiera relaciones. Pero, un día, me lo encontré en el laboratorio con un frasco de nitrato de plata casi vacío en la mano. ¡Caramba!

¡Cómo ha bajado el consumo de esto! No me dijo más, pero yo averigüé. En aquella época no había pinturas vinílicas ni pinturas indelebles de ninguna clase. Pintando con una solución incolora de nitrato de plata durante la noche, al amanecer se reducía a plata metálica y luego era muy difícil de borrar a menos que se picase la piedra. Yo lo sabía y había ofrecido a los de la FUE la solución incolora.

Un día, uno de los compañeros de la FUE me dijo: "Preferimos la solución que nos hace tu padre a la tuya, porque la de él no se chorrea y la tuya, sí".

De manera que sí ayudaba a los de la FUE, aunque costase caro el nitrato. Ni él me dijo nada ni yo a él, pero nos entendimos. Yo supe que él le añadía unas gomas para evitar el chorreo. Su dominio del manejo de las gomas, por el "sulfobarium", era superior a mis conocimientos estudiantiles.

Aquella noche del 20 de febrero de 1924 llegó mi padre a la casa de Amor de Dios todo desencajado y, dejando el periódico *La Voz* que traía bajo el brazo, dijo, con cierta solemnidad: "Han detenido a don Miguel". Y aumentando el tono dramático agregó: "Y lo van a deportar". De momento, más que nada nos paralizó, el tono de mi padre. Ya tenía en su haber la lóbrega detención en Salamanca siete años antes y luego, en Madrid, cinco o seis detenciones más en la Modelo desde que se había trasladado de Salamanca. Siempre sereno, optimista, nos sorprendió el aire dramático que daba a la detención de Unamuno y su deportación a la isla de Fuerteventura. Parecía como si don Miguel fuese intocable o si el tocarle de esa manera fuese a acarrearnos males peores. Era un episodio más que demostraba cómo la intelectualidad se volcaba del lado de la República que aún no llegaba.

Unamuno fue a dar a la capital de la isla semidesierta, Puerto de Cabras (hoy Puerto del Rosario) en la compañía, poco grata para él, de Rodrigo Soriano, antiguo amigo y enemigo de Blasco Ibáñez. Algunos catedráticos de Salamanca le acompañaron hasta Medina del Campo, y el joven Wenceslao Roces —catedrático de derecho romano— le acompañó hasta Madrid.

De las Canarias fue a París en una fuga espectacular preparada y ejecutada por el director de un periódico parisino. La estancia en París le resultaba onerosa y decidió trasladarse a Hendaya, más cerca de España y más barato, donde pasó la mayor parte de su exilio.

Como la destitución iba acompañada de suspensión de empleo y sueldo, al poco tiempo y para subsanar esa falta de ingresos de don Miguel, se le ocurrió a mi padre organizar una suscripción en Madrid, entre universitarios, para reponerle el sueldo perdido. En la biblioteca desaparecida de mi padre debieron de quedar las matrices de los talonarios que podrían ser motivo de detención. Suscripción única: un duro. Yo mismo me encargué durante algún tiempo de la recolección y el cobro que, después, mi padre juntaba y le giraba. Creo que la parte más útil fue durante su estancia en Hendaya. La suscripción con un duro como cuota única, iba acompañada del carácter de los suscriptores, preferentemente catedráticos de la Universidad de Madrid.

Era curioso advertir las reacciones de distintos catedráticos. Los había que me daban el duro y hacían desaparecer el recibo. Como decía mi tío Urbano: "El miedo es libre y no paga contribución. Cada quien hace el consumo de miedo que le parece". Y eso que estábamos en "dictablanda". Nadie podía imaginar lo que ocurriría después durante là época tenebrosa del franquismo. Esa actividad del duro para Unamuno me permitió conocer a la mayoría de los catedráticos de Madrid.

En cambio, había picaresca hasta las puntas de la corona. Entre los estudiantes, nadie sufrió más que Sbert: detenciones e incomunicaciones mucho más largas, prisión en la cárcel pueblerina de Torrelaguna, destierros, etc. Pero él procedía de una familia mallorquina de rancio abolengo. Hasta tenía algún pariente conectado con la Casa real, lo que fue aprovechado para suministrar una dulcificación de las disposiciones del dictador que estaba enojadísimo con él desde el incidente de la Escuela de Agricultura. Pretendía el general Primo de Rivera ensañarse con él y tenía proyectado deportarle a Villa Cisneros, en África. Cuando le llevó a firmar la orden al rey, éste, que ya estaba preparado por los parientes de Sbert, le dijo: "¡Cómo! Al rector de la Universidad de Salamanca le mandas a Fuerteventura porque me ataca a mí y a ese estudiantillo rebelde lo quieres mandar más lejos cuando sólo se ha metido contigo. Lo más que te permito es emparejarlos y si a uno le has enviado a Canarias, al otro lo mandas a las Baleares". Y así fue como Sbert pasó el fin de su exilio en Mallorca, en la casa de sus padres. Tal como me lo contó el propio Sbert.

Terminado el invierno de 1929, viviendo ya en Princesa, vinieron por la noche los consabidos policías de la secreta y se llevaron a mi padre. A la mañana siguiente fui con la comida de circunstancia a la cárcel Modelo y comprobé que estaba allí. A los tres días se repitió la escena pero esta vez preguntaron por mí y me llevaron al mismo sitio.

Estaba la cárcel Modelo en el mismo lugar que hoy ocupa el Ministerio del Aire, en la misma calle de la Princesa en que vivíamos y muy cerca.

Al entrar me di cuenta del nombre: había sido construida a fines del siglo pasado (1877-1883) y constaba de cinco naves en abanico confluyendo todas ellas en un punto, de tal forma que un solo vigilante podía controlar a toda la población de la cárcel pues las puertas de las cinco naves —en sus cinco pisos— se abrían hacia el centro, lo cual no sólo facilitaba la vigilancia sino que también permitía oír misa desde las celdas, cerrando a medias las puertas, con un solo sacerdote y un solo altar en el centro.

Como la incomunicación era rigurosa, me dediqué a hacer gimnasia casi desnudo, lo que alarmó a la única visita que tuve durante los primeros días de rigurosa incomunicación: el maestro de la cárcel, a quien yo no conocía pero luego supe que era hermano de un colaborador del tío Urbano, el latinista. Para satisfacción de la familia, que ignoraba mi paradero, el maestro dio fe de que existía y de que hacía gimnasia desnudo.

Un día, todavía incomunicado, me visitó un preso meritorio, de los que tenían permiso para andar por dentro. Con gran sigilo me dijo: "Su padre esta aquí [yo ya lo sabía] y me encarga decirle que se afeite", dándome un estuche pequeño de Gillette lo que estaba rigurosamente prohibido en el régimen penitenciario, aunque se conoce que de algo le había servido a mi padre su conocimiento interior de la cárcel y de sus habitantes. Había también unas escasas celdas mejores para presos políticos. Mi padre siempre ocupaba una porque era de los primeros que detenían. Escudriñando los útiles de afeitar encontré una esquela cuidadosamente doblada en la que mi padre me daba instrucciones: "Estáis detenidos toda la directiva de la FUE. Pasado mañana os sacan a declarar. Cuidado con lo que dices: di esto y no digas lo otro. Rompe esta nota y tírala por el retrete. Ya nos veremos en los patios cuando os levanten la incomunicación".

Qué raro sonaba esa expresión que sustituía al clásico ¡atención! Era una peculiaridad de la cárcel Modelo de Madrid, según mi experiencia personal. No sé dónde más se usaría, ya la oía, medio adormilado a pesar del altavoz, sentado en el suelo del patio de la cárcel y con la espalda apoyada en la pared, después de habernos levantado la incomunicación.

¡Oído, oído, oíídooo, el 13 a comunicar! hasta que me despertó un codazo del compañero que estaba a mi lado: ¡oye! ¿no eres tú el 13?

No me había acostumbrado a los usos de no estar incomunicado después de una semana completa de incomunicación hasta que declaramos ante un juez al que convecimos que la FUE no tenía nada que ver con los movimientos que se anunciaban en pro de la República. Levantada la incomunicación salimos a un patio especial para no mezclarnos con los demás presos. No pude ver a mi padre hasta que los dos salimos libres en días diferentes.

Poco después se llegó a poner de moda el pasar unos días en la cárcel, joven o maduro. Se encarceló a la directiva del Ateneo que presidía el doctor Marañón quien siempre tuvo en su consultorio una tarjeta de las que funcionaban como dinero en el interior, canjeadas al entrar por las monedas o billetes que llevábamos encima.

Las chicas de la FUE venían a vernos a diario en la semana en que nos levantaron la incomunicación: nos traían dulces, pasteles y hasta un balón de futbol que utilizábamos durante los "recreos" de la "comunicación" en el patio exclusivo. Cuando salíamos sólo estába la directiva de la FUE en un patio.

Estando preso Sbert, cuyo cautiverio más largo nos privaba de nuestro presidente, tenía que sustituirle el vicepresidente en turno que le correspondía a Medicina, y era un mestizo dominicano de apellido Lara. De manera que la actividad pro republicana de los estudiantes madrileños de la década de los veinte era también un símbolo de la fraternidad hispanoamericana. La cosa venía de antes, pues teníamos mucho trato con los hispanoamericanos (FUHA, Magdalena 12) cuyos locales usábamos con toda facilidad. Por aquellos años, la FUHA estaba llena de peruanos pues las universidades de su país estaban cerradas por diversos generales. De los pocos mexicanos que había entonces, uno de ellos, Rubén Salido Orcillo, llegó a presidente de la FUHA y nos dio bellas lecciones de hispanoamericanismo sin pensar en las consecuencias que tendría años después.

Fuera de la vida universitaria, en la política internacional, los estudiantes de aquellos años estábamos fascinados con la figura de César Augusto Sandino y la heroica defensa de su patria nicaragüense, desde las montañas de la Nueva Segovia. Sandino, que trabajó como peón en la explotación petrolera de la Faja de oro mexicana, fue designado por el general Lázaro Cárdenas como "general de hombres".

En una de esas visitas, de las compañeras, percibí una brillante mirada, a través de las rejas de la cárcel, con una sonrisa inteligente y entrañable que me decidió a formalizar, cuando saliera libre, el cortejo de mi prima Petra Barnés con quien tuve una continua e impecable relación para formar una pareja muy próxima a la perfección durante más de 60 años.

La salida, al cabo de una semana de habernos levantado la incomunicación, fue a la una de la madrugada. Si la policía es puntual para privar de la libertad, también lo es para devolverla y no permitían permanecer más tiempo. Mi aspecto no parecía muy razonable: en pijama y zapatillas, me eché por encima una gabardina, pero tuve que hacer un lío con una manta colorada que me habían enviado de la casa —marzo, en Madrid— con los libros que había pedido durante la incomunicación —botánica y química inorgánica— para aprovechar la soledad de la celda, a más del citado balón.

En esa facha tan singular llegué de madrugada a la casa de Princesa donde nos habíamos mudado poco tiempo antes y que poco después, en la República, cambiaría el nombre de Princesa por el de Vicente Blasco Ibáñez, sin que se haya logrado que lo recupere a pesar del tiempo transcurrido. ¿Acoso a los recuerdos y a los valores republicanos? Afortunadamente en 1929 todavía funcionaba en Madrid la organización de los serenos. Después de unas cuantas voces y otras cuantas palmadas, llegó el sereno. Y aquí vino lo peor. Recién cambiados a la nueva casa, no había tenido ocasión de salir de noche y el sereno no me conocía, ni yo tenía llaves. Me explico su sorpresa con la facha que yo tenía y peor si le decía de dónde venía. Logré convencerle de que subiera conmigo al piso. Así lo hizo encendiendo en el farol que le colgaba del pecho una de aquellas cerillas, gruesas y largas, para durar mucho tiempo, antes de instalar las luces automáticas, y con la salida de mi madre, que estaba alerta por la experiencia que había tenido con mi padre, quedó todo zanjado.

Unos meses después, en el mismo año 1929, el dictador, general Primo de Rivera quiso halagar al rey Alfonso XIII consiguiendo que la Sociedad de Naciones se reuniese en Madrid con el consentimiento de los países democráticos, incluyendo a los representantes del pacifismo: el francés Briand y el alemán Stresemann. Como los estudiantes seguíamos alborotando contra la dictadura, Primo de Rivera cerró las universidades mientras los diplomáticos extranjeros se paseaban por Madrid pretendiendo dar la impresión de que la Corona de Alfonso XIII era lo mejor del mundo para vivir en pleno siglo XX. Acaso empezaba aquí el ataque internacional contra la España liberal y republicana. El espíritu pacifista representado por la pareja Briand-Stresemann servía para abrazarse con los dictadores de España. Ocho años después, la misma Sociedad de Naciones, manejada por los mismos países, negaba la ayuda a la que tenía derecho España y entonces la alianza de la Sociedad de Naciones no era con dictadores monárquicos sino con liberales demócratas, pero el menosprecio de la República española por otros gobiernos europeos tendría después ocasión de manifestarse ampliamente.

Cuando se reanudaron las clases, la FUE ideó otra manera incruenta de manifestar su descontento frente a la dictadura: como en aquella ocasión nos metieron la policía armada (los romanones) hasta las puertas de cada clase, repartimos a las chicas numerosos alfileres de todas clases que en las aglomeraciones al entrar y salir usaban para pinchar a los "romanones" hasta conseguir que abandonaran la plaza.

En cambio, los regresos de Unamuno y de Sbert fueron apoteósicos. Don Miguel a su paso por Madrid nada más estuvo en la estación de ferrocarril, a pesar de lo cual tuvo una multitud esperándole, la mayor parte jóvenes estudiantes, después de las que tuvo en Irún y en San Sebastián, anuncio de la grandiosa en Salamanca. A Sbert le organizamos un gran recibimiento por todo Madrid, desde la estación de Atocha hasta la Universidad.

Después de recorrer el Prado, la calle de Alcalá, la Gran Vía y la calle de la Princesa acompañados de una multitud de jóvenes vociferantes, llegamos a San Bernardo, donde no nos dejaron ocupar el Paraninfo y entramos hasta el jardín de atrás, gracias al equipo de rugby que abría paso. En el jardín le recibió multitud de estudiantes y dos profesores que 40 años después iban a representar juntos a la República en el exilio, desde la Universidad de Buenos Aires: don Claudio Sánchez Albornoz y don Luis Jiménez de Asúa.

Otra cosa notable fue que mi padre me dejó su coche para ir a esperar a Sbert, aunque no lo utilizó pues ocupaba otro coche abierto conducido por un compañero suyo de Industriales que era nieto de un ex ministro de la monarquía.

Ni mi padre ni yo fuimos a Salamanca para la recepción de Unamuno, que resultó impresionante porque abarrotó la Plaza según fotografías publicadas, pero una vez asentado en su Salamanca, mi padre organizó una visita en su automóvil que ocupaban además, Martí Jara, Azaña y don Hipólito Rodríguez Pinilla. En los pocos días que estuvimos en Salamanca, los republicanos de allá organizaron un banquete muy concurrido en el hotel de la plaza de los Bandos. Por casualidad, me tocó estar cerca de don Miguel que tenía a su derecha a Azaña. Se han dado versiones de aquel diálogo entre las dos personas con las que mi padre anhelaba crear un gran partido republicano de intelectuales. Puedo asegurar que, durante la comida, hablaron exclusivamente de literatura por el interés de Azaña en relación con sus estudios sobre Valera.

El movimiento estudiantil que encabezaba la FUE tenía por meta combatir la injerencia de la Iglesia en las universidades. Es decir, que defendíamos por encima de todo a las universidades oficiales, del Estado. Situación un poco extraña dentro del régimen dictatorial. Nuestros objetivos primarios eran la Universidad de Deusto en Bilbao, manejada por jesuitas y la del Escorial, en manos de agustinos. Ambas habían sido autorizadas por el dictador para otorgar títulos tan válidos como los de las universidades estatales. A mi padre siempre le pareció bien aquella postura nuestra y nos animaba verbalmente. En esa época eran peligrosas otras actividades y mi padre se mostraba cauteloso con lo reciente de la cátedra de biológica y el exilio de Unamuno. Acaso esa postura nuestra nos ganó el respeto y la confianza de Ortega, como base de una reforma universitaria y política.

ORTEGA Y LA MISIÓN DE LA UNIVERSIDAD

Los estudiantes de los años veinte y treinta tuvimos el privilegio de disponer de excelentes maestros y orientadores, creadores de escuelas y de pensamientos originales: Unamuno, Cajal, Torres Quevedo, Jiménez Asúa, Sánchez Román, Ignacio Bolívar, Altamira, Cabrera, Manuel B. Cosío, Catalán, Moles, Madinaveitia y Sánchez Albornoz.

Ese entusiasmo fue aprovechado para canalizarlo hacia una reforma de la universidad que sirviera de base para una reforma del Estado. Hoy, todo el mundo está convencido de que la importancia de un país es el fruto de lo que hagan de él sus graduados de estudios superiores. La culminación de los estudios superiores es la universidad. Ya no hay que pensar en el oro ni en los cañones. Al dejar el gobierno el general Primo de Rivera y ser sustituido por el general Berenguer, aparece como ministro de Instrucción Pública el duque de Alba (que luego pasaría a Estado) en un momento en que sigue destituido Unamuno y acaban de ser castigados y destituidos también Ortega, Sánchez Román, Asúa (desterrado a las Islas Chafarinas), Roces y alguno más. La FUE nos comisionó a Sayagués a López Rey y a mí para visitar al nuevo ministro de Instrucción Pública, quien nos recibió en su palacio de Liria y prometió reponer a los destituidos, lo que cumplió, exaltando la amistad personal que tenía con algunos de ellos.

Hacía falta una buena reforma universitaria que se librase de la influencia eclesiástica. Ya íbamos tomando conciencia de ello. El más indicado para proponerla podía ser Ortega. Decidimos pedirle una conferencia para orientarnos sobre reforma universitaria con la suerte de que se encargó Arturo Soria de la relación continua con él, lo que resultó muy bien! Su conferencia se planeó y se dio en el Paraninfo el 9 de octubre de 1930, "Sobre reforma universitaria", a poco de inaugurar el curso normal, pero con unas condiciones acústicas del local tan malas que don José quedó insatisfecho.

Yo, que estuve presente aquel día en el Paraninfo, recuerdo muy bien las quejas de don José y sus esfuerzos por subsanarlas. No contento con ello, escribió la conferencia que se publicó en *El Sol* en siete partes entre octubre y noviembre y toda entera en la editorial Revista de Occidente, Madrid, 1930, con su nombre definitivo de "Misión de la Universidad". Esta primera edición completa tiene un singular valor para los estudiantes de entonces pues está dedicada "A la FUE de Madrid".

Precisamente, la idea original de Sbert era movilizar a la FUEde Madrid, a la que se dedica el artículo, para después integrarse con todas las FUE de provincias como ya se había iniciado: UFEH (Unión Federal de Estudiantes Hispanos). Cuando se llegó a ello tuvo su primer presidente en el estudiante de arquitectura Arturo Sáenz de la Calzada.

Es un misterio por qué esa dedicatoria ha sido ocultada durante más de 50 años y además de misterio es grave. Se trata de un momento importante en la historia de la cultura y en la historia de España: algaradas estudiantiles ha habido en muchos lugares y en distintas épocas, atribuyéndoles en la mayoría de los casos, que eran ganas de jarana o deseos de desestabilizar al país porque éramos "comunistas" y nos movía "el oro de Moscú". Pero, da la casualidad que los movimientos estudiantiles de fines de los veinte y comienzos de los treinta, eran movimientos universitarios puros en los que anhelábamos la dignificación de la vida universitaria. Ortega lo reconoció así y aceptó dar la conferencia y, como salió tan defectuosa, escribió el libro, con dedicatoria y todo, que ha tenido una gran difusión internacional y hoy se cita con respeto como una obra fundamental en todo el mundo. Por ello insisto en preguntar: ¿por qué se amputó la dedicatoria a la FUE? Si Ortega respetaba a la FUE y sabía que no se trataba de destituir al jefe de policía ni de bajar el precio de las patatas, como otras veces se había pedido, ¿por qué desfigurar u ocultar algo tan noble como el movimiento de la FUE?

Ortega sí se dio cuenta de que en la FUE había grupos valiosos para intentar reformas sustanciales. En esa dedicatoria y en ese primer capítulo, suprimidos ambos en la mayoría de las ediciones, se dice: "...no quisiera que por el azar de unos micrófonos ausentes quedase tan manco mi discurso. Dije lo que juzgaba más urgente sobre el temple que los estudiantes deben conquistar si quieren, en efecto y en serio, ocuparse de una reforma universitaria".

Si el *temple* de los estudiantes que *queríamos en efecto y en serio* la reforma universitaria era ése, ¿quién, por qué y cuándo suprimió esa famosa dedicatoria?

El discurso completo, con la dedicatoria a la FUE no se ha publicado hasta 1982 por la *Revista de Occidente* en Alianza Editorial, gracias a la meticulosidad de Paulino Garagorri.

Es decir, han transcurrido más de 50 años de haber ocultado la colaboración indispensable y entusiasta de una generación estudiantil con uno de los maestros universitarios más claros de mente. Si Ortega no confiaba en los partidos republicanos tradicionales, para disgusto de mi padre, confiaba en cambio en las juventudes universitarias para satisfacción de mi padre.

Acaso esa confianza le ayudó también para escribir aquel artículo decisivo "El error Berenguer" que terminaba con la expresión latina que usó Catón el Mayor para convencer al Senado de acabar con Cartago, adaptada al momento: *Delenda est monarchia*, es decir, hay que acabar con la monarquía. Con su elegancia espiritual decía claramente que no servía de nada cambiar al general Primo de Rivera por el general Berenguer, mientras continuase la monarquía.

Otra prueba del carácter universitario del movimiento estudiantil, la dio la FUE en ocasión de uno de los cierres temporales de la universidad en los años 1929 y 1930. Con celeridad pasmosa y con rapidez y eficacia organizamos una "universidad libre" creyendo que algún cierre iba a durar más de lo usual. Nos ayudó mucho la buena disposición de comerciantes, sociedades civiles y locales diversos, nueva indicación de cómo la vida madrileña se asociaba con gusto a un cambio sustancial en la vida pública. Tal vez las autoridades se asustaron de las posibles consecuencias y terminaron los cierres sin darnos tiempo a una organización mejor. A pesar de las improvisaciones y lo inadecuado de ciertos locales, personalmente yo recuerdo con mucho afecto cosas fundamentales aprendidas en esa "universidad libre" más de ciencias que de farmacia. También se sumó a la idea don José Ortega y Gasset, y sus conferencias, como clases muy cuidadas, tuvieron que llevarse a un teatro. De ahí salieron algunos importantes libros antes de la misión de la universidad que debió incubarse en esas circunstancias.

El impulso adquirido durante toda la década llevó a mi padre al final de ella, en el verano de 1930 a estar también ausente de España, a pesar de lo importante que fue, en muchos aspectos. Una de las reuniones más decisivas fue la llamada del Pacto de San Sebastián. El caso es que no llegó a firmarse ningún pacto. Parece que no fue más que una serie de reuniones en que se discutió a fondo el programa que sirviera de base para una nueva República que se intuía muy cercana. La realidad fue que asistieron a esas reuniones los más destacados políticos republicanos y socialistas, con la novedad de que se incorporaban a ese equipo don Niceto Alcalá Zamora y don Miguel Maura que llegaron a constituir el ala derecha de la República. Precisamente, el libro de Miguel Maura, "Así cayó Alfonso XIII", México, 1962, tiene detalles completos de aquel episodio. También parece cierto que entre todos los asistentes se repartieron los más altos cargos, incluyendo los puestos de ministros, que son los que firman el manifiesto y constituyeron el gobierno provisional de la República.

Mientras se celebraban las reuniones de San Sebastián, mi padre estaba en Estocolmo en un congreso internacional científico en el que la representación española, por diversas especialidades, la constituían, además, don Blas Cabrera (físico que había sido rector de la Universidad) y don Honorato de Castro, matemático y secretario de la Facultad de Ciencias de Madrid. Curiosamente, los tres catedráticos de Madrid —don Blas, don Honorato y mi padre— fueron al exilio mexicano y están enterrados en México.

Por su parte, los estudiantes también participaban en conferencias nacionales e internacionales. El caso es que para asistir a cualquier conferencia, teníamos que pagar personalmente los gastos. Después hemos visto que las delegaciones estudiantiles, incluso las muy numerosas, son generosamente pagadas por los gobiernos respectivos. En los años veinte, la Confederación Internacional de Estudiantes (CIE) se reunía cada año en el verano correspondiente y la única representación de España, oficial y subvencionada, era la Asociación Nacional de Estudiantes Católicos. En 1928, Sbert había asistido a una reunión en París en la que la representación oficial española era la católica, pero su actividad extraoficial le había permitido comenzar a preparar el terreno para un cambio de la situación. El problema era cómo conseguir uno o dos representantes de la FUE dispuestos a pagarse el viaje nada menos que a Budapest, donde se celebraría el Congreso de 1929.

Enterado mi padre, deseando hacer algo más por la FUE y como premio a mi buen comportamiento pasados ya dos años regulares de la universidad, me ofreció pagar el viaje a Budapest y tuve la suerte de que también aceptase ir otro miembro de la FUE, Ángel Rodríguez Olleros, estudiante de medicina, discípulo de Hernando, que estaba disfrutando una beca en la Universidad de Estrasburgo, prácticamente a la mitad del camino a Budapest. Años después, terminada nuestra guerra, Ángel ejercería la medicina como republicano refugiado en Puerto Rico convirtiéndose en un verdadero apóstol no sólo para los refugiados en la isla sino también para todos los ilustres intelectuales que allí recalaron (Juan Ramón, Salinas, Onís, Casals, etc.). Pero en el verano de 1929 no pensábamos que la mayor parte de nuestra vida se pasaría al otro lado del Atlántico. Cuando nos acercamos al Congreso estudiantil tropezamos de nuevo con una nutrida y bien subvencionada representación española, compuesta exclusivamente de estudiantes católicos. A la sazón el presidente de la CIE —que terminaba ese año— era un inglés que había sido secretario de Lloyd George y era un polaco que la llevaba muy bien con los católicos españoles. A fuerza de trabajos extraoficiales y de acercarnos a las delegaciones más simpatizantes —checoslovacos y belgas— logramos que el Congreso aprobase el viaje a España de una delegación de la CIE que decidiese en el Congreso de 1930 el problema de la representación oficial española. Como el nuevo presidente era francés, Saurin, él mismo aceptó ese encargo:

Se desplazó a España, observó, visitó universidades, habló con estudiantes y en el Congreso de 1930, en Bruselas, se aceptó a la FUE como representación oficial de los estudiantes españoles. Curiosamente, sólo fue a recibir el dictamen oficial en Bruselas un único miembro de la FUE, Bartolomé Aragón, la misma persona que sería en 1936 el único testigo de la muerte de don Miguel de Unamuno, a quien visitaba en Salamanca después de haberse hecho falangista y acompañante de José Antonio Primo de Rivera.

Otra cosa notable de aquel Congreso estudiantil de Budapest fue la presencia molesta y agresiva de la delegación italiana. En pleno auge del fascismo, Mussolini había enviado una delegación de 150 miembros, todos con camisa negra y escandalizando a la hora de las comidas al grado de que se subían a las mesas vociferando sus canciones. Los franceses se sentían específicamente agredidos pero no se atrevían a protestar pues la política internacional se caracterizaba en ese tiempo por el constante ataque del fascismo a Francia. Los franceses, en cambio, nos azuzaban para que protestáramos. Recuerdo con placer cómo más de una vez, dos españoles republicanos y tres hispanoamericanos sin más que haciendo ruido con los cubiertos y los platos logramos callar a los 150 camisas negras, mientras los 20 franceses no se atrevían a moverse pero la gozaban en silencio.

También en 1930 se celebró en México el primer congreso iberoamericano de estudiantes que tuvo la gentileza de invitar a una delegación española y, por el prestigio que ya había alcanzado la FUE, y estando Sbert en libertad, vino él mismo acompañado de Sayagués y de López Rey. Esa cortés invitación facilitó en algunos aspectos la acomodación en México de la emigración republicana desde 1939.

La República (1931-1936)

El *temple* de los estudiantes que entre 1929 y 1931 queríamos la reforma universitaria *en efecto* y en *serio*, para llegar a una reforma del Estado, se enfocaba claramente hacia don José Ortega y Gasset como guía espiritual. Él mismo declaró que *se dejó requisar por los estudiantes*, con mucho entusiasmo pero sin mucha fe, discurriendo a continuación sobre la fe y el entusiasmo. Acertadamente, don José lo resume con un bello verso del poema del Cid: *Apriessa cantan los gallos e quieren quebrar albores*. En efecto, *teníamos prisa* pues la vida del estudiante en las escuelas es efímera y si queríamos hacer algo *en serio* los estudiantes que entonces estábamos en la Universidad, había que apresurarse. Se llevaban muchos años de obstáculos tradicionales, aumentados por los siete de dictadura militar, *blanda* pero dictadura. Había *que quebrar* albores. Se intuía el alba de un nuevo siglo de oro, pues el país estaba lleno de promesas artísticas, intelectuales, científicas y eruditas. Había que quebrar los albores para que brillaran con más luminosidad. Había que impulsar todas las promesas maduras, había que convertirlas y convertirse uno mismo en realidades más o menos brillantes.

Había un ímpetu por cosas atrevidas pero incruentas. Por ejemplo, tres estudiantes en San Bernardo bajaron el busto de bronce del rey que presidía el Paraninfo, le cortaron la cabeza con una segueta y la tiraron luego a las afueras de Madrid. Fue un gesto simbólico, osado e ingenioso, nunca una advertencia como pensaron ciertos grupos de derechas. Alrededor del Paraninfo los demás hacíamos bulla para ocultarr el ruido de la sierra. Los estudiantes estábamos cada día más alborotados; la Universidad se abría y se cerraba. Las tertulias de los cafés de Alcalá y la Gran Vía crecían en número, en discusiones y en rumores: la Granja, Negresco, la Ballena alegre, Zahara, Regina, Florida. En las calles aparecían y desaparecían pasquines; la policía parecía comprometida también pues no estorbaba mucho. Las detenciones de intelectuales, tranquilos y serenos, aumentaban. Ya no era cosa de jóvenes impetuosos, sino de toda la España seria.

Los albores del nuevo siglo de oro despuntaban brillantes en la cárcel y sin violencias, pero con juvenil entusiasmo.

La FUE, ya muy fichada por la policía, después del paso por la Modelo, se reunía en los bajos del hotel Florida, propiedad de unos asturianos que habían hecho dinero en Cuba y que a los pocos años de terminada nuestra guerra (1943) acogerían en La Habana (Hotel Royal Palm) a la Conferencia de Profesores Universitarios Españoles. Un sitio preferido para cambiar de lugar de reunión era la casa de María Zambrano en la plaza de la Cebada que despertaba pocas sospechas por ser un caserón grande con varias aulas, dedicado a enseñanzas diversas por los padres de María. Otro lugar frecuentado era una academia privada que dirigía Sbert, en la calle de la Bolsa, en la que se daban clases de matemáticas de preparación para las escuelas de ingenieros. Al cambiar de carrera, Sbert encontró esa fórmula de las clases particulares para vivir por su cuenta.

En cambio, el entresuelo y la farmacia de la calle de Atocha estaban ya demasiado fichados por la policía para ser útiles. Ni los problemas universitarios ni los problemas políticos nacionales debían ser causa de violencias. La juventud de entonces rechazaba todo género de violencias, especialmente las cruentas. Teníamos singular aversión a los movimientos militares y a los cuartelazos.

El meridiano 0º, de Greenwich, atraviesa tres países europeos de Norte a Sur; Inglaterra, Francia y España. Se dice que, a medida que disminuye el número del paralelo, el carácter y el comportamiento de los habitantes crece en violencia. Así, Inglaterra fue la primera cronológicamente que cortó la cabeza a su rey, Carlos I en pleno siglo XVII, tiempos de Cromwell (1649) y nada menos que con enorme hacha empuñada por feroz verdugo. Después, a fines del XVIII (1793) Francia ilustró su famosa Revolución cortándole la cabeza a Luis XVI con un elaborado aparato de creación propia, la guillotina. Siguiendo la línea de los historiadores y de los ensayistas, le tocaba a España algo más violento, más sangriento y más repelente o más sofisticado. Los estudiantes no deseábamos nada de eso, como se demostró después, y se interrumpió la escala de Greenwich.

Sin embargo, no se utilizó más que un trocito de papel para separar incruentamente la cabeza de Alfonso XIII de su corona, o bien cortar simbólicamente con una segueta la cabeza en el busto de bronce del Paraninfo de la Universidad; ni esperábamos ni deseábamos otra cosa. Nunca quisimos una cruenta decapitación de ningún monarca, como se demostraría más tarde.

En 1927 se había celebrado en el Ateneo de Sevilla una reunión de jóvenes poetas quienes escribieron a don José Ortega una carta pidiéndole que interviniese en política. Firmada por 24 era dirigida por los siete poetas más famosos (Lorca, Alberti, Salinas, Guillén...) por lo que se llamó "los siete del 27".

El primer brote que anunciaba un nuevo régimen, fue una sublevación de aviadores en Cuatro Vientos, a fines de 1930, arrojando pasquines y proclamas sobre Madrid, no bombas como harían después algunos otros militares. El alzamiento de Cuatro Vientos a más de los alemanes y los italianos connotados, produjo gran entusiasmo entre los estudiantes que disculpaban de la participación a ciertos militares: uno de ellos era Ramón Franco, héroe de vuelos pacíficos transatlánticos, diputado en las primeras Cortes republicanas, en las que se sentaba al lado de Sbert. Era hermano de militares sublevados más tarde, Nicolás y Francisco, y sumado a la sublevación castrense había fallecido en un sospechoso accidente durante la guerra. No obstante, la mayoría de la Aviación estuvo siempre del lado de la República.

En cambio, llamaba más la atención una sublevación militar —casi coincidente— en los cuarteles de Jaca, al norte de la provincia de Huesca, cerca de la frontera con Francia en los Pirineos, porque había movilizado algunos militares jóvenes, no generales con entorchados. A ese incentivo acudieron varios civiles, políticos maduros y jóvenes estudiantes al final de 1930, en días muy próximos a los de Cuatro Vientos. La sublevación tuvo lugar y fue dirigida por dos jóvenes capitanes, Fermín Galán y Ángel García Hernández, pero fracasó al detener a los dos capitanes que fueron fusilados por el nuevo gobierno dirigido por el general Berenguer desde meses antes.

En cambio, otro personaje que anduvo mezclado en Cuatro Vientos y en Jaca, fue el general Queipo de Llano —vestido de civil— sin darse a conocer, prudentemente. Es el mismo que se sumaría a la sublevación contra la República, prestando un servicio decisivo a Franco en Andalucía, servicio que se prolongaría varios años después de terminada la guerra pero con saña particular.

Los dos capitanes fusilados se convirtieron en los primeros héroes de la inminente República, pues su juventud se sobreponía a la jerarquía militar. Dada la proximidad de Francia, muchos de los implicados pudieron refugiarse en el vecino país. Otros, principalmente civiles, que quedaron en Madrid, fueron detenidos y muchos de ellos se alojaron en la cárcel Modelo, varios de los cuales llegarían a formar parte del gobierno provisional de la República. Entre tanto, se había detenido a la directiva en pleno del Ateneo, presidida por el doctor Marañón.

Si mi padre era un visitante asiduo de la Modelo, nada tenía de particular que, también en esta ocasión, fuese el primero en llegar a la cárcel, aunque no hubiera tenido que ver con Jaca, ni con Cuatro Vientos. Como ya era conocido de otras ocasiones, tuvo la oportunidad de elegir la mejor y más espaciosa celda en el grupo de las de "políticos", lo cual fue muy bueno para todos los demás pues decidieron tomar la celda de mi padre como almacén principal para distribuir los muchos regalos que llegaban ante la proximidad de las fiestas de Navidad, turrones y mazapanes.

Más aún, las celdas de los políticos tenían una excelente ventana muy apta para "comunicar" privadamente con un cuarto especial. La de mi padre era la mejor y dado que también estaba preso don Niceto Alcalá Zamora en otra más chica, y no había incomunicación, decidieron —con permiso de los oficiales de prisiones— que don Niceto comunicase por la celda de mi padre, tal como se ve en varios libros. (Para no mencionar más que uno: el de Miguel Maura *Así cayó Alfonso XIII*, México, 1962, p. 97). Ese día estaba yo en la multitudinaria comunicación cuando apareció un fotógrafo (lo cual no era fácil de autorizar) pidiendo que nos agrupáramos hacia un rincón para poder tomar la foto con don Niceto tras las rejas. A su lado estaba mi padre, titular de la celda. La realidad es que por aquellos días ya corrían rumores de un posible gobierno provisional republicano presidido por don Niceto Alcalá Zamora que había sido ministro en uno de los gobiernos de Alfonso XIII y su jerarquía política era aceptada por todo el mundo. Consecuencia de la reunión de San Sebastián. El rey, dándose cuenta de lo que le venía encima y queriendo poner parches a la situación, trataba de constituir un gobierno con lo más liberal de su régimen. Así, después de desechar las ofertas de Romanones y de Cierva, encargó a don José Sánchez Guerra, un político monárquico, del partido conservador pero liberal de espíritu, formar tal hipotético gobierno, pero Sánchez Guerra puso como condición consultar con los republicanos que estaban detenidos en la Modelo. Consiguió autorización para ello y se fue a la cárcel a consultar con don Niceto Alcalá Zamora quien le negó la colaboración republicana con la consabida expresión de que "ya era tarde".

Tal vez con un político más liberal como Santiago Alba, las cosas hubieran sido distintas, pero Alba estaba en un exilio europeo desde el golpe de Primo de Rivera (1923) habiéndose declarado ambos como enemigos personales irreconciliables. Santiago Alba fue el fundador del Instituto-Escuela (1918) y en 1932 sería elegido presidente de las Cortes republicanas.

Sánchez Guerra renunció al encargo de su majestad pero en el primer gobierno de la República, su hijo Rafael fue el subsecretario de don Niceto ya siendo presidente.

En cambio, el escritor Valle Inclán, sumado al movimiento popular pro República, hacía todo lo posible por que le detuviesen, lo que logró en una algarada callejera, pero, según el régimen penitenciario, no tenía derecho a ser considerado "preso político" sino que tuvo que ocupar una celda común como "quinceno", lo que le disgustó sobremanera. No obstante, para hacer notar su condición excepcional, consiguió autorización para que le dejaran oscurecer el montante de la puerta por donde entraba luz pues era su manera de "trabajar". Puede ser, pero mi padre sospechaba si no era un truco para dormir una buena y tranquila siesta. Hoy se llamaría afán de protagonismo.

Aquellos días finales de 1930 y primeros de 1931, Madrid estallaba por todas partes en entusiasmo republicano; las calles estaban llenas de propaganda; grupos de jóvenes —estudiantes y obreros— recorrían la ciudad gritando vivas y consignas. Lo importante era que ni había militares destacados ni nadie hablaba de golpes castrenses ni de cuartelazos. Por primera vez, después de siete años dictatoriales lo que se oía por todas partes era libertad, democracia, civismo, civilidad, ideas y entusiasmo juvenil.

Lo que funcionaba por todas partes era la conjunción republicano-socialista, aquella amalgama que habían concebido Besteiro y mi padre, que tenía antecedentes más antiguos y que yo había oído entre las paredes del laboratorio.

Y todo ello dirigido a la propaganda de las próximas elecciones que no tenían más carácter que el de municipales, pues se elegían concejales de ayuntamientos y no diputados. Pero las grandes ciudades y los pueblos importantes habían alcanzado tal significación y tal magnitud que unas simples elecciones municipales llegaron a ser históricamente sensacionales pues resultaron nada menos que elecciones dinásticas y constitucionales... pero sin violencia. Fue el rey quien huyó ante el temor de que siguiera la escala de Greenwich.

A lo largo de 1930, un año que jóvenes escritores habían pronosticado como la "cita enigmática del tres y el cero", se produjeron muchas cosas para ir resolviendo ese enigma.

Don José Ortega escribió un largo artículo en *El Sol* sobre "El error Berenguer", en el que explicaba con su acostumbrada claridad que el general Berenguer no había cometido ningún error, que no era el error *de* Berenguer sino que el verdadero error consistía en creer que el cambio de un general por otro iba a componer la vida española sin afectar a la monarquía. En realidad, el general Primo de Rivera había fallecido poco tiempo antes en París y era necesario sustituirlo, misión que cumplió el general Berenguer. Para mayor claridad, don José terminaba su artículo con la conocida frase de Catón el Mayor, en latín, a propósito de Cartago: *Delenda est monarchia.* Fue la sentencia de muerte de la dinastía monárquica. Por todo ello, el artículo de don José Ortega se considera lo más decisivo en las vísperas republicanas. Además del enorme valor intelectual de don José, hay que recordar que la inmensa mayoría de los intelectuales españoles por esos años eran lectores de *El Sol.*

El caso es que don José Ortega hacía una vida diferente de la de la mayoría intelectual. Por ejemplo, en las tertulias de los cafés. Mientras Azaña y Valle Inclán iban al Regina y Unamuno tenía su tertulia en el Novelty de Salamanca, el círculo de Bellas Artes se había transformado en centro de conspiración, Ortega no iba a cafés: tenía sus reuniones, bastante numerosas en la *Revista de Occidente*, en Espasa-Calpe.

En cambio, científicos de la talla de Cajal y del físico Cabrera, también eran adictos al café y acudían a uno en la calle del Prado, frente al Ateneo. Se puede decir que el liberalismo español se concentraba en los cafés.

Por ese artículo, un grupo de 24 poetas y escritores jóvenes (varios, los poetas del 27) escribían una carta a don José Ortega pidiéndole que abandonase el apoliticismo y que se decidiera a intervenir activamente en política.

Si bien de un tipo muy diferente, vale la pena recordar la travesura de un escritor, J. A. Balbontin, que envió a *La Nación*, el periódico del dictador, una "colaboración espontánea" de una supuesta niña en alabanza del propio Primo de Rivera, mientras era todavía dictador. Se trataba de un soneto muy cursi, tal como gustaba a los militares de entonces, pero... en acróstico decía: "Primo es borracho". Cuando la noticia se corrió por Madrid, los ejemplares del periódico desaparecieron rápidamente a precios elevadísimos. Balbontín, aunque a veces mostró inclinaciones comunistas, fue el delegado del gobierno republicano en el exilio con sede en Inglaterra donde pasó el suyo personal.

Los días en que se publica la carta de Ortega, fueron también los días en que aparecen los artículos sobre la misión de la Universidad. Por todo ello, mi padre y yo seguíamos discutiendo sobre Ortega. Para mi padre era un republicano tímido que no se atrevía a declararlo —más que en latín— y que menospreciaba a los republicanos tradicionales y organizados políticamente, sobre todo en las provincias y pueblos grandes. Para mí, como para los 24 firmantes de la carta de los jóvenes poetas y escritores, era la representación de lo que esperábamos con ilusión y deseábamos para una nueva España basado en el modelo de la misión de la Universidad.

Vale la pena recordar algunos de los nombres de los fundadores de la agrupación que se sumaron a Ortega: Marañón, Pérez de Ayala, Machado. Indudablemente el más firme republicano, sobre todo en los momentos negros de la guerra, fue Machado.

Juan Ramón Jiménez no se quiso aliar a ningún grupo, pero entre los papeles que dejó en Puerto Rico hay adhesiones inequívocas a Azaña y a Besteiro.

La situación se complicó más desde la aparición política de Azaña enfrentando personalmente a Ortega y el irrestricto apoyo de mi padre a la vida política de Azaña. Dadas las circunstancias, no era suficiente una "agrupación al servicio de la República" cuando aún no había nacido esa República; hubiéramos deseado mucha mayor intervención, pero la calidad de Ortega compensaba todo.

Para mí, el verano del 30 tuvo un punto muy negro con la desaparición de Martí Jara; mientras mi padre estaba en un Congreso Científico en Estocolmo y en San Sebastián se reunían los prohombres de la inminente República.

En septiembre de 1930 se había organizado un gran mitin en la vieja plaza de toros, al final de la calle O' Donnell, en el que participaron varios republicanos, incluyendo Azaña que se estrenó como orador republicano. El acto debía cerrarlo Lerroux como viejo caudillo republicano, o Alcalá Zamora, recién incorporado al republicanismo con gran prestigio como ex ministro de Alfonso XIII. Mi padre intervino mucho en la organización de aquel acto que tuvo gran trascendencia.

Por fin se decidió que fuese Lerroux quien cerrase el acto. Al comenzar a hablar, se descompuso el altavoz; el orador tosió pero como tenía muchas tablas, lo resolvió diciendo: "Si se ha compuesto el altavoz, también se compondrá mi voz" y así fue. El éxito de aquel acto se cifró en tres oradores: Azaña que mostró un estilo fresco y moderno, anuncio de una nueva política republicana (¿de dónde salen estos aparecidos?, en alusión a los partidos de izquierda monárquica que trataron de salvar al rey y a la dinastía); Alcalá Zamora como viejo político monárquico que se pasaba a la

República haciendo alarde de su prodigiosa memoria y Lerroux, el viejo caudillo republicano que confirmaba su republicanismo y su experiencia como orador de masas, y que disponía de la mejor y más completa organización de un partido republicano tradicional en todo el país, especialmente en los pueblos. Aquel día, en la reunión de la plaza de toros, no participó ningún socialista.

Pocas semanas después, al festejar el 11 de febrero —primera República— la multitud que abarrotó el restaurante Casa Juan de la Bombilla, fue muy superior a todo lo previsto, en calidad y en intensidad. Faltaban dos meses para las elecciones municipales. Se percibía la asistencia popular por encima de los partidos. En el entresuelo yo no me daba abasto respondiendo a los timbrazos de la puerta y a las llamadas telefónicas para atender a la reunión de la plaza de toros y a otra que se celebraba por esos días de los estudiantes novecentistas para conmemorar el 30 aniversario de la Unión Escolar (precursora de la FUE).

El resultado lo expresó muy bien el almirante Aznar que había sustituido al general Berenguer en la presidencia del gobierno: "España se acostó monárquica y amaneció republicana". La votación, el 12 de abril de 1931; la consagración, el 14 de abril.

CIENCIA O POLÍTICA

Ya me lo había dicho antes: no me gusta que te cases hasta que termines una de las dos carreras, con todo y doctorado: elige la que quieras, pero por lo menos un doctorado es imprescindible antes de casarte, para que puedas desenvolverte por ti mismo. A fines de la monarquía, seguía vigente la tradición legal de que para ser catedrático presentándose a oposiciones libres era obligado tener el título de doctor en la misma facultad, la que todavía continúa parcialmente. También era tradicional presentarse a oposiciones en la misma cátedra vacante; no valía cambiar de facultad aunque la cátedra tuviera el mismo título. Así, si yo me dedicaba a la química orgánica debía hacer oposiciones a una cátedra del mismo nombre fuese en la Facultad de Ciencias o en la de Farmacia aunque ésta llevase el apelativo de "aplicada a la Farmacia". Calculando por los que debían jubilarse, saqué la consecuencia de que convenía "Farmacia". Además, me gustaba más la química de los medicamentos. El catedrático correspondiente de química orgánica en Granada se jubilaría en tal momento que encajaba con la posibilidad de hacer oposiciones a la cátedra de Granada, al volver de una beca en el extranjero. Aun en el extremo de que Granada fuese ocupada por concurso de traslado, la única posibilidad era que el catedrático de Santiago solicitase el traslado a Granada y hubiese que hacer oposiciones a Santiago. Esto es lo que sucedió a fin de cuentas.

No era fácil obtener una beca para dos años con destino a Granada ni a Santiago pero sí para ir al extranjero. Mi padre tenía toda clase de escalafones y de reglamentos. Entonces se planteó la siguiente discusión:

— Preferiría que te dedicases a la enseñanza y a la investigación.

— Yo también lo prefiero.

— Acaba tu formación en círculos alemanes, creo que es lo mejor.

— Puede ser. Déjame escoger. Me atrae mucho el Instituto Politécnico de Zurich. Hay un profesor yugoslavo que hace cosas muy bonitas; me gustaría ir con él.

— Está bien, pero antes tienes que formarte en química orgánica básica. Ya no sirve lo que yo hice en París; hoy, Alemania o Suiza llevan la delantera. Vete a uno de esos países y aprende lo que se hace en ellos.

— Está bien, pero ¿cómo lo hago?

— Decide lo que quieras. Yo te apoyo, pues por ahora, sin tener un doctorado no es fácil una buena beca, ni una cátedra.

— Pero, ¿sin tener una beca en qué apoyarme?

— No te preocupes, yo te cubro.

— Y ¿qué van a pensar mis hermanos si dedicas mucho más a mí mismo que a ellos tres?

— Mira, primero vamos a ocuparnos de ti que has demostrado capacidad para ello. Después, ya veremos.

— Es que yo quiero casarme y empezar la investigación en pareja.

— Pero, para hacer investigación en serio tienes que aprender antes cómo se enseña química orgánica. En estos tiempos, todavía España está muy lejos de los países de vanguardia.

— De acuerdo, me iré a una universidad alemana o suiza por un semestre y me matricularé como un estudiante de licenciatura para aprender ¿Qué te parecería Munich?

— En principio, bien. Yo no conozco la vida alemana y no te puedo aconsejar más. De ti depende que aproveches el tiempo lo mejor posible, porque sé que es muy cara la enseñanza en las buenas universidades y por esta vez va a gravitar todo sobre mí. Y otra cosa.

— Dime.

— Es el momento en que tienes que escoger entre ciencia y política visto que la profesión simple no te baste. Cualquiera de las dos cosas son dignas si se hacen bien, pero hay que concederles tiempo completo con plena dedicación. Parece que se viene encima una nueva República donde va a ser posible realizar muchas cosas nuevas. Ya no vale el juego de las conspiraciones; es mucho más lo que habrá que hacer y de más categoría. No sé si las cátedras universitarias serán el lugar adecuado pero no creo que la combinación de ciencia y política sea una buena fórmula.

Tienes que decidirte por una u otra ya que la profesión simple no te satisface: en los dos campos hay mucho qué hacer en España. A mí me ha costado tiempo y esfuerzo pretender ocuparme de las dos cosas a la vez, para no lograr excelencia en ninguna de ellas. Con el ejercicio de la profesión puedes tener la seguridad de garantizar la vida económica.

— Pero ya estamos en otros tiempos. Se puede hacer química científica y ser republicano, sin necesidad de presentarse a diputado o a concejal.

— En cambio, no me entusiasma la vida de estar detrás de un mostrador y de manejar la caja registradora, que es el aspecto mercantil de la profesión.

— En efecto; me gustaría hacer vida universitaria plena, quiero decir que a más de la enseñanza simple y de la investigación abstracta o pura —para lo cual no sé si España está preparada—, me gustaría intervenir en los problemas del país, ayudar a resolverlos si es que tienen soluciones químicas.

— Entonces, tú quieres también intervenir en política, desde la química o la ciencia.

— Puede ser, pero por ahí se pueden resolver muchas cosas. Acuérdate de los grandes inventos españoles —la electrónica, el submarino, el autogiro— que no pudieron llevarse a cabo por falla de los políticos.

— Tal vez un apoyo económico, sea profesión o beca de investigación/enseñanza, pudiera ser la solución.

— Sí, de acuerdo, pero tendrás que hacerte a la idea de ganar poco, de vivir modestamente. No pienses que, aunque ganes una cátedra, vas a poder vivir de ella ni yo te voy a seguir ayudando. Después de ti vienen tres hermanos y, dos de ellos, mujeres. Habrá que ocuparse de ellos, tú vas demasiado deprisa.

— Conforme, pero tengo anhelos de cosas originales. No sé si será ese puritanismo/idealismo que nos han inculcado en el Instituto-Escuela.

— Puede también ser ese "elitismo" que rechazan los socialistas y que adoran los universitarios superferolíticos. No quieren más que enseñanza de masas, unos, y otros especulaciones teóricas.

— Precisamente, tú eres un ejemplo de lo que puede hacer un autodidacta de origen humilde ¿Por qué no puedo intentarlo yo?

— Tendrás que prescindir de muchas cosas y renunciar a otras. La vida en España es todavía muy difícil para vivirla a base de ideales y de aspiraciones sublimes. ¿Qué piensas hacer?

— Mira: en la vida universitaria se desprecian las *aplicaciones* del conocimiento científico. Todos creen que deben resolver la "cuadratura del círculo" como pieza fundamental, es decir, investigación abstracta. Pero, en la química y más aún en la química farmacéutica, hay muchas pequeñas cosas nuevas que pueden y deben hacerse. Tú eres una muestra diversa de lo que se ha podido hacer. Quiero intentarlo otra vez. Se puede vivir ayudándose con libros originales, con traducciones, con clases extras, con patentes, con fórmulas, con asesorías, es decir, con la profesión elevada a rango científico. Los médicos y los abogados así lo hacen y a veces hasta con abuso. No es necesario pensar siempre en el mostrador y en la registradora.

— Bueno, allá tú. Si es lo que te gusta, sea así. Pero hazlo con ilusión y con entrega. Sobre todo, con verdad. Vete a Munich y aprende cómo hacen química los alemanes a nivel profesional, pero no te olvides también de hacer un doctorado en España. Hacen falta las dos cosas y ten presente siempre lo que dice don Miguel: que "la ambición sea superior a la codicia", que parece que encaja con tus deseos.

— Definitivamente, voy a intentar lo de Munich. No me atrae el ejercicio de la profesión ni de ganar mucho dinero. Me gusta hacer investigación y combinarla con la enseñanza y, si es posible, con las aplicaciones. Por eso me decido.

— Está bien. Te propongo llevarte en el coche a la frontera, de ahí tú sigues. Tu madre está un poco cansada de los pinos de San Rafael y querría pasar un verano en el mar. Podemos combinar ambas cosas.

Y así fue. Incluso yo llevé el coche de mi padre hasta Burgos, pero con el chofer al lado. Empezaba el mes de abril de 1931. Las dos cosas me atraían mucho —la ciencia y la política— pero pensé que España necesitaba más científicos que políticos... cerré los ojos, tragué saliva, respiré hondo y dije: ¡A Munich! Sinceramente y con entusiasmo. Después de todo, es posible integrar la ciencia con la política y acaso sea ésa la fórmula para el mundo del futuro.

La Alemania de Hitler

Mis padres me dejaron en San Sebastián y alquilaron una casa para el verano en un pueblito de la costa guipuzcoana. Yo tomé el tren para París y allí me reuní con Graco Marsá con quien esperaba tener abundancia de chismes políticos pues el había estado en Jaca. En efecto, el primer día Graco me llevó a tomar café a una multitudinaria tertulia de "emigrados de Jaca" que se reunía en el célebre y grande café de Capoulade en el bulevar Saint Michel. Entre la muchedumbre presente descubrí una especie de "presidencia" en una tarima elevada en la que identifiqué personajes como Marcelino Domingo, Indalecio Prieto y el general Queipo de Llano vestido de civil.

Al salir del café, me tomó del brazo don Indalecio y me dijo que fuese con él al hotel en que se hospedaba en la rue Corneille, allí cerca, en un hotelito modesto donde por seis francos le daban un cuarto y el desayuno. Era un hotel modestísimo. Aparte de que yo había sido compañero de su hija Concha en el Instituto-Escuela y en la Facultad de Farmacia, me sorprendió con agrado el interés de don Indalecio por conocer la opinión de un joven que llegaba de Madrid sin experiencia política. Era la primera vez que sentía el interés de un "maduro" por saber qué pensábamos los jóvenes, coincidiendo con Ortega. Después de oírme pacientemente, don Indalecio tomó la palabra y, más o menos, me endilgó el siguiente discurso.

— Conforme con lo del entusiasmo, conforme con los jóvenes universitarios, conforme con los jóvenes invadiendo y conquistando las calles de Madrid, y después

¿qué va a pasar? Suponga V., como cree, que habrá un triunfo de la candidatura republicano-socialista y que se van a terminar los caciquismos y los burgos podridos, ¿cree V. que por eso, el rey, descendiente de monarquías seculares, con un impacto fuerte en la historia de España, va a coger el sombrero y va a decir: "adiós muy buenas, ahí se quedan ustedes"?

Me quedé anonadado por la contundente lógica de don Indalecio y por su respeto a la historia y tradición española. Pensando que tenía razón y que todo mi optimismo podía volatilizarse, tomé el tren para Munich. Afortunadamente, encontré alojamiento en una excelente residencia estudiantil, el *Studentenheim*, del barrio de Schvabing, un medio estudiantil donde me relacioné enseguida con dos españoles que me habían precedido: Emilio Gómez Orbaneja, que se especializaba en derecho procesal, y Carlos Clavería, catalán vinculado a un sector de la familia Soria, sin relación con Arturo, el de la FUE de Madrid, pero sí con la rama vinculada a la Ciudad Lineal a través del tío Domingo Barnés quien sería subsecretario de Instrucción Pública en el gobierno provisional.

Un día llegó Emilio exaltado porque había la posibilidad de asistir a un mitin de masas en el circo Krone en el que hablarían Hitler y Röhm. Emilio decía que Hitler hablaba dándose latigazos en las polainas. Entre la novedad del ambiente y la de los tiempos, con nuestra juventud, decidimos ir. No hay que olvidar que Munich era el centro del nuevo movimiento nacional-socialista, que allí hacía su propaganda el propio Hitler y que allí se publicaba el periódico del partido, el *Völkischer Beobachter* (Observador del Pueblo) así como tampoco que en la famosa Universidad de Munich se habían desarrollado incidentes y movimientos antisemitas incluso muy relacionados con la química. Es decir, algo así como que nos metimos en la boca del lobo. Al comenzar el acto se nos acercaron varios jovencitos nazis de uniforme a pedirnos identificación pues parece que el perfil de Emilio y el mío mismo les hacía dudar de nuestra supuesta vinculación antisemita. El caso es que al ver los pasaportes españoles saludaron cortésmente y se retiraron. Uno pensaba en la importancia de los "papeles mojados" pues poco después nos íbamos a ver amparados desde Berlín por personas tan beatíficas como don Luis de Zulueta y don Américo Castro, discípulos eminentes del más beatífico de todos: don Francisco Giner. Es decir, los pasaportes como "papeles mojados" todavía servían para algo. Ya veríamos después que era una ilusión pasajera. Y no se me olvida la impresión que me hizo al entrar en la triple carpa del circo rebosante de jóvenes nazis con uniforme nazi.

Hitler no usaba látigo, como nos habían dicho, pero sí usaba el uniforme nazi —camisa parda, pantalones de montar y polainas de cuero— lo mismo que Röhm. Sí era notable la fogosidad de Hitler que le había proporcionado gran fama como un orador sobresaliente en Alemania, yo saqué la impresión de oír a un exaltado dirigente sindical de barrio; la diferencia era que en lugar de obreros tenía por público a representantes muy significativos de todo el mundo alemán. Cuando más tarde le contase esas impresiones a mi padre, me diría: "Por lo que tú me dices parece un personaje del género chico madrileño, el pobre Valbuena que presumía de un remedio infalible para que le siguieran las mujeres: ponerse a andar delante de ellas".

En efecto, Hitler se había echado a andar delante del pueblo alemán, contra el Tratado de Versalles, reclamando la remilitarización del Ruhr, la creación de un ejército propio, la fabricación de tanques y aviones, el Rhin río alemán y no frontera alemana, la expulsión de los judíos, la exaltación de la raza aria: el aniquilamiento de los judíos en la vida alemana (universidades, judicatura, tribunales, comercio, profesiones, etcétera).

Entonces decidí informar a mi padre —por cartas y personalmente— no sólo de los avances de la química en Alemania sino también de la evolución política, y decidí definitivamente dedicarme a combatir las barbaridades nazis en cualquier parte del mundo, no sólo a exaltar la ciencia pura. Por entonces, se sentía temor en los alemanes: no querían hablar ni significarse. Si acaso, los austriacos, más comunicativos, de vez en cuando criticaban las circunstancias. Empecé a vislumbrar lo que podía representar para el mundo ese loco desatado al frente de un país que dominaba maravillosamente la ciencia y la técnica. Valía la pena hacer un esfuerzo por aprender de los alemanes lo que todavía podían enseñar... [años después recordaré todo eso y su evolución posterior, pues a mí no me sorprendió el peligroso jaleo que se organizó en 1972, duarnte la olimpiada de Munich, cuando terroristas secuestraron a atletas judíos y mataron a otros].

A los pocos años de estar en Alemania (por segunda vez 1933-1935, Heidelberg), me enteré de una de esas barbaridades. Ya estaba yo casado, vivíamos en modestas pensiones y a la hora de comer íbamos en bicicleta a la Mesa Académica, un restaurante universitario barato, muy apto para estudiantes. Ya no estaban mis amigos españoles de Munich, pero había otro que estaba en la clínica de cirugía de la Universidad y que me daba el parte diario mientras nos servíamos la sopa: "hoy, cuatro, hoy cinco... Te aseguro que no había ninguna razón médica para esterilizarlos". El practicar la vasectomía sustituyendo la receta médica por una orden policiaca era una forma científica de disminuir la proliferación de socialistas, comunistas... y judíos. Parece una broma macabra pero fue rigurosamente cierto y practicado en los más avanzados medios universitarios con la máxima frialdad científica. Y no se ha hablado bastante de ello.

Durante mi estancia en Munich conocí a un personaje singular: Richard Willstätter, causante del antisemitismo universitario. La cátedra de química de Munich la había fundado Justus von Liebig a quien había sustituido Adolfo Bayer y luego Willstätter cuyo discípulo español, don Antonio Madinaveitia, maestro de mi primera tesis, me había contado muchas cosas. Era un viejo simpático, físicamente parecido al señor Cosió pero... era judío. Un día, en el claustro de Munich, al proponer como profesor de físico-química a Kasimir Fajans, judío polaco, fue increpado por los junkers del claustro: Ya estamos hartos de judíos. Willstätter elegantemente les dijo: si están hartos de judíos, el primero que sobra soy yo y abandonó el claustro creyendo que lo iban a volver a llamar, pero nunca lo hicieron. Yo le veía solamente en las reuniones de la Sociedad Química alemana pues se había separado voluntariamente de la enseñanza y de la investigación. A pesar de mis dificultades con el idioma, me invitó a comer a su casa, lo que fue emocionante para mí por varios motivos, pero el fundamental es que influyó sobre don Antonio Madinaveitia para desviar mi beca al extranjero con su discípulo preferido, Richard Kuhn, en el nuevo laboratorio construido por él en Heidelberg, es decir que resulté nieto científico de Willstätter a través de dos caminos: Madinaveitia y Kuhn.

Kuhn no era judío, pero era austriaco, lo que le protegía un poco. Willstätter fue premio Nobel de 1913 por sus estudios sobre la complicadísima clorofila y me había aconsejado bien, pues estrenaba un laboratorio modernísimo de la cadena del káiser Wilhelm (hoy se llama Max Planck) precisamente el de investigación médica.

A los pocos días de estar en Munich cenando mano a mano, Emilio y yo en una modestísima cervecería, apta para estudiantes, oímos las noticias por radio: "En España se ha proclamado la República. El rey Alfonso XIII, ha huido". Nos quedamos estupefactos. No creíamos que la cosa era tan tajante ni tan rápida.

Al día siguiente aumentó la inquietud, aunque todas las noticias —radio y periódicos murales— insistían en que no había víctimas ni se habían producido desórdenes. Esos primeros días republicanos en situación tan peculiar los pasamos hablando, discutiendo, haciendo planes y, ¡cosa también sorprendente!, preocupados por saludar a *la Argentina*, "la mejor bailarina española" que se presentaba esos días en el Tonhalle de Munich. Emilio se empeñó en llevarle un ramo de flores con un saludo de los estudiantes españoles, lo que no llegó a realizarse porque también en esos días me llegó un telegrama de mi padre reclamando mi presencia urgente en Madrid. Temí que me necesitaba para hacerme cargo de la farmacia y de los asuntos profesionales. Y algo de eso había.

Todavía no me he repuesto de los avatares del destino. Tanta pasión y tantas ilusiones en una República que nos llegó en forma tan inesperada. Por mucho que la especie humana progrese, lo único que no ha podido dominar es su propio destino.

En octubre mismo, Azaña había pronunciado su célebre discurso sobre la separación de la Iglesia y el Estado que podía resumirse así: "España ha dejado de ser católica". Esto, en 1931, escandalizaba a mucha gente pero a otros les caía muy bien. Así, se provocó una situación peculiar: los ministros católicos dimitieron y, como todavía no había poder moderador, Besteiro, como presidente de las Cortes, tuvo que resolver el problema encargando a Azaña formar gobierno, pues los socialistas —minoría mayorista— así lo quisieron, dándole todos los votos a Azaña. Al llegar a casa, esa misma noche, mi padre me entregó todas las llaves de la farmacia pues yo ya había registrado mi título en el Colegio de Farmacéuticos. Con eso quería cumplir una disposición de la República haciendo incompatibles el ser ministro con ejercer una profesión. Claro que por ser ministro de Marina no se iba a vender más "sulfobarium"; era una disposición especial para abogados, pero así lo quiso mi padre y así lo acepté. Para resolver el problema de una vez, le busqué un farmacéutico suplente y un cliente que adquiriese la farmacia pero sin el "sulfobarium".

Los dimitentes eran Alcalá Zamora y Maura. Azaña se quedó con Presidencia y Guerra, puso a Casares en Gobernación y el hueco que éste dejó lo cubrió con mi padre en Marina. En efecto, con esa proclamación súbita se requería mucha gente nueva. Mi padre no formó parte del gobierno provisional incubado en San Sebastián en el verano de de 1930, que fue el que se hizo cargo de los puestos de mando, lo cual no dejó de hacer cierta mella en su carácter, desapercibido para la mayoría pero no para mí que le conocía bien. Por eso no me extrañó saber que el gobierno provisional le había designado gobernador de Barcelona, uno de los puestos políticos más difíciles y peligrosos, dada la proclamación simultánea de la Generalidad Catalana y el desarrollo del sindicalismo catalán. Mientras yo me trasladaba de Munich a Madrid, mi padre —aún de mala gana— había preparado su equipo político para asesorarle en misión tan compleja, en Barcelona. Recuerdo que la base de tal equipo era Carlos Esplá quien, como alicantino, se entendía bien en catalán, era buen periodista y republicano y tenía la confianza de mi padre.

Por de pronto me asusté pues implicaba para mí volver forzado a la profesión, dejarme contaminar de la nueva política y olvidar los sueños de la investigación científica. ¿Qué haría yo ayudando a mi padre con la Marina? Por todo ello, con enormes protestas de Emilio, que tenía gran respeto por mi padre y por la República, llegué a ponerle otro telegrama a mi padre, impertinente sin duda alguna, negándome a ir a Madrid por haber decidido dedicarme a la ciencia.

Mi padre me puso un segundo telegrama en el que más o menos me decía: "Déjate de tonterías y ven urgentemente a Madrid". Con eso y el empujón final que me proporcionó Emilio, cogí de nuevo el tren para Madrid y dejé sin flores a *la Argentina*. Al fin y al cabo, era mi padre quien me pagaba la beca y quien me exigía el viaje extra.

Al llegar a Madrid, la situación era muy diferente quizás por mis telegramas impertinentes, si bien no me retrasó más que dos o tres días. El problema con los catalanes se había resuelto entregando a Maciá los asuntos catalanes dentro de la República española. Ya no hacía falta gobernador de Barcelona. Como compensación, a mi padre le otorgaron un nombramiento importante en relación con el Consejo de Estado y aunque él siempre tuvo el anhelo de hacer cosas nuevas en Instrucción Pública, principalmente en Educación Superior, con lo que había soñado mucho en su trayectoria y sus sacrificios para traer la República, se resignó sin chistar, a la labor que le encomendaron, aunque representaba un nuevo sacrificio por la República. Pero todo cambió.

Puesto que ya no era imprescindible mi presencia en Madrid, regresé a Munich. A modo de compensación, también en el mes de mayo se le nombró rector de la Universidad de Madrid. No le quedaría mucho tiempo para realizar obra universitaria ni científica, pues en octubre, Azaña, le arrastraría definitivamente a la política. Por de pronto, repetía la trayectoria de su maestro Carracido: catedrático de química biológica y rector. Por supuesto, además hubo que cancelar el veraneo en el mar cantábrico y tratar de encontrar una casa en la sierra de Guadarrama cerca de Madrid. San Rafael ya estaba saturado y hubo que buscar alojamiento en El Escorial.

Si bien es del conocimiento general cómo vino la República, su implantación suave y pacífica, sin violencias de ninguna clase, vale la pena recoger algunos de los encabezados que los días 14 y 15 de abril de 1931 aparecieron en las primeras planas de los periódicos de Madrid, a más de las impresionantes fotografías de las pacíficas masas acumuladas en la Puerta del Sol y en la Cibeles:

— "La República española: el pueblo la trajo y el pueblo la defenderá"
— "El pueblo español manifestó ardientemente, pero sin un solo desmán, su fe republicana"
— "Hoy, fiesta nacional; el pueblo se echó a la calle jubilosamente"
— "España, dueña de sus destinos"
— "Sin oro ruso. Una lección de civilidad"
— "Una revolución con las tiendas abiertas"
— "El nuevo régimen viene puro e inmaculado, sin traer sangre ni lágrimas"
— "¡Ya se F.U.E.!"

Es justo reconocer que la pacífica y tranquila proclamación debió mucho a la actitud pasiva de la guardia civil, comandada entonces por el general Sanjurjo, quien ordenó no disparar contra las masas. No obstante, al cabo de un año, éste se levantaría contra la misma República. En cambio, el traspaso de poderes se hizo muy tranquilamente en casa del doctor Marañón, quien propició una entrevista entre el conde Romanones y don Niceto Alcalá Zamora. Sin duda, la proclamación de la II República en 1931 fue un acto ejemplar para todo el mundo, dentro y fuera de España.

Cabe destacar algunos detalles de aquel día famoso. El rey salió con destino a Cartagena, por la puerta del Campo del Moro, dejando a su familia en Palacio, que poco después salió en automóvil para tomar el tren "rápido" de San Sebastián en El Escorial, acompañado de Romanones. Se dijo que el rey había abordado el crucero "Príncipe Alfonso" con destino a Inglaterra. No fue así y se explica que los ingleses ya pensaban en el siniestro Comité de No Intervención o en otra cosa parecida que neutralizase a España como factor fundamental del destino de la guerra, y no quería tener estorbos para ello. El rey abordó el crucero —u otro equivalente— en Cartagena y fue a puerto francés (Marsella) de donde tomó el tren para París siendo recibido en la estación de Orsay por el mariscal Petain y pasó su exilio en Roma hasta que falleció, habiéndose alojado en el Hotel Meurice de París. Un emotivo detalle fue la idea de mi amigo y compañero de la FUE de Madrid (Facultad de Ciencias Químicas), Eligio de Mateo Sousa de proteger el edificio de Palacio, cuando todavía estaba dentro la familia real. Eligio organizó cadenas humanas de jóvenes estudiantes y obreros —¡estudiantes y obreros juntos!— tomados de la mano, con esta inscripción: "Pueblo, respeta este edificio que es tuyo". Tuvimos siempre razón en destacar el carácter incruento y pacífico del 14 de abril. ¿Qué hubieran dicho, si lo vieran, Carlos I (1649) en Londres y Luis XVI en París (1793)?

Amigos pesimistas nos dirían después que esa tranquilidad sería peor y que costaría más sangre. Tal vez acertaban. El no hacer sangre para liberar la cabeza del rey y el destino de la monarquía costaría, en efecto, muchísimas cabezas del pueblo español en todos sus sectores y jerarquías. Y, sin embargo, era lo que habíamos soñado y por lo que habíamos luchado. Era lo que deseábamos fervientemente... si no nos lo estropeaban desde dentro y desde fuera, según ocurrió desgraciadamente. También, merece la pena recordar que la primera República (11 de febrero de 1873) se había proclamado por votación en el Parlamento mientras el rey (Amadeo) y su familia estaban en Palacio. Dos pruebas de que los movimientos republicanos han sido siempre pacíficos pero desalojados por cañones militares.

A fin de cuentas, los estudiantes estábamos contentos. No podíamos decir que habíamos traido la República, pero sí —y con plena razón— que habíamos ayudado a ello eficaz y limpiamente. Ahora es cuando empezaba nuestra actividad responsable, con grandes posibilidades de hacer nuevas y variadas cosas objeto de nuestros sueños.

Más agresivo fue don Miguel de Unamuno al proclamar la República en Salamanca, a pesar de recomendar serena tranquilidad. El periódico *La Voz* de Madrid publicó detalles el mismo día 14. Unamuno dijo:

> Ciudadanos, más aún, hombres; cumplísteis vuestro deber de ciudadanía por encima de aquellos que creyeron que Salamanca seguía siendo un pueblo de mendigos y pordioseros que al mismo tiempo explotaban su miseria[...] Aquí no han quedado más mendigos que los profesionales, los de las órdenes mendicantes. Hasta en los distritos conventuales, donde más se dejó sentir la influencia de la mendicidad, fue hermosa y unánime la votación por el ideal[...] Haré todo lo posible porque no presida el Municipio el consabido retrato de aquel que dijo un día que si los españoles queríamos la República la ganásemos en las calles, que baje él ahora a la calle.

MEDIDAS REPUBLICANAS

Las primeras medidas que tomó el gobierno provisional de la República fueron fáciles de aceptar como consecuencia del idealismo que la había originado.

Amnistía

El primer decreto que promulgó el gobierno fue el de amnistía general, muy importante porque había un gran número de presos políticos a causa de la dictadura.

Otra medida importante, que se impuso rápidamente gracias a la presencia en el gobierno de ministros socialistas, fue la implantación de la jornada de trabajo de ocho horas, también fundamental si se recuerda que, al empezar el siglo XX, todavía funcionaba en el campo la jornada de sol a sol.

Austeridad

Vale la pena destacar una de las primeras medidas de la que no se ha hablado bastante y parece ser clave para la política latina. Un ministro de la monarquía cobraba un sueldo anual de 50 000 pesetas. En la primera reunión del gobierno provisional, acordaron rebajar ese sueldo 60%, es decir, a 30 000 pesetas. A la juventud de entonces, así como a mi padre, nos pareció idea excelente que marcaría casos similares de honestidad y austeridad, no sólo para España sino para algunos países hispanoamericanos.

Así, don Niceto, en cuanto tomó posesión de la presidencia, hacía un balance trimestral de los "gastos de representación" verídicos y devolvía al tesorero el excedente no gastado. Esto que se hacía público, no tenía antecedentes pues era común que los funcionarios públicos gastasen más con diversos motivos y lo justificasen como "gastos de representación". Besteiro, que fue presidente de las Cortes durante el primer bienio, devolvía su sueldo de catedrático (lógica en derecho y filosofía) para no cobrar doble. Todo ello sirvió de ejemplo ante la opinión pública.

Incluso, más adelante, cuando la crisis final de 1935-1936 y el famoso discurso de "Comillas", Azaña trituró y deshizo lo que quedaba del viejo Partido Radical de Lerroux simplemente porque éste se había adelantado a regalar unos costosos relojes a los ministros que tenían que intervenir en la introducción de casinos de juego. Es lo que Azaña dijo, que el último gobierno lerrouxista había nacido con "un cáncer en el costado" y fue definitivo para ganar las elecciones de febrero de 1936. La parte sana del Partido Radical se había separado bajo el caudillaje de don Diego Martínez Barrio que encabezó así el ala derecha del frente popular.

Casa de Campo

Se sentía el espíritu de la Institución y de don Francisco Giner. Otra interesante medida de alcance popular fue regalar la Casa de Campo al pueblo de Madrid. Es una gran extensión de bosque y parque que era propiedad de la Corona. Para visitarla, años atrás, se requería un permiso especial y, dada su extensión, sólo se visitaba en coche de caballos. Fue un gran gesto popular que dudo conozcan los madrileños actuales que ahora disfrutan de ella. La medida fue rápida pues todavía tuvo lugar en el mes de abril.

Bandera

Mucho se ha discutido el acierto y la oportunidad de adoptar una bandera diferente, la tricolor, rojo, amarillo y morado. La I República (1873-1875) no cambió la bandera, siguió con la bicolor, monárquica.

Durante el siglo XIX habían ocurrido muchas cosas: la invasión napoleónica, la prisión de la familia real en Bayona, la independencia de los países americanos de habla española (desde Ayacucho hasta Cuba), la guerra contra Inglaterra y la asociación con los Borbones franceses (pacto de familia), la vida licenciosa de Isabel II, el hecho de la primera y caótica República, la confusión producida alrededor de Fernando VII, las guerras carlistas, las Cortes de Cádiz y el movimiento de Riego. El caso es que en algunos lugares se adelantaron a adoptar el himno de Riego y la bandera tricolor. Después de todo, la bandera bicolor y el himno nacional (la marcha real) tenían escasa vinculación con España, pues habían sido confeccionados por Federico de Prusia a petición de Carlos III, a finales del siglo XVIII. La petición original tenía un objetivo naval para distinguir las naves españolas de las aliadas francesas y de las enemigas inglesas durante el siglo XVIII en sus enfrentamientos bélicos. Así, la bandera bicolor en América aparece por primera vez en Saint Louis Missouri, para señalar en tierra la separación de los dominios españoles de los ingleses. Es decir, el dominio español en tierra abarcaba las tres cuartas partes de lo que hoy son los Estados Unidos, incluyendo los dos estados más grandes y más ricos, Texas y California. Los virreyes y las autoridades españolas no pudieron o no supieron mantener tan extenso territorio.

El agregar una franja morada a la bandera bicolor parece que fue un intento para destacar la presencia de Castilla (representada por el color morado desde la batalla de las Navas en 1212). El caso es que con una rapidez inusitada apareció la bandera tricolor en la industriosa ciudad vasca de Eibar (Guipúzcoa) y al día siguiente en Madrid, en el edificio de Correos (Cibeles) colocada por mujeres entre las que se encontraba mi madre.

Además el cuerpo de correos y telégrafos se había manifestado, entonces, como muy republicano. Mi padre siempre fue un entusiasta defensor de la bandera tricolor y del himno de Riego. Al fin y al cabo, ambos símbolos fueron impuestos en forma popular, en los primeros días y no parecía indicado contradecir al pueblo, por lo que fueron adoptados sin discusión.

Desde Munich era fácil seguir los acontecimientos de España en su proyección internacional sin más que leer los periódicos murales en forma de tabloides que se fijaban en las esquinas. Así pude enterarme de que la República no había sido aceptada en Inglaterra. Incluso, corrió la noticia de que Inglaterra trataba de torpedear a la joven República pues, entre otras cosas, había tres ministros socialistas que no eran técnicos en economía ni en hacienda, uno de ellos, Indalecio Prieto, el mismo que me había interrogado en París, era el ministro de Hacienda. Todavía el nombre socialista espantaba a muchos europeos. Nada mejor que un fuerte ataque económico sobre la peseta. Durante varios días el cambio de la peseta frente a la libra cayó rápidamente. Yo leía con interés las cotizaciones y pude observar que, llegando a un nivel muy bajo, comenzó a recuperarse hasta lograr el nivel anterior. Es decir, en las esquinas de Munich se presenció un intento inglés de devaluar la peseta, lo que no tuvo éxito. Probablemente el fracaso británico tuvo por origen el hecho de que, en esa época, España era el cuarto país en el mundo en cuanto a reserva de oro. En 1931 una libra costaba 36.70 pesetas y un dólar 7.30.

Política internacional

Otro episodio de trascendencia fue la visita de Herriot. La política internacional de España había girado siempre alrededor de Francia. De ahí que al proclamarse la República en 1931, los franceses se precipitasen a estrechar los lazos y rápidamente enviaron a Herriot, ya aprobada la Constitución para establecer pactos diversos según la prensa internacional. La visita del político francés fue un gran éxito diplomático de Azaña, quien lo acompañó por varios lugares de España, como un turista distinguido, lo que molestó seriamente a Herriot quien se quedó con ganas de firmar acuerdos para facilitar el paso de tropas francesas a Gibraltar, Argelia y Marruecos. Los ingleses, muy atentos a ambos problemas, así como a mantener el equilibrio de fuerzas en la Europa continental, fueron los que más destacaron el éxito de Azaña y el fracaso de Herriot. Con la nueva Constitución recién aprobada, Azaña se respaldó con habilidad y firmeza en el famoso y discutido artículo 6to: "España renuncia a la guerra como instrumento de política nacional". Más tarde, tendríamos ocasión de registrar el coraje de Herriot por su "fracaso" con Azaña. Incluso se llegó a decir que cuando fuerzas alemanas y unidades de Falange detuvieron en Francia a Cipriano Rivas Cherif, cuñado de Azaña, y lo condenaron, Azaña quiso hablar con Herriot y éste le colgó el teléfono.

Desde entonces, Herriot no se curó del coraje que hizo y se dedicó a estorbar toda posibilidad de apoyo de la República francesa a la República española, ambas regidas por el frente popular. Quienes ganaron con ello fueron los ingleses, muy interesados

—como los franceses— en la comunicación militar con Gibraltar, con el estrecho y con Marruecos. Fueron los ingleses quienes más ensalzaron el éxito de Azaña en la visita de Herriot y se aprovecharon después sustrayendo el problema y la guerra de España de la Sociedad de Naciones para manejar directamente la relación hispano-británica y creando el nefasto Comité de No Intervención. Cuando, en plena guerra (11 de noviembre de 1937) salimos algunos científicos a congresos en París, en una recepción que nos dió el embajador español —don Ángel Osorio Gallardo— hizo mucho hincapié en que Herriot seguía muy enrabietado con la República española. Como en tantos otros episodios, se pudo haber sacado provecho de ese incidente pero, como mi padre decía siempre: es imposible que los políticos españoles den continuidad a una línea de conducta marcada o iniciada por determinado político si antes no ha hecho lo posible por fastidiar al vecino. También con la República.

Quienes perdimos —como siempre— fuimos los republicanos españoles.

Una simpática nota internacional venía desde el Congreso estudiantil de 1929 en Budapest. Como muy pronto había venido la República conectada con los estudiantes y los jóvenes del momento, nada tiene de extraño que en las juventudes internacionales se interesasen por los asuntos de España.

De regreso de Budapest, en 1929, pasé por Suiza junto con un ecuatoriano de la familia Plaza que había estado con nosotros en Budapest. Visitamos varias organizaciones internacionales en Ginebra, entre ellas el International Student Service que desde 1922 tenía su propio sanatorio antituberculoso en las montañas suizas y venía publicando una revista internacional para estudiantes, dirigida por el polaco liberal Michel Poberezski. Se había decidido cambiar el título por el de *ISS Annals* con el que salió el primer número en enero de 1932, recogiendo las ideas de la juventud estudiantil con el nombre original de *Vox Studentium*. Como hacía pocos meses de la implantación de la República en España, tuvieron la delicadeza de escribirme a Madrid para pedirme una colaboración en nombre de los estudiantes españoles, lo que cumplí dando cuenta de lo que pensaba la juventud universitaria de la España nueva destacando la postura del "regreso a la ciencia". El artículo completo se publicó en francés, acompañado de traducciones al inglés y al alemán. *Regreso a la ciencia* pero sin abandonar ni tergiversar el humanismo liberal que tan bien encajaba con las ideas de la República.

Con el tema general de "Nuevas tendencias del pensamiento entre los estudiantes", los editores de ese número pretendían nada menos que crear las bases de un sistema político de la juventud como conocimiento de la nueva ciudad en busca de otros caminos hacia una nueva Roma. Fuimos invitados a colaborar cinco dirigentes estudiantiles: doctor Walter Reusch, secretario de asuntos exteriores del Deutsche Studenten Schaft; Robert Mothes, presidente del Groupement Universitaire Francai's pour la Societé de Nations; E. R. Murrows, presidente de la National Student Federation of America (y, más tarde, prominente director de una de las mayores empresas estadunidenses de radio y televisión) y Edwin Barker, secretario del Student Christian Movement de Gran Bretaña e Irlanda. Yo mismo completaba el grupo como delegado de la Unión Federal de Estudiantes Hispanos (UFEHM), es decir, la Unión de las FUE de provincias. Por supuesto que los cinco teníamos ideas felices que no lograron encaminarnos a una nueva Roma, pero lo interesante fue el hecho de la selección de los cinco, recién proclamada la República. Periodistas españoles que registraron el hecho dijeron que se notaba un común denominador de romanticismo.

De sanidad y política

Todavía en los últimos gobiernos reales no había Ministerio de Sanidad. Todo lo relativo se trataba en una Dirección General dentro del Ministerio de Gobernación, a cargo del general Martínez Anido a quien don Miguel trataba con muy poco respeto.

Se había planeado un instituto de control de medicamentos como ya se estaba haciendo en otros países. Incluso mi padre, desde el Colegio de Farmacéuticos, había sugerido un sello adicional en la venta de los medicamentos —de cinco o 10 céntimos— que fue más que suficiente para crear el Instituto con diversas secciones. Mientras la de farmacología se había creado sin problemas entre los médicos, la de química y farmacia tuvo muchas dificultades desde el gobierno porque a las oposiciones convocadas para ello se presentaba mi padre y en Gobernación habían dado órdenes rigurosas de que no saliera mi padre. La única forma de resolverlo fue dejar vacantes las cuatro plazas. Lo más lamentable fue que, después, las cubrieron por decreto, sin oposiciones, y con eso ocuparon dos de las plazas miembros del tribunal que las había dejado vacantes.

La República recién instaurada nombró director general de sanidad al doctor Marcelino Pascua, socialista vallisosoletano quien, bien enterado del problema, ofreció a mi padre rectificar aquella deplorable decisión, pero a mi padre no le pareció digno de la nueva República aceptar esa solución y abandonó para siempre el Instituto de Control.

La sanidad tenía que prosperar con la República, y prosperó; pero mi padre no quiso manchar la reciente República con problemas personales. El doctor Pascua era un excelente sanitarista dedicado a la estadística sanitaria en la Universidad Johns Hopkins en Baltimore, en los Estados Unidos. Más tarde, dedicado de lleno a la política y por su amistad con Negrín, llegaría durante la guerra a ser embajador en Moscú y en París y a ocuparse de problemas verdaderamente importantes. Fue el encargado de llevar a Moscú el oro del Banco de España que servía para respaldar el envío de material ruso (tanques, aviones, cañones y ametralladoras). En un viaje circunstancial a Valencia desde Moscú, me lo encontré y en seguida me abordó ofreciéndome un puesto en la embajada española en Rusia, lo que le agradecí mucho pero no acepté. Había sido alumno suyo en la cátedra de higiene de la Facultad de Medicina, donde estábamos obligados a acudir los estudiantes de farmacia. Yo no quería salir de España, de no ser, como en septiembre de 1937, para acudir a reuniones científicas... y regresar. Otra vez el dilema ciencia-política.

Precisamente, los estudiantes de farmacia habíamos tenido un enfrentamiento con el titular de higiene en medicina, al que estábamos obligados a obedecer. Por aquellos años era decano de medicina don Sebastián Recaséns, ginecólogo, médico de la Casa Real. Un pleito con estudiantes podía traer consecuencias mayores. Pero el secretario de la Facultad de Medicina era don Juan Negrín, el catedrático de fisiología y hasta entonces poco conocido. Negrín, con su gran habilidad política y su conocimiento de la vida universitaria, resolvió el problema separando, en la cátedra de higiene, a los de medicina de los de farmacia, y encargó a Pascua el ocuparse de los de farmacia, con lo que tuvimos un excelente aprendizaje de higiene. Desde entonces, Pascua me había distinguido especialmente hasta el grado de pretender incorporarme a la embajada republicana en Moscú.

El único asunto verdaderamente internacional fue que Azaña envió a mi padre como jefe de la delegación española a una reunión de la Conferencia del Desarme, en Ginebra (1932). A ella acudió acompañado de Gabriel Franco (catedrático de economía, diputado por León y más tarde ministro de Hacienda) y de don Américo Castro. Volvió de allí completamente decepcionado de las reuniones internacionales sobre el desarme. Convencido de que todo era una farsa mantenida por el grupo anglosajón y dispuestos a continuar fabricando y vendiendo armamento a quien a ellos les convenía y cuando les convenía. Los ideales no tenían nada qué hacer. Otro miembro de la delegación republicana española fue el general Herrera, aceptado internacionalmente como investigador aviador en todo tipo de vuelos y leal a la República.

Becas distintas

Antes de llegar a ser un político de rango internacional, don Juan Negrín, catedrático de fisiología, que ya venía siendo un diputado socialista por su tierra —Canarias— se ocupaba mucho de los problemas económicos de la enseñanza y de la investigación científicas en grado superior. Para completar mejor su actividad específica, había aceptado ser el secretario de la Junta Constructora de la Ciudad Universitaria de Madrid. Su presencia en tan peculiar puesto se había notado claramente: fue quien impulsó el funcionamiento de la Facultad de Filosofía y Letras y quien aceleró la construcción del Hospital Clínico y de la Facultad de Medicina que serían seriamente dañados durante la guerra.

También fue quien se fijó en un detalle derivado de la vida de los becarios en el extranjero. Las becas que daba la Junta eran muy raquíticas. Era mérito de don José

Castillejo enviar al extranjero bandadas de jóvenes estudiantes que, con una mísera paga se pasaban de dos a cuatro años trabajando e investigando. Por las informaciones que dábamos algunos, se veían diversos becarios con actividades muy distintas. Fue agudeza de don Juan el definir en qué consistía esa diferencia: los militares que también disfrutaban becas —artilleros, aviadores, marinos, zapadores— se movían con una gran holgura económica y a veces hasta con lujo.

Fue don Juan Negrín quien descubrió la diferencia: los militares becados cobraban su beca en oro, como los diplomáticos, mientras los civiles cobraban en pesetas corrientes con los mismos guarismos, es decir, una diferencia cuatro veces mayor. Lo más significativo, gracias a la intervención de don Juan, fue como averiguar la diferencia y conseguir del gobierno republicano su eliminación, es decir, que también los civiles cobrásemos cuatro veces más.

Personalmente yo no me beneficié en mi primera estancia en Munich, porque fue mi padre quien me costeó la totalidad, pero sí me alcanzó la posterior y más larga beca en Heidelberg. Otra característica de estas becas era el compromiso de dar una serie de conferencias o cursillos en la propia Ciudad Universitaria, al regreso de la beca. Mi regreso se empalmó con la cátedra de Santiago, con la guerra y el exilio y se retrasó grandemente su compromiso. Tardé más de 50 años en cumplirlo, pero lo cumplí.

Esto no había ocurrido nunca en la era monárquica. Se puede considerar como una de las medidas originales de la nueva República. En cuanto a sus consecuencias, cabe mencionar que entre las primeras becas concedidas en oro figuraban Severo Ochoa y Paco Grande Covián además de yo mismo.

Ciencias experimentales

Aprendí en Munich —como preveía mi padre— y luego en Heidelberg, que las ciencias experimentales necesitan un tratamiento especial por el consumo variado, y a veces costoso, de reactivos y de material fungible (de vidrio). La química más que ninguna otra especialidad. Acaso, la microbiología podría compararse. Así lo comprendió Cajal, nuestro modelo para la investigación científica en medios hispánicos. El primer trabajo de Cajal se ocupa del vidrio colérico y es cuando se percata de lo difícil que sería tener material y reactivos suficientes para practicar una buena microbiología, lo deja y se pasa a la histología. Quizá la Física requiere aparatos e instalaciones más caras, pero una vez instalados su mantenimiento y atención es mucho menor.

Las matemáticas eran las más baratas, hasta la llegada de las computadoras (ordenadores). Ahora, puede variar mucho el precio de tales aparatos.

En la química ocurre algo parecido. Una misma sustancia (reactivos, materia prima, disolvente) puede oscilar su precio por la calidad, la procedencia o los fines. A veces la oscilación es grande. En Munich aprendí a organizar y llevar almacenes de sustancias, compradas al por mayor en la calidad y la procedencia más baratas para los estudiantes a quienes se vendía a precio de costo.

Es necesaria una buena vigilancia, pero lo que se gana compensa con creces el esfuerzo. En alguna ocasión, el encargado del almacén en Heidelberg me enseñó una partida de mala calidad en que, al devolverla, me mostró una etiqueta en francés que justificaba la mala calidad con la expresión *Pour L'Espagne et le Maroc*.

Precisamente por todos estos problemas, la OEA me encargó una memoria sobre *Enseñanza de la química experimental* que se publicó en 1969 y la segunda edición en 1978. En 1997 la Facultad de Química ha repetido la edición. La conclusión se puede resumir en este consejo para quienes quieran hacer cambios fundamentales en la enseñanza de la química: den preferencia a la organización de almacenes sobre los cambios en planes y programas, para disponer de material barato con que hacer química experimental.

La química se *hace*; no se pinta ni se dibuja. Se hace en material de vidrio, que se rompe. El estudiante hábil rompe poco; el estudiante torpe rompe mucho. Cada quien debe reponer el material que rompe. Los profesores de enseñanza han de suministrar a bajos precios los reactivos y sustancias que consume así como el material de vidrio que rompe. Hay que tratar de que al estudiante le cueste lo menos posible, pero sin perder de vista que la química es una ciencia cara, para *hacerla* de verdad, como ya se hace en la Facultad de Química de la UNAM, desde hace años. No hay que hacer (ni enseñar) química de papel ni de pizarrón.

Educación y cultura

Indiscutiblemente la obra más característica de la República, a pesar del escaso tiempo, se centró en la educación y en la cultura. El curso 1931-1932 fue inaugurado en Madrid por mi padre, que era el rector entonces; el discurso de apertura lo leyó don Luis Jiménez de Asúa, muy popular entre los estudiantes, y por primera vez participó un estudiante, de medicina, Enrique Vázquez López, discípulo de Río Hortega que dejó las cosas muy claras respecto al pensamiento y a la actividad de los estudiantes.

En Salamanca, como se había nombrado rector honorario a Unamuno, lo inauguró don Miguel y estuvo a punto de cometer una indiscreción. Después de muchos años de rector había inaugurado los cursos en nombre del rey según era tradicional, pero éste era el primero de la República cuando dijo: "En nombre de Su Majestad..." se dio cuenta a tiempo y repitió: "En nombre de su Majestad España".

La enseñanza primaria fue declarada gratuita y obligatoria, dos preceptos que ya Calvino había implantado en Ginebra cinco siglos antes. Claramente se permitía a las iglesias el derecho de enseñar sus respectivas doctrinas en sus propios establecimientos, una vez cumplido el carácter laico de la enseñanza oficial.

Antes, incluso, antes de aprobar la Constitución ya se habían establecido medidas que favorecían la educación popular. Fundamental era la separación clara de la Iglesia y el Estado en materia de educación. La separación de la Iglesia y el Estado fue un problema serio para la República, entonces, porque hoy está perfectamente aceptado en todos los países civilizados, incluyendo España, aun por los falangistas.

Al mismo tiempo se garantizó la libertad de cátedra para no reincidir en aquellas multas ridículas de alcaldes y gobernadores a profesores que enseñasen la teoría de Darwin. No había más que el catecismo de Trento. Su cambio, al reconocer la libertad de cátedra (que ya se había disfrutado con anteriores gobiernos monárquicos) sentaba la obligación del Estado para facilitar medios a quienes, careciendo de ellos, tuvieran aptitudes que merecieran impulsarle a seguir estudios secundarios y superiores.

Se creó el Servicio Médico Escolar con médicos jóvenes.

Al proclamarse la República, España tenía 37 599 maestros primarios, mientras que, según el curso escolar, se necesitaban 64 750. Para cubrir el déficit, la República diseñó un plan para cinco años que casi lo cubrió en un plazo de 12 meses, poniendo en función 10 000 escuelas. Al comenzar la guerra en 1936-1937 figuraban en el presupuesto 58 892 plazas para maestros primarios, aumentando en 63% el total de escuelas primarias, al mismo tiempo que se aumentaban los sueldos de 2 000 y 2 500 pesetas anuales a 4 000. Todavía en Europa se arrastraban las consecuencias de la crisis económica, al grado de que países como Inglaterra y Alemania tuvieron que reducir puestos docentes y rebajar el sueldo en 10%.

Hubo casos que merecen destacarse individualmente como ansiosos de cultura. Antequera pasó en un año de 13 a 45 escuelas, Chamartín de la Rosa de 16 a 32 y Carabanchel Bajo de 5 a 52.

Además, se construyeron 18 grupos escolares, con un costo superior a 16 millones; los rurales con casa-habitación para el maestro, tratando de conseguir su permanencia. En todas estas actividades se hizo participar a los ayuntamientos y a los gobiernos civiles, pero la mayor parte procedía de un empréstito de 400 millones de pesetas con el que se construyeron 20 000 edificios escolares en cinco años. Mucho había ayudado para esta política una serie de artículos escritos por Luis Bello unos años antes en *El Sol* de Madrid.

Se intensificó la creación de comedores, roperos y colonias de vacaciones. En 1933 se dedicaron a este renglón 2.6 millones de pesetas que en 1937 se habían transformado en siete millones.

En la enseñanza media se crearon varios institutos de segunda enseñanza que fueron dirigidos con acierto y entusiasmo por antiguos miembros de la FUE. No quedan rastros de esos institutos más que en el exilio: como en Santo Domingo, otro en Panamá y cinco en México.

Los Institutos-Escuela fueron reorganizados y ensamblaron en el sistema general de la enseñanza media, tan importante para la formación de ciudadanos ejemplares como los que necesitaba la joven República. Lástima que no hubiese más tiempo para haber creado nuevos Institutos-Escuela y para aumentar los tres existentes en la capital. Las Escuelas Normales recibieron una organización de tipo universitario como centros técnicos y profesionales. Con ese espíritu se crearon secciones de pedagogía en las Facultades de Filosofía y Letras de las Universidades de Madrid y Barcelona. Incluso se estableció un doctorado en pedagogía. Con todo esto se trataba de mejorar la preparación de los futuros inspectores escolares y de los profesores de las Escuelas Normales.

En los estudios superiores universitarios empezaron enseguida a despuntar intentos muy interesantes.

Fue una feliz coincidencia el que don José Ortega llevase ya tiempo ocupándose de la misión de la Universidad, pues constituyó una llamada de atención sobre todo el mundo ya que ha quedado como una obra fundamental en los estudios superiores. El primer intento se organizó en la Facultad de Filosofía y Letras. Dirigida por García Mórente y respaldada por Ortega, tenía un plantel de profesores que pudo fácilmente alternar con las mejores universidades europeas. Más aún, fueron muchos los estudiantes y becarios de distintos países que fueron a Madrid para intensificar y ampliar sus estudios. Ya no se trataba de ir al extranjero para perfeccionarse, sino de aceptar y acoger a estudiantes de otros países.

La Facultad de Ciencias se había ampliado con el Instituto Nacional de Física y Química en los "altos del hipódromo", dirigido por el físico don Blas Cabrera, creador del magnetón y rodeado de otros científicos. Por ejemplo, Miguel Catalán con sus multipletes tan importantes para entender la estructura atómica, los estudios geofísicos de Duperier o los pesos atómicos de Moles. La Comisión Internacional de Pesos Atómicos no publicaba sus tablas anuales hasta que la "escuela de Madrid" diese sus últimas cifras.

En otro campo diferente de las aplicaciones científicas y aprovechando la gran significación de un político republicano, don Félix Gordón Ordás, se modificaron de tal forma los estudios de veterinaria, especialmente dirigidos a la zootecnia, que aún hoy se guarda un gran respeto por las modificaciones y planes introducidos por Gordón.

Para la cultura general fueron de gran significación la Universidad de verano de La Magdalena en Santander, el crucero por el Mediterráneo, la protección del tesoro artístico y los teatros ambulantes de "La Barraca" (dirigido por el poeta García Lorca) y de las "Misiones pedagógicas", creación de don Manuel Bartolomé Cosío, el sucesor de don Francisco Giner en la dirección de la Institución.

Hasta la República no se podía graduar de doctor más que en la Universidad Central de Madrid. Al aprobarse el Estatuto de Cataluña, automáticamente se autorizó y organizó la creación de doctorados en la Universidad Autónoma de Barcelona. Al mismo tiempo, empezaron a autorizarse doctorados en otras universidades, poco a poco.

El Instituto Nacional de Física y Química era también llamado Instituto Rockefeller, porque esta sociedad había costeado su instalación aunque después, en el exilio, se negase a ayudar a ninguno de los jefes de sección. Eran los del Hipódromo, no obstante lo cual, mi padre veía con gusto que yo trabajase en él, aunque él mismo no tenía lugar. Reminiscencias de las "oposiciones" históricas. De todos modos, a mi padre le pareció muy bien que yo me integrase en el "Roque", como abreviatura de Rockefeller y allí hice mi tesis de farmacia.

LA CONSTITUCIÓN

Fue muy atrevido lanzarse a aprobar una nueva Constitución sin tener partidos organizados ni consolidados, pero se hizo y salió bien porque nunca se había reunido en el recinto de las Cortes tal cantidad de personas con tan alto nivel intelectual y humano.

A pesar de sus esfuerzos anteriores en Salamanca, cuando se convocó a Cortes Constituyentes, mi padre no pudo reunir un partido republicano importante y decidió presentarse solo. Con mucho esfuerzo y con bastante dinero, salió diputado por Cáceres, pues quedaban restos familiares y amistades en la provincia y él hizo un gran trabajo. Nunca sabremos cuánto se gastó en esa elección aislada, pero debió de ser del orden de sus ahorros completos. Lo que sí sé, porque lo pude comprobar después, es que dejó huella en todos los pueblos de la provincia de Cáceres. Fue una tarea personal y aislada pero bien lograda. En cambio, ya no pudo salir en las elecciones de 1933 y sí volvió a salir en las de 1936 como una nueva fórmula de conjunción republicano-socialista (Frente Popular).

La Constitución fue muy discutida, pero antes de terminar 1931, el mismo en que se había proclamado la República, estuvo lista para ser presentada a las Cortes en un acto solemne (9 de diciembre de ese año). Una delegación de la mesa de las Cortes presidida por su vicepresidente (Francisco Barnés) fue a buscar a su casa a don Niceto Alcalá Zamora (elegido presidente de la II República) y lo acompañó hasta el palacio de las Cortes donde fue recibido por su presidente, don Julián Besteiro. La comisión especial para redactar la nueva Constitución estuvo presidida por don Ángel Ossorio Gallardo al principio y después por don Luis Jiménez de Asúa. Por más defectos que se le han querido atribuir, no cabe duda de que esa Constitución ha sido un modelo en muchos aspectos. Ni qué decir que mi padre estaba entusiasmado con ella, así como con los diversos episodios que se presentaron hasta llegar al texto final.

El primer y más grave inconveniente que tuvo la Constitución, y la República misma, fue la quema de iglesias y conventos al mes de proclamada la República. Indiscutiblemente hubo provocaciones monárquicas en diversos lugares pero, indudablemente también, hubo exaltados imposibles de controlar. De todos modos fue un mal comienzo para la joven República.

Hasta me llegaron a contar que uno de esos exaltados que entraba en una iglesia con la lata de gasolina, se quitó la gorra al trasponer la puerta. La intromisión de la Iglesia en la vida española había sido excesiva.

Por todo ello, cuando a don José Ortega le tocó el turno de intervenir en las Cortes, hizo aquel famoso discurso señalando las tres cosas de que había que huir en la vida republicana: *no hacer el payaso ni el tenor ni el jabalí*. Esta última fue la condición que tuvo más adeptos, entre ellos los incendiarios de iglesias. Uno de estos exaltados jóvenes republicanos, Pérez Madrigal, se mandó hacer un sujetador de corbata con una cabeza de jabalí. Don Miguel de Unamuno que lo sabía, al encontrarse con él en los pasillos del Congreso, le preguntó qué era eso. El interfecto, muy satisfecho, le explicó que el jabalí era el símbolo de la juventud republicana y que estaban dispuestos a arrasar con todo. Don Miguel le dijo: pues tenga V. cuidado porque ya sabe que el jabalí degenera en cerdo. Don Miguel dio en el clavo pues el brillante jabalí se pasó al franquismo al poco tiempo.

Una de las consecuencias originales de la Constitución fueron las autonomías que comenzaron con el Estatuto de Cataluña. Parece que no fue una medida completamente original, pero la mayor parte sí lo fue; incluso, se dice que la Constitución italiana posterior la guerra está inspirada en la de la República española y gran parte de ella, totalmente transplantada. Pero, mientras los italianos no han tenido problemas serios, la aplicación del Estatuto de Cataluña, teniendo por medio la guerra y el franquismo, sí los ha tenido. Tal vez haya influido la presencia en Roma del propio Vaticano, como influyó en España pero en sentido contrario.

Más aún, una de las fórmulas para ganar el periodo de transición ha sido precisamente la ligereza con que se ha llevado el problema de las autonomías. La República, en ese aspecto, iba muy despacio, con mucha cautela. Tampoco era posible repetir el Estatuto Catalán en todos sus aspectos. Si bien quisieron superar a la República, no lo logró nadie. Han llegado a crear varios tipos de autonomías, pero ninguna de ellas ha alcanzado *las dos terceras partes* de votos que prescribía la legislación republicana. Llegaron a ofrecer los diversos tipos, para que cada provincia o región eligiese lo que fuese de su gusto. Hubo un político franquista que lo ofrecía como si fuese la "tabla de quesos" después de un banquete. Pero insisto en que la seriedad y la prudencia del Estatuto catalán durante la República no fue alcanzada por nadie. Cuando Azaña y don Niceto fueron a entregar el Estatuto a Barcelona, después de los "vivas" de rigor, Azaña se adelantó y gritó un: ¡Viva España! que fue ampliamente coreado. Algunos presentes se asustaron de la osadía de Azaña y le reconvinieron, a lo que Azaña contestó: si no hubiera estado seguro de la respuesta masiva no sólo no lo hubiera hecho sino que tampoco me hubiera ocupado del Estatuto.

El segundo Estatuto ya preparado, el del País Vasco, se había ido retrasando por diversas causas y, ya empezada la guerra, fue llevado a las Cortes por Largo Caballero, pero no tuvo mucha resonancia. En el País Vasco, todos los problemas militares y políticos fueron superados por el episodio del bombardeo de Guernica y su consagración por Picasso. Parece claro que lo último que reconoció Franco fue este bombardeo de Guernica. Acaso le roía la conciencia. Cuando lo reconoció, aceptó también que había sido planeado y ejecutado por los alemanes de la Legión Cóndor dirigidos por el general Galland, militar alemán de la *Luftwafe,* y él mismo ha reconocido la condición de ensayo de bombardeo de poblaciones civiles. Lo más doloroso fue ver en una revista gráfica americana al general Galland con militares estadunidenses, pues se había desplazado a ese país para "instruir" a los estadunidenses.

Los gallegos habían comenzado a preparar su Estatuto pero estaban muy lejos aún. El caso es que, por deslumbrar a la República, España es hoy un revoltijo de autonomías de muy dudosa eficacia para el progreso de la nación. Hay varias autonomías formadas por una sola provincia y de escaso valor político y hasta la muy castellana provincia de Segovia ha pretendido, ella sola, constituir una autonomía.

Mi padre estaba muy contento con la Constitución y con los Estatutos. Los consideraba originales y con muchos datos especiales que atribuía a Azaña, sobre todo el título preliminar, tan discutido: "España es una República democrática de trabajadores de toda clase, que se organiza en régimen de Libertad y de Justicia". En el número 1 conviene destacar: "Los poderes de todos sus órganos emanan del pueblo", y el número 3 dice: "El estado español no tiene religión oficial", y luego, ¡cómo echábamos de menos a Martí Jara con aquel artículo 6to que ya hemos mencionado varias veces!: "España renuncia a la guerra como instrumento de política nacional".

Otro punto que producía el entusiasmo de mi padre, era la doble nacionalidad expresada en estos términos al final del título II: "A base de una reciprocidad internacional efectiva y mediante los requisitos y trámites que fijará una ley, se concederá ciudadanía a los naturales de Portugal y países hispánicos de América, comprendido el Brasil, cuando así lo soliciten y residan en territorio español, sin que pierdan ni modifiquen su ciudadanía de origen". Precisamente, esta disposición, original de la República, ha sido utilizada por el franquismo con países de interés especial para éste.

Los artículos 45 y 46 son muy importantes. El 45 declara a toda riqueza artística e histórica del país, sea quien fuere el dueño, como tesoro natural de la nación.

El 46 es sobre el trabajo. En sus diversas formas se declara la jornada laboral de ocho horas como obligación social, en lugar de aquel bochornoso "de sol a sol" todavía en el siglo XX.

Santiago

En enero del 36 hice las oposiciones a la cátedra de Santiago, misma que estaba localizada en el maravilloso edificio del Palacio Fonseca. Tanto que su nombre se utilizaba como punto de referencia: Nos vemos en Fonseca, en lugar de nos vemos en farmacia. Sin embargo, todavía no había comprometido casa, aunque me encontraba muy a gusto y estaba dispuesto a dedicarme de lleno a la enseñanza y a la investigación. Fue el último destello de nuestras ilusiones juveniles. Ya habían empezado a salir nubarrones.

Uno de los que más me impresionaron en el poco tiempo que viví en Santiago fue el atentado contra Jiménez de Asúa, el presidente de la Comisión de la Constitución y catedrático en Madrid de derecho penal. Ya no vivía en Santa Engracia sino en la calle de Goya con una entrada larga, oscura y estrecha. En la puerta se colocó un grupo de falangistas con un automóvil abierto desde el que dispararon sobre don Luis. Afortunadamente, estaba todavía joven, comenzó a correr en zig-zag, para ganar la salida. Pero, además, don Luis llevaba un guardaespaldas de la policía republicana que se puso delante para protegerle: le protegió, don Luis salió ileso pero al policía lo mataron los falangistas. Hubo quien identificó a los falangistas y hasta parece que alguno de ellos fue recompensado con un puesto diplomático del franquismo. No sé de ningún crimen político en que se haya identificado y recompensado al autor. La policía republicana sí funcionó, con el sacrificio correspondiente.

La cosa empezó a ponerse difícil para la República. Sin embargo, yo seguía entusiasmado con los proyectos juveniles dentro de la República.

Don Juan Abelló, un farmacéutico también lleno de ilusiones, que tenía un laboratorio en Madrid, había ido a buscarme porque en su nueva fábrica de alcaloides se le había muerto el director técnico, un extranjero de Centro-Europa y quería que yo me hiciese cargo de la fábrica. Le convencí de que no era conveniente ni para él ni para mí, pero le convencí también de que me diera unas becas para alumnos distinguidos que ayudasen desde la universidad a resolver los problemas de la fábrica. Ése fue otro aspecto que yo había visto en Alemania para impulsar, al mismo tiempo, la investigación científica y la industria y que esperaba empezase a funcionar en el curso 1936-1937.

Estábamos en el mes de junio de 1936; a pesar de haber fallecido el químico fabricante de alcaloides, en los laboratorios Abelló sacaron el primer "pan" de cloruro de morfina y, como mi padre era viejo amigo de Abelló y en el gobierno republicano no había mas farmacéutico que mi padre, aunque fuese por política de Marina, Abelló se ocupó de que se publicara en la primera plana de *ABC* una gran fotografía de mi padre cortando el primer "pan" de cloruro de morfina. A partir de ahí se enredaron tanto las cosas que don Juan Abelló anduvo recorriendo España para recuperar los *ABC*... y quemarlos. Así se había puesto el país.

Abelló me buscaba personalmente porque sabía de mi experiencia con el "Sulfobarium" y los problemas relacionados con el laboratorio anexo a farmacia, un tipo de actividad que en Europa ha sido muy eficaz para establecer la relación entre la rebotica y la gran industria farmacéutica. Se trata de una actividad intermedia que ha sido muy útil en la historia de la farmacia, y fundamental en el desarrollo industrial.

En cambio, en el continente americano ha sido muy frecuente prescindir de ese paso intermedio.

Antes de irme de Santiago me visitaron profesores de farmacia para proponerme que aceptase entrar en una candidatura para dirigir la Universidad en el nuevo curso, como vicerrector (1936-1937).

Con Noco Campelo como rector, no me pareció correcto, llegando tan joven a la Universidad, lanzarme al acaparamiento de puestos administrativos. Los profesores jóvenes habían visto la facilidad y rapidez con que había conseguido libros, material de vidrio y reactivos, directamente de Alemania y pensaban que podía hacer lo mismo en otros aspectos. Lo cierto es que, en Santiago, el claustro de farmacia se había portado muy bien conmigo y habían decidido adjudicarme todo el presupuesto para empezar a hacer cosas nuevas y yo me aceleré para hacer todos los pedidos que recibí antes de terminar el curso: libros, reactivos, disolventes y material de vidrio.

Tampoco era de despreciar el hecho de que mi padre era ministro del gobierno republicano: de Marina, pero ministro. Y, por si fuera poco, desde junio el ministro de Instrucción Pública era mi suegro Francisco Barnés. Comprendo que mi joven figura llamase mucho la atención, pero... no salí elegido (democracia republicana).

Enemigos de la República

Durante la vigencia pacífica de la República, se agruparon varias enemistades de la misma. La proclamación había sido tan ejemplar que dejó a todo el mundo atónito y casi paralizado, con la idea funesta de que habían sido borrados todos los enemigos reales y potenciales. Desgraciadamente no fue así, pero con su carácter peculiar —lo mismo en tirios que en troyanos— tampoco los enemigos supieron organizarse bien. Si el final que tuvo fue tan antirrepublicano, parece que debe atribuirse a los problemas in-ternacionales, no a diferencias de armamento ni de organización ni de apoyo popular.

Todo empezó con los incendios de iglesias, en parte provocados por grupos monárquicos y en parte por exaltados izquierdistas. También fue una reacción a las medidas de la República frente a poderosos sectores eclesiásticos. Por un lado, la expulsión del cardenal Segura, arzobispo de Toledo y, por otro, las facilidades que iba teniendo el *Opus Dei* para crecer a gran velocidad. Como una prueba, ya en tiempos del franquismo, terminada la guerra, salían tantos catedráticos protegidos por el *Opus* que a las oposiciones les llamaban *opusiciones*.

Después de todo, era hacer realidad aquella calificación de ciertos católicos españoles que se consideraban *más papistas que el Papa*.

Hay quien ha llegado a pensar que las quemas de iglesias habían sido organizadas por el *Opus* como provocación.

Por otra parte, también hubo que disolver y expulsar a la Compañía de Jesús (jesuitas), disolución que ya se había realizado en otros países y en España misma en otros tiempos, lo que constituyó otro punto de enfrentamiento con la Iglesia.

Mientras que la actitud del *Opus* era una novedad, pues la orden se había creado pocos años antes (1929), lo de los jesuitas ya era pleito antiguo y habían llegado a enfrentarse entre sí, *Opus* y jesuitas, pero a la hora de la verdad contra la República estaban todos unidos, mejor que *Opus* y jesuitas, por ejemplo.

Después de terminada la guerra en Europa, llegó a decirse con cierta insistencia, que el recién elegido Papa Pío XI había estado con los alemanes más cerca que con los aliados anglosajones y también se corrió en varios países europeos el rumor de que el propio Papa no había ayudado a los judíos en pleno holocausto.

En la Constitución se había establecido (artículo 25) que "no podrán ser fundamento de privilegio jurídico: la naturaleza, la filiación, el sexo, la clase social, la riqueza, las ideas políticas ni las creencias religiosas" y, por si fuese poco, se agregaba: "El Estado no reconoce distinciones y títulos nobiliarios", así como "...una ley especial regulará la total extinción, en un plazo máximo de dos años, del presupuesto del Clero". En el siguiente artículo (26) se establece además que "...quedan disueltas aquellas Ordenes religiosas que estatutariamente impongan, además de los tres votos canónicos, otro especial de obediencia a autoridad distinta a la legítima del Estado". Teniendo en cuenta el catolicismo y los juramentos militares, todo español que se levantó en armas contra la República después de haber pronunciado un juramento entró en la condición de perjuro con todas las consecuencias católicas.

En cambio, el franquismo y el antirrepublicanismo tuvieron apoyos de distintas fuentes, aparte de Alemania, Italia y Portugal. Uno fue el propio Papa Pío XI cuya actitud de simpatía por los nazis alemanes provocó muchas disputas y confusiones de tipo internacional.

Varios historiadores han atribuido a Milán y su zona una posición antiespañola en distintas fases históricas, lo que parece haber agravado la posición italiana contra la República.

La otra gran fuerza antirrepublicana fueron las fuerzas armadas, de tierra y mar, especialmente por los juramentos a la bandera, pues estaba permitido *prometer* y *no jurar*. De todos modos, hay que reconocer que la Aviación fue la más identificada con la República. Lo que faltaron fueron aviones a tiempo.

Entre los enemigos individuales de la República hay que señalar el de Pedro Sainz Rodríguez, muy estimado por el reducido grupo de monárquicos. Fue ministro de Educación en el primer gobierno presidido por Franco, desde enero del 38, en plena guerra, hasta agosto del 39 ya terminado el conflicto armado. Vale la pena leer sus propias memorias y el desenfado con que cuenta su trato con los sindicalistas para desprestigiar "desde dentro" a la República. Yo pienso que más se desprestigió él mismo pero de momento nos hizo daño.

Publicada en 1978 (segunda edición), después de muertos Franco y Alfonso XIII, con el título *Testimonio y recuerdos* su obra hace un gran elogio de don Juan de Borbón, el tercer hijo de Alfonso XIII y poseedor de los derechos heredados por la Corona borbónica en España. Es el abuelo del actual rey Juan Carlos. Se decía que los monárquicos no eran enemigos significativos de la República, pero vale la pena reproducir algunos párrafos de esta obra antes de juzgarla. Ya en la propia portada, con la fotografía de Sainz Rodríguez en un grupo alrededor de don Juan, se destaca uno de sus pensamientos: "He sido siempre conspirador contestatario y me he puesto enfrente de toda tiranía y de todo poder personal". Asombra que un hombre culto e inteligente se pueda contradecir —¿o mentir?— de esa manera.

Se editaba entonces en Madrid un diario titulado *La Tierra*, periódico extremista de izquierda (anarco-sindicalista) que en este asunto de Casas Viejas atacó ferozmente al gobierno. Esta campaña —se sabe ahora porque creo conveniente revelarlo— fue impulsada por las derechas. Yo, personalmente, redacté algunos de los artículos que se publicaron en *La Tierra*, y el señor Cánovas Cervantes, director y propietario del periódico, se citaba conmigo en la rinconada que hace el callejón del Arenal, enfrente de la librería de los Bibliófilos. Como yo frecuentaba la oficina de Sangroni me era muy fácil fijarme hora determinada, vi que nos hacíamos los encontradizos y allá recibía Cánovas Cervantes un sobre en el que iban las directrices de la campaña, textos redactados por nosotros y una muestra de mutuo agradecimiento por esta colaboración política. Cánovas Cervantes era un personaje bastante pintoresco... de moral profesional no excesiva... que hacía le llamasen "Nini" porque decían de él: ni Cánovas ni Cervantes.

EN CASA DE AZAÑA

Las elecciones del 18 de febrero impresionaron tanto a los convocantes, que ellos mismos, presididos por Portela Valladares, llamaron urgentemente a Azaña para que se hiciera cargo del poder el 19 de febrero, pues había inquietantes rumores que se justificaron al poco tiempo con la declaración abierta del alzamiento iniciado en Marruecos.

Bienio azañista, positivo y de grandes realizaciones. Bienio negro con la herencia del anterior, revoltura de gobiernos breves, rumores abundantes y negación de todo lo hecho antes. Infortunio de la coincidencia con la destitución de Alcalá Zamora y la elevación de Azaña a la presidencia de la República.

Cada vez que Azaña admitía más responsabilidades de gobierno, allá iba mi padre para hacerse cargo de la Marina.

Azaña reunió en su casa a un numeroso grupo de hombres de confianza de donde saldrían los gobiernos futuros. En medio de la euforia general por el triunfo de las elecciones que hacía pensar en un gobierno muy satisfactorio, mi padre les echó un jarro de agua fría aceptando como reales muchos de los rumores más o menos tenebrosos que corrían por Madrid.

Parece que el ministro de Marina era el único que ponderaba la fuerza de la derecha española reforzada con la Iglesia y con el ejército.

Según mi padre, se quedaron todos asombrados, pues no esperaban una cosa tan seria. Por lo que algunos republicanos poco después dijeron que "con cinco ministros como don José Giral, se hubiera evitado la guerra y el alzamiento".

Marcelino Domingo decía (*España ante el mundo*, México, 1937): "Giral a quién la República no reconocerá jamás el sacrificio heroico que realizó, al aceptar, en una mañana inolvidable para quienes la vivimos, la presidencia del Gobierno..."

En esa mañana inolvidable, mi padre fue a Palacio para informar sobre la situación. Por supuesto la primera información fue referente a la Marina y fuerzas de tierra relacionadas. Al terminar su informe y preguntar a su vez sobre las fuerzas de tierra, el panorama fue tan desolador que mi padre declaró: "No hay más solución que entregar las armas al pueblo o entregarnos nosotros mismos". Y Azaña contestó: "pues, desde este momento usted es el jefe del Gobierno confirmando todos los ministros en sus puestos".

Semejante ofrecimiento fue el comienzo de lo que ha sido calificado como "guerra civil". Era la madrugada del 26 de julio.

Mi padre aceptó pensando que los muchos amigos franceses podrían relacionarse mejor con un republicano como él. Según mi propio padre, "el compromiso fue un mes de prueba pues estimaba que era suficiente para ensayar el comportamiento de todos los factores".

Y agregó: "además no nos queda otro remedio que comprar armas a la Unión Soviética, si es que aceptan venderlas. No se trata de fusiles ni de ametralladoras, sino de tanques y aviones, que era lo más difícil de conseguir en cualquier parte y, eventualmente, algún cañón".

<h1 style="text-align:center">La guerra (1936-1939)</h1>

MANIOBRAS Y TELEGRAFISTAS

El verano de 1936 se presentaba caliente desde julio. Yo había quedado en ir y venir a San Rafael, en donde teníamos a la niña de mi cuñada Dorotea, cinco meses mayor que mi hija Ángela, a cambio de intercambiar a las niñas durante el mes de agosto para poder asistir a un Congreso de Química (IUPAC), en Lucerna, Suiza. Yo me había tomado muy en serio lo de la investigación científica y la vuelta a la ciencia.

Durante más de 10 años, entre el tío Urbano y nosotros, ocupábamos los mismos hoteles de veraneo, originariamente llamados "chalet María", con dos edificios grandes que se alternaban. Los últimos años los había adquirido un señor Sancho, comerciante de piezas de automóvil, en buena relación de amistad. Por conveniencia de mi padre, el verano del 36 teníamos una línea telefónica oficial y el señor Sancho se había construido un tercer edificio para su familia con garaje adjunto. Hoy, la propiedad ha cambiado y se llama Los Álamos.

El día 13 ocurrió la barbaridad del asesinato de Calvo Sotelo, al día siguiente de otra barbaridad equivalente: la del teniente Castillo, al que se atribuía su condición comunista. Sí, se había calentado el verano de 1936. Me escapé un día para ver a mi padre en el Ministerio de Marina. Se había encerrado en las habitaciones del Ministro que nunca ocupó regularmente, para vigilar de cerca la marcha de las maniobras navales. Planeadas de cierta manera, con órdenes precisas, algunos comandantes de barco se negaban a cumplirlas, lo que tenía muy inquieto a mi padre por una posible sublevación.

Es lógico pensar que la Marina era el enlace racional de los ejércitos de tierra con los dos archipiélagos en los que se suponía haber "desterrado" a los dos generales más peligrosos: Goded en Baleares y Franco en Canarias. Mi padre pretendía cortar esa triple relación, pues se había preparado para ello, y trataba de cortar el enlace con Madrid, donde estaba la estación central de radio de la Marina (Ciudad Lineal) que, afortunadamente, vino a ocupar un hombre decidido, Benjamín Balboa, a quien

Indalecio Prieto hizo subsecretario después. Cuando Marconi llevó a cabo la primera emisión de radio de Europa a América, al comenzar el siglo, el gobierno italiano lo consideró "extravagante", pero el gobierno inglés, con la mejor escuadra del mundo, se dio cuenta de lo que significaba para la comunicación con los barcos en marcha y con las bases de tierra. El gobierno español había hecho lo que el inglés. Mi padre, que conocía bien los problemas de la Marina, al cabo de 20 meses ininterrumpidos al frente del Ministerio, y que había tenido un gran aprendizaje de la política práctica durante el primer bienio, estaba profundamente preocupado con el destino de la República en esta segunda fase, después de la exaltación de Azaña a la presidencia de la República. La preocupación mayor estaba en las maniobras, ya que, en aquellos primeros días de julio se advertía una tendencia de los barcos, como de las tropas de tierra, a no cumplir exactamente las órdenes de los ministerios. Temiendo llegar a esa situación, mi padre se había preocupado de llenar las plazas de telegrafistas de la Marina de guerra con gente de confianza política que reclutó en gran parte entre los telegrafistas de la Marina Mercante.

Las elecciones del 18 de febrero habían producido una reacción violenta que desembocó en que Azaña volviese a formar gobierno desde el mismo día 19, llevando a mi padre como ministro de Marina. Gracias a eso, mi padre pudo reunir un buen plantel de telegrafistas civiles políticamente confiables, la mayoría masones o socialistas y ampliamente recomendados por ser ministro de Marina Mercante y Comunicaciones desde el mes de mayo. La idea fue excelente pues, de esa manera, pudo asegurar la comunicación con los barcos cuando los oficiales de la Marina de guerra se negaban a obedecer las órdenes del ministro y dar directamente las órdenes a mandos intermedios. Por todo ello, San Rafael parecía indicado para pasar un verano tranquilo, al menos para la familia, pero el destino era otro.

Petra, con la clarividencia que siempre tuvo, consideró que estabamos metidos en un pozo sin salida. La carretera directa a Madrid estaba bloqueada y, de cualquier manera, eran más de 60 kms. Nuestros hoteles estaban pasando el pueblo de San Rafael en el kilómetro 69. Mi padre nos había enviado a su escolta personal (tres policías y un chofer con un automóvil). También se presentó la pareja de la Guardia Civil, con cuartelillo en el pueblo pero sin saber qué iba a hacer: si estaban a nuestras órdenes o si se iban a sublevar.

Miguel Catalán venía a vernos con frecuencia pues tenía coche propio, pero su casa —la de Menéndez Pidal— estaba al otro lado del pueblo, cuatro kilómetros, más cerca de Madrid, lindando con la de los Bolívar, es decir, esa dirección ya estaba bloqueada.

En los días siguientes, los rumores de sublevación crecían y la inquietud de la gente también. Empezó a marcharse gente por el penoso y arriesgado camino de recorrer a pie la carretera. La mayoría se fue hacia Segovia, que estaba solo a unos 20 km de distancia, y había quienes tenían familia, pues allí estaba la Academia de Artillería (en el Alcázar).

Los veraneantes de los alrededores supieron que teníamos un coche de la Dirección de Seguridad (el de la escolta de mi padre) y vinieron a reclamarlo. Ya en ese momento los falangistas habían ocupado el pueblo. Alrededor de nuestras casas, había otras cuantas con un centenar de veraneantes. Éstos se llevaron el coche entre vítores y aplausos como si hubieran obtenido una victoria notable. En compensación hay que decir que cruzó la carretera, para ponerse a las órdenes nuestras un vecino bien conocido: Ramón J. Sender, el escritor comunista, que habló con el tío Urbano, quien quedó asombrado por haber hablado con un comunista (declarado por el propio Sender) que se portó con toda corrección. Agradeciendo mucho la solidaridad le convencimos de que no teníamos nada que hacer.

Otro incidente más o menos chusco ocurrió cuando el jefe de los falangistas de Valladolid (casco, camisa azul, polainas, armas) pidió identificación de los hombres. Después de identificarnos como catedráticos de Universidad, le llamó mucho la atención que el tío Urbano fuera profesor titular de filosofía y letras de Madrid (Latín) para decirle: lo siento, yo también soy de la misma facultad en Valladolid pero no soy más que auxiliar, y a pesar de esa situación quedan ustedes detenidos a mis órdenes. A la química orgánica aplicada a la farmacia no le hizo caso pero ya sabíamos en qué situación estábamos. Petra insistía en que yo podía sacarles a todos por el monte y nos pusimos a planearlo. Para mayor seguridad de ellos, nos habían puesto dos camiones con todas las municiones que tenían en la puerta principal que daba a la carretera de la Coruña. No había otra salida que la trasera, que daba directamente al pinar.

Primer problema: La inseparable pareja del tío Urbano (57 años) y la tía Angelita tenían que ver por mi hermana pequeña, Conchita (10 años, en calcetines), dos niñas de alrededor de un año que había que llevar en brazos y que podían delatarnos llorando. Tratamos de resolverlo con dos biberones y formando parejas junto a quienes cargaban las niñas. Yo abría marcha junto a Petra que llevaba nuestra hija. La sobrina era llevada por su nana que se portó como de la familia y a su lado mi hermana María Luisa (18 años entonces).

Llevábamos cinco muchachas de servicio más, a las que reunimos poco antes de salir, explicando la aventura que íbamos a correr. Sin dudarlo, todas decidieron correr la aventura con nosotros para ir a Madrid.

Quedaba la pareja de guardas, un matrimonio que no eran empleados nuestros, sino del dueño de los hoteles y a los que hicimos la misma oferta. Dudaron —el perro, el cochinito, las gallinas— y decidieron quedarse, con mala fortuna pues al día siguiente, cuando comprobaron que nos habíamos ido, pusieron al guarda Julián contra la pared de uno de los hoteles y lo fusilaron allí mismo. Delito: que no iba a misa los domingos; que había votado por el Frente Popular en las elecciones de febrero y leía *La Libertad*. Además, ese día andaban muy nerviosos: algo oímos de nuestros vigilantes militares como que había muerto algún cabecilla de la Falange, quizás el propio Onésimo Redondo, en un accidente de carretera.

El día anterior, miércoles 23, mi padre había llamado por la línea oficial preguntando si pasaban tropas. Ninguno tenía seguridad y yo me arriesgué a averiguarlo. Crucé la carretera para subir a un promontorio —el Estepar— donde encontré un pastor solo con su rebaño de ovejas, quien me dio una información muy precisa: en el tramo Espinar-Estación estaban todos los cañones de la Academia de Segovia a la sombra de grandes álamos. Yo solo no los hubiera visto; las fuerzas de la Academia de Caballería de Valladolid estaban comiendo en Villacastín y vendrían sobre San Rafael después de comer.

Así ocurrió. Bajé corriendo, llamé a mi padre, le transmití la información con mayor precisión y le dije: si mandas un solo avión deshaces toda la Artillería de Segovia, pero quién sabe qué ocurría en Madrid; muy mal humorado me dijo: crees tú que tengo los aviones para sacarlos de la manga y, a pesar de que la aviación fue siempre muy leal, soltó un taco y me colgó.

Al volver del Estepar me tuve que esconder en la cuneta pues pasaban las avanzadas, de Valladolid en Balillas italianas, llevando cascos, camisas azules y con fusiles en las ventanillas, camino del Alto del León. Parece que de los tiempos en que mandaban Gil Robles y Franco en los gobiernos, habían hecho unas fortificaciones especiales en el paso más alto donde hay un monumento con un solo león sedente que marca la división entre las dos Castillas "Vieja y Nueva", Segovia y Madrid.

Dicen que desde ahí había unas excelentes fortificaciones hacia Cerro Valiente y Peña Líjar, desde donde pensaban bajar arrolladoramente sobre Madrid. Como estaban destinados a las milicias falangistas de Castilla León, que se llamaban a sí mismos "los leones de Castilla", le agregaron una ese al nombre pero nunca los ocuparon ni bajaron a Madrid. Hay gente en Madrid que usa ese agregado, pero es una cursilería y, además, no es verdad. Mucho antes de 1936, siempre se le llamó en singular, "Alto del León".

Todo eso, junto con las noticias de una buena radio que teníamos, nos hizo apresurar la escapada, pues averiguamos que El Escorial estaba en manos del gobierno y allí estaba la Escuela de Carabineros con las armas. Decidimos ir a El Escorial.

Se ha discutido mucho si fue suerte o acierto. El caso es que a las 12 de la noche, fue "la noche de Santiago y casi por compromiso; se apagaron los faroles y se encendieron los grillos" y 19 personas —niños, ancianos, sirvientas y policías— salimos en riguroso sigilo por la parte de atrás directamente al monte. Con frecuencia hacíamos esa excursión de San Rafael a El Escorial y de regreso, sólo que en la mañana pero esta vez cuando íbamos a tomar las veredas principales las encontraríamos muy iluminadas con los faros de los coches de la Falange. Con tiempo para no ser vistos, nos desviamos directamente hacia el monte, sin vereda. Afortunadamente era una noche preciosa con luna y estrellas que nos orientaron sin necesidad de veredas.

De vez en cuando saltábamos cercas de piedra y despertábamos a vacas cerreras con la ayuda de la luna. Durante la noche habían estado sonando cañones y bombas de aviación, lo que nos obligó a abrirnos más, separándonos de Cerro Valiente pero sin desviarnos mucho. Al amanecer nos sobrevoló un avión pequeño que debió de identificarnos porque nos saludó con el puño cerrado. Era un prado con un pequeño arroyo, en donde se lavaron un poco y luego se pusieron a cantar creyéndonos a salvo, cuando al saltar la última cerca salen detrás de ella tres fusiles apuntándonos. ¿Quiénes son ustedes?

Peguerinos

Fueron unos minutos en que pudo ocurrir de todo. La mayoría se quedó inmóvil. El tío Urbano con cara de auténtica tragedia griega gritaba espantado con los brazos en cruz: ¡No disparen! ¡Somos gente de paz! Los cuatro policías se tiraron al suelo, se dispersaron en guerrilla y se pusieron a cargar sus pistolas. Petra, con la niña en brazos, se fue aproximando a los tres fusiles hasta agarrar uno de ellos preguntándole: "¿pero, quiénes sois vosotros?" y en cuanto dijo "Frente Popular", Petra le dijo con rapidez: "Tenme la niña que voy a saltar" y saltamos los 19, después de 10 horas de andar a campo traviesa y en la oscuridad. Eran tres pastores a quienes una tropa republicana recién entrada en Peguerinos al mando del capitán Sabio les acababa de dar los fusiles.

Peguerinos está sobre una carretera y el tren de Ávila pasa por allí. Por los cañoneos y bombardeos nos habíamos separado más de la cuenta de El Escorial, pero en cuanto nos identificamos, el capitán ordenó que uno de los autobuses nos llevase a El Escorial. En cinco minutos estabamos a la puerta del ayuntamiento y le pedí al alcalde que nos comunicara con mi padre que estaría en el Ministerio de la Guerra. En efecto, de inmediato hablamos con él, especialmente mi madre, y a petición suya, el mismo autobús nos llevó hasta Madrid. Es fácil relatar todo esto al cabo de varios años, pero quien ha vivido las situaciones dramáticas, las revive con pasión.

Muchos años después, en el exilio mexicano, al oírme relatar ese episodio, estaba presente el general Leopoldo Menéndez, quien junto con Sarabia, habían estado al lado de mi padre desde el primer momento. Menéndez dijo: "Lo que no sabe V., es que en ese momento, al colgar el teléfono, su padre se desmayó. Estábamos los dos solos en la cabina del Ministerio. Fue un momento, pero el político frío y entero perdió el conocimiento, lo que indica su condición humana antes que nada". Así empezó la guerra para la familia.

Otro detalle: las mujeres metieron sus joyas —de poco valor, pero joyas— en una caja metálica de galletas y se la dimos a la guardesa Estefanía. Después de nueve años, al primero que fue por allí, Estefanía le entregó la caja tal cual —corroída por la tierra del jardín donde la tuvo enterrada—, llevando nueve años viuda.

Al llegar a casa me enteré de que en verdad hacían falta muchas vendas. Con dos milicianos fui requisando todos las máquinas de coser de la familia y concentrándolas en la calle de Embajadores en el Departamento de Farmacia Militar que dirigía don Adolfo González, un comandante de farmacia militar, además un buen químico orgánico que hacía investigación en el "Roque" (Sección de Química Orgánica, con Antonio Madinaveitia).

Todo agosto mi padre fue presidente, venía de ser ministro de Marina antes y siguió siéndolo después. Así como el gobierno en pleno, condición que impuso mi padre.

*Noche en La Quinta**

Aquellos días de agosto, Azaña ocupaba la residencia oficial de La Quinta en El Pardo. Con frecuencia llamaba tarde, por la línea oficial, a mi padre, para que fuese a verlo, lo cual provocaba un miedo excesivo en mi madre. Bien es verdad que siempre disponía del coche oficial a más del coche de escolta y los cuatro policías de guardia en casa, pero generalmente a las tardías llamadas de Azaña ya se había retirado el coche oficial y más de una noche tuvo que desplazarse a La Quinta en el de la escolta.

Una de ellas, aquella noche de fin de agosto en que regresó materialmente hecho un guiñapo, yo lo esperaba a pesar de lo avanzado de la hora. La cara con que entró al regreso me hizo temer algo gravísimo. Antes de sentarse a cenar, en pie a la mitad del pasillo, me empezó a contar, aunque no fuese más que como desahogo. —¿Qué creerás que me ha dicho Azaña?— Con esa pregunta ya me di cuenta por dónde iba el problema. Hacía días que venía preocupado con la conducta del pueblo madrileño: mucho desfile, mucho gritar ¡U.H.P.!, muchos puños cerrados en alto... pero nada de conciencia bélica ni de ver el peligro de los moros encima, mientras los irresponsables aprovechaban para organizar "paseos". La "ciudad alegre, confiada" festejaba con algarabía la recién inaugurada Verbena de la Paloma. La gente que quedaba en Madrid, mientras unos pocos decididos se habían ido a la Sierra a combatir o a morir, no se quería enterar de cómo iban cayendo en la Sierra de Guadarrama lo mejor de la juventud republicana y socialista. Aquellas brigadas de acero que llenaban los camiones cantando la letra del poeta Luis de Tapia que luego no se volvieron a cantar cuando fueron desplazadas por las canciones comunistas. Aquella gente —el padre decía ¡ciudad alegre y confiada!— no entraría masivamente en la defensa histórica de la ciudad hasta tener a los moros en las cocheras de los tranvías y levantarse el 7 y 8 de noviembre, ya que el 9 de noviembre es cuando llegan las Brigadas Internacionales.

---

* Insertamos esta nota que tenía nuestro padre por separado, por pensar que es el lugar lógico y cronológico donde le corresponde. [Nota de los hijos.]

¡Y pensar que esos anarquistas y catalanes del Frente de Aragón no se habían movido, para desesperación de mi padre, pues eran los que podían amenazar a Mola por la espalda para frenarle en su operación sobre Irún. Eran los que jugaban futbol entre las trincheras, los del "jamonismo libertario" y los de la película de Berlanga, *La Vaquilla*.

El frente del Norte estaba a punto de comenzar a deteriorarse. La primera operación de Mola iba dirigida a tomar Irún para cortar al gobierno su comunicación occidental con Francia. Lo malo eran los vagones de ferrocarril cargados con cartuchos y fusilería que estaban estacionados en Hendaya, a la vista de los combatientes republicanos sin que el gobierno francés —de Frente Popular y presidido por un socialista— autorizase el empujón para cruzar el Bidasoa. Ni siquiera era posible el heroísmo de algunos ferroviarios franceses que empujaban los vagones simulando maniobras, como habían hecho en otras ocasiones, para que los vagones se movieran solos. Estaban bien vigilados por las autoridades francesas; acaso Mola sabía que los vagones no pasarían el puente internacional y por eso aceleraba la operación. Era la confirmación de que el gobierno francés jamás ayudaría a los republicanos españoles, ni en la forma más tímida. Le tenían bien sujeto los ingleses con su *entente cordiale*.

Definitivamente no había esperanza de ninguna ayuda francesa. Por otro lado, esas masas populares madrileñas que no hacían ningún caso al Gobierno Republicano y vitoreaban a ese Largo Caballero que yo había recibido en el Ministerio de la Guerra, acompañado de Álvarez del Vayo, para protestarle a mi padre de la organización que estaba haciendo con Sarabia y Menéndez para encuadrar buena parte de esas masas con oficiales leales.

Largo Caballero había envenenado la República de 1936 con una exuberante verborrea irresponsable —eso que suelen llamar "demagogia", aunque etimológicamente sea otra cosa— aconsejada y dirigida por sus inventores intelectuales, los concuñados Araquistáin y Baraibar, y Álvarez del Vayo y mi padre nunca tuvieron simpatía política por Largo Caballero.

Todo ello conviene reconstruirlo para recrear por qué aquella noche en La Quinta mi padre le explicó a Azaña la situación militar y política para proponerle un cambio en la dirección del gobierno. Al preguntarle Azaña, con su hosquedad habitual, a quién sugeriría, contestó sin titubear:

—A don Francisco Largo Caballero.

Según refería mi padre, al oír esta proposición Azaña soltó una carcajada tan estruendosa que a poco se cae de espaldas. Cuando pasó el acceso de risa y vuelto a adquirir su semblante hosco, le dijo muy seriamente:

—Lo último que yo haría en el mundo es entregarle el poder a Largo Caballero (que fue lo que hizo).

Cuando mi padre insistió apoyado en los argumentos con que he tratado de reconstruir el ambiente de aquellos días, Azaña cambió su seca hosquedad por una ira violenta para decirle:

—Lo que pasa es que usted tiene miedo y se quiere escapar, dejándome solo.

Eso era lo que le traía tan descompuesto aquella noche al regresar de La Quinta. De todos modos, se despidió:

—Piénselo, mañana hablaremos.

Cuando al día siguiente Azaña había cambiado de opinión, le pidió perdón por lo ocurrido la noche anterior, y cuando mi padre le aseguró que jamás le abandonaría, que ofreciera a Largo Caballero su colaboración como vicepresidente, como ministro de Guerra, como ministro de otra cosa o, en el peor de los casos... como ministro sin cartera, pero nunca abandonaría el gobierno para tenerle puntualmente informado, la reacción de Azaña fue tan desmedida como su injuria de la noche anterior: se echó a llorar, le abrazó efusivamente y le volvió a pedir perdón.

Lo que ocurrió después fue exactamente lo prometido por mi padre.

La República

Proclamada por elecciones municipales, se facilita su instauración pacífica por la decisión de Alfonso XIII de abandonar el país y por la actitud expectante del ejército, mientras la juventud obrera y estudiante protege cívicamente las residencias y el patrimonio real. No se podrá decir que la República se opuso al régimen franquista, sino que la sublevación militar es la que se opuso a la vida civil de la República, que se *defiende* de la agresión castrense. En 1874 bastó un mensaje verbal del militar sublevado para que los catedráticos que dirigían la I República abandonasen el Congreso, el gobierno y la propia República. En 1936, ante la sublevación militar que se opone a la II República, los catedráticos e intelectuales burgueses que la dirigen se deciden por la defensa a todo riesgo, apoyándose en las masas populares y aceptando la *violencia defensiva*. La magnitud de los poderosos recursos internacionales que apoyan a los sublevados hace de la Legitimidad Republicana la mejor forma de oponerse a la "oposición" (sublevación) militar que se transformará , triunfante, en el régimen franquista.

La victoria militar

La osadía de mandos militares intermedios que llegaron a eliminar a sus propios jefes y a mandos civiles superiores, acusándolos de "rebeldía" por no sumarse a la rebelión, constituyó el impulso inicial. Dominado este primer matiz de la sublevación, como había ocurrido en ocasiones anteriores, surgió rápidamente la internacionalización del conflicto, al aparecer la ayuda material descarada, en equipo y en hombres, por parte de la Alemania nazi y de la Italia fascista. Se suma a ello la movilización de tropas afri-canas –súbditos del sultán de Marruecos— que son traídas a la península por militares desvergonzados y traidores, con el fin de matar españoles. *Dragón Rapid* fue el nombre de la avioneta que compraron los sublevados para trasladar rápidamente a Franco y a su familia de Marruecos a Sevilla, con dinero de las derechas. Semejante conjunto de monstruosidades políticas, religiosas y humanas es amparado por las democracias occidentales: Inglaterra con el egoísmo hipócrita, Francia atemorizada por presiones inglesas y los Estados Unidos dejando en libertad a poderosas compañías petroleras que apoyarán canallamente a los militares rebeldes, mientras el presidente Roosevelt cede a las presiones inglesas por vía del embajador Joseph Kennedy.

Inglaterra inicia así su política "realista"con respecto a España; ni Baldwin ni Chamberlain ni la propia Corona mostrarán nunca inclinación a que se cumplieran los convenios internacionales en que se apoya a la República; Lord Duff Cooper, dirigiendo al Almirantazgo británico, se pronunciará en forma harto despectiva hacia todo lo español, mereciendo una grandiosa respuesta del poeta León Felipe. Churchill, héroe de la democracia inglesa y de la defensa de las Islas británicas frente al nazismo alemán, se mostrará ostensiblemente enemigo de la República y eficaz simpatizante del franquismo.

Al final, la victoria militar llegará por el refuerzo de la ayuda militar germanoitaliana con vistas a la inminente guerra mundial, al tiempo que la Unión Soviética afloja los envíos de material bélico a la República. Todo ello pagado por la República en oro y por adelantado. ¿Por qué no llegaron a tiempo? ¿Lentitud deliberada u ocasional en el transporte a través de Francia? ¿Deliberado deseo de la URSS de que llegaran tarde? Sin perjuicio de que la investigación histórica aclare alguna vez estas cuestiones candentes, lo que sí es evidente es que los mandos militares republicanos, que habían padecido una abrumadora penuria de material en la campaña de Cataluña, al acercarse a la frontera francesa en su última retirada, tuvieron que volar parte del equipo ruso aún sin desempacar porque había llegado tarde y, al cruzar la frontera, presenciaron cómo los franceses se quedaban con otra parte del equipo, también de llegada tardía.

*Problemas de armamento y de técnicos.** En varias ocasiones, en España y en México, entre mi padre y yo recapitulábamos lo que sabíamos, uno y otro, sobre el desarrollo técnico de los diferentes armamentos y quizás no sea inútil del todo transcribir alguna de estas informaciones.

Estuvimos de acuerdo en que la gran revelación y sorpresa de los rusos al mundo, y a los republicanos, fue la aviación. Aquella inesperada aparición de los aviones rusos en el cielo de un Madrid acosado y casi sitiado, cuando eliminaron del aire a la aviación alemana que tanta sangre había causado en los habitantes y tanto destrozo en las construcciones, fue la mejor contribución que la URSS pudo hacer por ayudar

---

* Incluimos esta nota suelta al final de este apartado por considerar que es el lugar que le corresponde [Nota de los hijos.]

a la República española. Ciertamente fue la comprobación de que nuestra guerra fue un ensayo previo para probar fuerzas con vistas a la inminente segunda Guerra Mundial.

La victoria moral

A pesar de la derrota militar y material, la República siente haber obtenido una victoria moral que se hace patente en las muchas personas e instituciones de calidad universal que, al cabo de tanto tiempo y tanta destrucción, en el mundo entero, siguen valorando muy alto la decisión, la firmeza y la valentía de la República al seguir defendiendo su Legitimidad en forma pacífica, civil y no violenta. La defensa de la Legitimidad Republicana durante todos los años del régimen franquista representa la mejor oposición al triunfador material. Tal postura se ha mantenido sin desmayo en ámbitos internacionales durante más de medio siglo.

Se ha dicho que Francia ayudó a la República. Fueron, sin embargo, ayudas incipientes, sumamente débiles, muy por debajo de lo que debieron hacer por la similitud de los regímenes republicanos, por la coincidencia de gobiernos de Frente Popular, por la afinidad de ideas políticas y, finalmente, por los tratados comerciales de tiempos de paz que obligan a la II República a comprar armas a Francia cuando España no las necesitaba mientras que, cuando de veras las necesita, Francia prefiere devolver el dinero del *clearing*, que ya había cobrado por adelantado en ese verano de 1936, antes de entregar las armas del contrato impuesto por los franceses. De todos modos, hay que reconocer a Francia el mérito de haber permitido en su territorio la organización de las Brigadas Internacionales, verdaderos luchadores espontáneos por la Democracia con gran influencia comunista, pero matizada en cuanto que eran apoyados por la Komintern más que por el Kremlin. La Komintern pudo organizar un eficaz ejército de ayuda a la Legitimidad Republicana, pero no suministraba tanques ni aviones. De todos modos la gratitud de los republicanos españoles a los miembros de las Brigadas Internacionales y a Francia que permitió su organización, será siempre profunda y sincera. Hay que recordar que no todos los brigadistas eran comunistas; había muchos auténticos luchadores internacionales por la Democracia. En cambio, muy connotados políticos republicanos franceses respaldan la hipócrita política de no intervención de Francia, no sólo los que gobiernan —como Daladier— sino los que están detrás de la cortina —como Herriot— que no perdona a Azaña el fracaso de su pretendida alianza militar en 1932, con motivo de su visita a España.

Un testimonio impresionante del comienzo de la guerra: la película documental estrenada en 12 cines de París en 1970, "*1936–La grande tournante*", que concluye con el siguiente mensaje: "Finaliza el año 36 y se abandona a la República española, pero los obreros franceses disfrutan por primera vez de vacaciones pagadas". La película se distribuye hoy mutilada por autoridades francesas y totalmente desfigurada en su mensaje, lo cual representa una fundamental aclaración para la orientación metodológica histórica. Recientemente, el ministro Rocard ha escrito una carta abierta "a su amigo español". Los republicanos no podemos acusar recibo de semejante envío de buena voluntad mientras la política francesa no limpie a fondo sus debilidades y sus trampas que tanto perjudicaron la historia de la República española.

Otra acusación a la II República ha sido referente a la ayuda de la URSS. Cuando el gobierno de republicanos burgueses, intelectuales, se convence de que las democracias no ayudarán, ceden el paso a un gobierno dirigido por caudillos obreros. Ése es el significado del cambio del gobierno de Giral por el gobierno de Largo Caballero: reforzar el apoyo popular y, sobre todo, conseguir armas de la URSS, lo que se logra a base de pagarlas por adelantado, en oro y sin discutir precios. La afortunada gestión de Negrín en esa operación le hace desplazar a Largo Caballero en la dirección del gobierno. No obstante, los republicanos burgueses continuarán apoyando los distintos gobiernos socialistas porque así se defiende la Legitimidad Republicana y la continuidad en esa línea de conducta constituye la mejor oposición a la sublevación militar, al contubernio nazi-fascista internacional y al régimen franquista que se instalará después. Ése es el fundamento ideológico y político que permite a los republicanos considerar el fin de la guerra como una *victoria moral* a pesar de la derrota militar y a pesar de que la mayoría de los gobernantes del mundo se resistan a reconocerla. No es lo mismo vencer a una sublevación militar simple que vencer al contubernio nazi-fascista apoyado de diversas maneras por la confusa y contradictoria actitud de los gobiernos de Inglaterra, de Francia y de los Estados Unidos, cuya paradójica confabulación tácita con las potencias totalitarias, hacía totalmente imposible continuar una lucha condenada al fracaso. De ahí nuestro espíritu para considerar la derrota como una victoria moral que continuará en el exilio.

La muerte de un almirante

Don Antonio Azarola y Gresillón era un católico navarro que había hecho la carrera de la marina llegando al grado de contralmirante. En el verano de 1936 estaba destinado a la Base de El Ferrol, a cargo del arsenal. En aquellos tiempos, revueltos con la elección de Azaña como presidente de la República y con ministerios de breve duración, el almirante Azarola fue nombrado ministro de Marina en un gobierno presidido por don Manuel Portela Valladares, el 30 de diciembre de 1935.

Era el gobierno que había convocado a las elecciones de febrero y fue un gobierno efímero que no duró ni dos meses, pues hubo que encargar rápidamente un nuevo gobierno para sosegar a los vencedores de las elecciones. Por supuesto que en los nuevos gobiernos iba siempre mi padre en el ministerio de Marina. En uno de aquellos cambios motivados por los tiempos que corrían, don Antonio pidió hablar con mi padre desde la Base de El Ferrol. Me lo contó muchas veces y siempre se emocionaba al relatarlo.

El almirante llamaba al ministro de Marina para reiterarle su lealtad a la República tal como lo había jurado. Él era un hombre cabal y quería decírselo al ministro, entendía su autoridad superior en ese momento, aunque presentía que lo iban a fusilar los rebeldes.

El ministro decía: "pero ¡cómo es posible una barbaridad así! Sí, señor ministro, mientras esté en la Base me respetarán, pero en cuanto salga acabarán conmigo. Conozco a mis compañeros. No me perdonan mi lealtad, la confirmación y el juramento. No quiero ser perjuro. Así quiero manifestarlo y porque V. lo entiende y lo valora". Ésta es la esencia de una dramática llamada por teléfono.

Ya venía siendo señalado Azarola como enemigo del alzamiento en diversas reuniones y opuesto a cualquier medida que lo favoreciese. El contralmirante Azarola era un hombre entero y quería dejar constancia de ello por las vías normales. La única manera de hacerlo era a través del propio ministro, su más alta jefatura.

Política ética

El segundo informe de Lázaro Cárdenas, del 1 de septiembre de 1936, que dice: "El Gobierno Mexicano está obligado a dar su apoyo al Gobierno Republicano Español constituido legalmente y presidido por Dn. Manuel Azaña, la responsabilidad interior y exterior están a salvo", fue contestado por el diputado Luis Enrique Erro. En su respuesta señala que Cárdenas "ha obrado de modo irreprochable, determinando su actitud en perfecta concordancia con los imperativos de su deber".

1 de agosto de 1936: Cárdenas a M. Ávila Camacho, secretario de Guerra: Gobierno de la república española. Solicitó del gobierno mexicano por conducto del embajador Félix Gordón Ordás proporcione mayor cantidad de armas posible para su defensa. Se autorizó a la Secretaría de Guerra y Marina para que ponga a disposición del embajador 20 000 fusiles de 7 mm y máuser, 20 millones de cartuchos para parque (de *fabricación nacional*).

18 de agosto: Cárdenas dice solicitados por caso satisfacer demanda, se haga con máxima urgencia. Que se pongan en el Puerto de Veracruz a disposición del embajador y que la secretaría fije precios, misma fecha embajador de España que ya se ordenó al secretario de Guerra.

20 de agosto: Salieron para Veracruz dos trenes con 35 carros con armas y cartuchos que el "Magallanes", atracado en Veracruz, transportaría hasta España a cargo de José María Argüelles, secretario de la embajada de España, ciudadano de firmes convicciones revolucionarias y leal colaborador del gobierno republicano. Habiendo solicitado el gobierno de España a México adquiriera en Francia *armamento y aviones*

para dos regimientos que necesitan con urgencia *y que el gobierno francés está de acuerdo en vender*, se autoriza al ministro en París, coronel Adalberto Tejeda para que compre por cuenta del gobierno de España el armamento que solicite.

El gobierno mexicano obligado a dar su apoyo al gobierno de la República de España, constituido legalmente y presidido por don Manuel Azaña. La responsabilidad interior y del exterior está a salvo.

La gestión de Cárdenas deroga o prohíbe importar garbanzo y café y eliminar los derechos de importación.

2 de octubre de 1936: En el discurso de Narciso Bassols en nombre de la delegación mexicana, añade la necesidad de robustecer medios de la liga de la Sociedad de las Naciones en la XVII Asamblea para la aplicación eficaz de reglas jurídicas:

Es un deber revisar la maquinaria de seguridad colectiva, pues las experiencias recientes han marcado la necesidad de análisis inmediato de su valor real como instrumento de paz en el mundo. En mi país nos damos cuenta de pugnas de intereses nacionales que paralizan la Sociedad de las Naciones.

...se emplean los más sutiles y abundantes recursos dialécticos para conseguir que en medio de largas discusiones, verdaderos problemas de paz no se discutan al final.

... mientras haya aquí la más remota posibilidad de organizar la vida de relación de las naciones sobre bases de paz y de respeto mutuo [México] permanecerá dentro de la Sociedad de Naciones.

....La delegación mexicana ve con preocupación, deseando equivocarse, síntomas peligrosos de un aplazamieno indefinido de la cuestión.

17 de febrero de 1937: Carta de Lázaro Cárdenas a Isidro Fabela (aniversario de la muerte de Martí en Cuba): menciona que trata de atraer su atención sobre el pobre espíritu de absoluto interés y de irreprochable lealtad internacional con que el gobierno de México ha procedido y procede respecto al actual conflicto de España.

—El alcance real de nuestra conducta, la cual a nuestro juicio es la que deberían haber observado todos los países.

—Bajo los términos "no intervención" se escudan varias naciones de Europa para no ayudar al gobierno español legítimamente constituido. México no puede hacer suyo ese criterio, ya que la falta de colaboración con las autoridades constitucionales de un país amigo es, en la práctica, una ayuda indirecta —pero no por eso menos efectiva— para los rebeldes que están poniendo en peligro el régimen que tales autoridades representan. Ello, por tanto, es en sí mismo uno de los modos más cautelosos de intervenir.

Fuerza por alegría, 1939. Por invitación en el área de pedagogía nos trajimos a Inglaterra a don Francisco Giner de los Ríos (muere en 1915), que es cuando se llevan a los niños a un campo de concentración inglés en donde se intentaba canjearles fuerza por alegría y proporcionarles "mente sana en cuerpo sano".

Agosto de 1936: Destituyen a Unamuno de rector honorario siendo don Francisco Barnés (mi suegro) ministro de Instrucción Pública...

Internacionalización de la guerra

Por dos veces y en menos de un siglo, la historia de España se ha visto marcada con la proclamación de una República mediante votaciones democráticas, pacifistas, mientras el rey correspondiente se hallaba en Palacio: La primera (1873) en elecciones parlamentarias, la segunda (1931) en elecciones municipales. En ambos casos, los reyes y sus familias abandonaron el Palacio y el país sin la menor molestia ni amenaza, mientras sus residencias y sus equipajes eran protegidos respetuosamente por el pueblo, en especial por los jóvenes obreros y estudiantes unidos. En las dos ocasiones, la vida republicana fue interrumpida violentamente por alzamientos militares; de una forma incruenta la primera (1874), mientras que la segunda (1936-1939) fue señalada por su condición cruenta de máxima intensidad y de extensión inusitada, al tiempo que se ponían de relieve graves y variadas complicaciones internacionales, por coincidir su iniciación con el momento de auge de las potencias totalitarias nazifascista —Alemania e Italia— y con la temerosa inhibición de las democracias occidentales —Gran Bretaña, Francia y los Estados Unidos— acaso debido a su escasa y deficiente preparación bélica en aquel momento.

Dominado en pocos días, el alzamiento militar interno —que había arrastrado a considerables sectores de las fuerzas armadas y del orden público—, recurriendo a medidas extremas de violencia defensiva —entrega de armas al pueblo y sustitución de altos mandos por inferiores, especialmente en la Marina— la República se sintió agredida por parte de Alemania e Italia que no sólo aportaron material variado y hombres, sino que facilitaron el transporte de soldados moros —súbditos del sultán de Marruecos— para ir a la Península como tropas de choque a matar españoles. Al mismo tiempo, la República sintió el abandono total de las democracias occidentales, no sólo negándose a proporcionar material bélico —incluso devolviendo el dinero de compras contratadas en tiempo de paz— sino facilitando la entrega a los rebeldes de petróleo pagado por la República, en los primeros días y después a crédito. La única alternativa posible, ante esta situación, fue solicitar material bélico a la URSS pagado en oro, por adelantado y sin posibilidad de discutir precios, lo que hizo aparecer el conflicto español como si el agredido gobierno republicano legítimo fuese protegido por el comunismo ruso en forma paralela a la protección que el nazismo alemán y el fascismo italiano daban a los militares sublevados, siguiendo planes preparados de antemano, lo que no ocurrió con Rusia.

Como dice Unamuno: Portugal, desgraciada nación que gime bajo el yugo inglés por culpa de su suspicacia, de su ridículo temor de que España se la agregue. Sin embargo por Portugal entraban armas para los rebeldes con facilidad y sin preocupaciones.

Al acudir a la Sociedad de Naciones invocando la protección internacional legal a que el gobierno legítimo tenía derecho, se encontró nuevamente con el freno de las democracias occidentales no sólo enfriando y entorpeciendo las decisiones del organismo internacional, sino creando un hipócrita sistema de "no intervención" que, al ubicarse en Londres, delataba a la Gran Bretaña como el principal responsable de la política contra la República, favoreciendo la sublevación militar.

La participación muy activa de los diplomáticos alemanes e italianos, llegando a la fase de chistes y de anécdotas, y al no tener más defensa que la de los rusos, hizo parecer también que el conflicto era fomentado desde antes por italianos y alemanes (a favor de los sublevados) y por los rusos a favor de la República.

Material de guerra

Indiscutiblemente, las novedades sobre material de guerra culminaron en la aviación, que utilizaron ambos bandos. Por la parte republicana, todos los problemas de la aviación están bien recogidos en el libro de Manuel Montilla *(Rutas gloriosas, andanzas de dos antiaéreos por los frentes de combate, por Luis Armillas García y Manuel Montilla Muñoz, Cádiz, 1939)*. La aviación española antes y después de la sublevación estuvo mayoritariamente del lado del gobierno republicano, incluso durante el exilio.

Ha habido dos importantes grupos de solidaridad con el gobierno republicano: los aviadores y los catedráticos de universidades, pues unos y otros se mantuvieron firmemente unidos y solidarios con el gobierno republicano.

Es difícil saber qué aprendieron las tropas sublevadas de los militares que les apoyaban (Alemania e Italia). En cambio, mi padre había recogido muchos datos sobre lo que aprendieron nuestros militares en ambos bandos, por ejemplo, el cañón de tiro rápido del 75 funcionaba mal cuando se utilizaba muy seguido porque se calentaba una pieza del freno. Un mecánico del CASE (Cuerpo Auxiliar Subalterno del Ejército) resolvió el problema usando para el freno una aleación de punto de fusión más alto.

Otro campo de gran utilidad para los rusos fue la tecnología en la fabricación de submarinos (que aprendieron muchas cosas de los españoles), no hay que olvidar que el submarino como tal fue descubierto por primera vez en la base naval de Cartagena (Isaac Peral).

Básicamente los submarinos mantuvieron comunicado Barcelona y Valencia después de la ruptura del frente.

Otro capítulo interesante fueron los cañones antiaéreos fabricados con gran precisión en Suecia (Bofors), cuando se creía que sólo los fabricantes de precisión podían hacerlo. Fue un mecánico de Alcoy, ni siquiera ingeniero, quien reprodujo las granadas antiaéreas con tal grado de perfección que los propios suecos no podían distinguirlos. Fueron decisivos en la defensa frente a los bombardeos aéreos.

El sitio mejor protegido con antiaéreos fue Sagunto, donde dicha protección hizo que no interrumpieran la fabricación de acero.

Próxima a terminar la guerra, los sublevados que no tuvieron apoyo de la Marina tenían dos acorazados "de bolsillo", "El Baleares" y "El Canarias" producidos en la base naval de El Ferrol, habiendo sido habilitados rápidamente por los alemanes. En cuanto salió, a fines de octubre de 1939, "El Baleares" fue hundido por un torpedo disparado desde un destructor republicano. No hay que olvidar que la mayoría de los marinos apoyaron la República y que en la base naval de Cartagena que siempre estuvo con la República, estaba la mejor escuela de tiro de la Marina (es lo que se ha llamado la Batalla de Cabo de Gata).

Hacia fines de noviembre de 1936 Hitler había proporcionado servicios técnicos de primera clase con un total de 4 573 hombres, mientras que inició con cinco oficiales la señalización, pero pocos aviones y ningún tanque... Quiere decir que en cinco meses la ayuda alemana fue decisiva para cambiar el curso de la guerra.

28 de noviembre: Filippo Anfuso, presidente del Consejo de Ministros de Italia, firma con Franco un tratado en el que promete que este gobierno no autorizará a un tercer país a hacer uso de las Baleares y que mantendría neutralidad amistosa en cualquier conflicto que afectase a Italia...

En diciembre Hitler indica a los italianos que ellos deberán ayudar a Franco, se niega a aumentar en gran escala la Legión Cóndor y al embajador Fanjul le ordena que España servirá sólo para desviar atención y energías de las grandes potencias mientras se prepara... La Legión Cóndor alcanza un máximo de 5 000 hombres y 100 aviones, cifras mantenidas durante la guerra con los relevos necesarios...

Entre diciembre de 1936 y marzo de 1939: Los alemanes han enviado a las fuerzas nacionalistas 110 882 toneladas de armas con valor de 540 millones de reichsmarks, equivalentes a 250 millones de dólares, aunque Hitler nunca reconoció en público su ayuda a Franco...

20 de diciembre: La República —mi padre— había pedido 20 aviones a Francia. León Blum y Pierre Cot habían dado su consentimiento, pero después de su visita a Londres los días 22 y 23 de julio, León Blum tiene que anular su decisión de ayudar a la República... los conservadores franceses contaban con apoyo del 75% de los cuadros de mando del Ejército y la Marina... la Iglesia católica francesa influyó mucho... Petain y Laval tenían contactos secretos con Franco...

El 8 de agosto: siguiendo el ejemplo inglés del 31 de julio, el gobierno francés embarga armas contra los dos bandos... Ese día la URSS anuncia el envío de dos millones de dólares a la República (¿36 millones de francos?)... pilotos reclutados por Malraux llegan a Madrid con 20 aviones...

13 de agosto: armas francesas salieron a España por Bélgica o México...

No sólo armas, sino combustible para los aviones y transportes generales eran muy difíciles de conseguir,

Con referencia al artículo escrito por el autor en la revista Ibérica: "De todas las empresas o consorcios multinacionales o trasnacionales son, sin disputa, los más agresivos aquellos que tienen que ver con la producción, refinación y distribución del petróleo". Los títulos de algunos libros publicados en los últimos años son muy sugestivos: *La aventura del petróleo, La guerra secreta del petróleo, Petróleo: el mayor negocio del mundo.* Y ahora recientemente de Gerald Howson, *Armas para España* (Nueva York, St. Martin's Press, 1998) y *Aircraft of the Spanish Civil War, 1936-1939* del mismo autor.

En cualquiera de ellos se pueden encontrar datos más que suficientes para apoyar la idea de que las empresas petroleras del mundo occidental —todas estadunidenses, con una sola excepción anglo-holandesa— representan el tipo de organizaciones transnacionales de mayor peligro para los países en desarrollo.

Para efectos del transporte aéreo o marítimo vale la pena recoger puntualmente lo que dice Gabriel Jackson en el capítulo 14, "El comienzo de la Intervención Internacional" de su libro *La República Española y la Guerra Civil:*

Con un tercio de España en poder de los insurgentes, y sin ninguna perspectiva de compromiso, ambos bandos recurrieron inmediatamente a la ayuda extranjera, porque ninguno de ellos tenía el equipo y las armas necesarias para llevar a cabo ni siquiera una guerra civil breve. Desde el principio, los conspiradores militares contaron con la ayuda armada de Italia, la asistencia de Portugal y la amistosa neutralidad de los intereses ingleses y americanos en la Península. En particular, Mussolini se había encargado de armar y entrenar a los monárquicos. En marzo de 1934 una delegación de cuatro personas, representando tanto a los alfonsinos como a los carlistas, obtuvo del dictador italiano en persona una promesa de suministro de 20,000 fusiles y 200 ametralladoras. Aún no había fijada ninguna fecha para un alzamiento antirrepublicano, y a Mussolini pareció divertirle el que ambos partidos monárquicos no pudieran ponerse de acuerdo con un candidato para el trono. Durante los meses siguientes dispuso el entrenamiento de jóvenes carlistas, que fueron a Italia disfrazados como "oficiales peruanos". Sin embargo, no parece que Mussolini suministrara armas antes del real estallido de la guerra civil. Los carlistas estuvieron muy ocupados comprando armas en la primavera de 1936, muchas de las cuales fueron confiscadas en el puerto de Amberes; pero las 150 ametralladoras que lograron introducir en España de contrabando antes de julio habían sido compradas en Alemania de modo particular.

El general Sanjurjo vivió en Portugal durante el periodo de preparación. Los emisarios de Mola pudieron en todo momento comunicarse libremente con él, y la policía de fronteras portuguesa, desde el primer momento, ayudó proporcionando armas y entregando todos los fugitivos republicanos a los insurgentes. En los días que precedieron a la sublevación, el coronel estadunidense que dirigía la Telefónica madrileña puso líneas privadas a disposición de los conspiradores de Madrid, para que pudieran celebrar conversaciones con los generales Mola y Franco. El general Kindelán, que estaba encargado de la sublevación en Algeciras, preguntó a los oficiales británicos del cercano Gibraltar si le podían proporcionar barcos. Los ingleses lamentaron no poder ayudarle directamente; pero se ofrecieron para buscarle algunos buques no registrados que había en puertos portugueses. También pusieron a su disposición las líneas telefónicas de Gibraltar, lo que hizo posible para Kindelán hablar con Marruecos, sin que las llamadas pasaran por ningún centro telefónico español.

El 19 de julio los buques de guerra republicanos ya estaban patrullando efectivamente las aguas entre la Península y Marruecos, impidiendo así que las tropas del general Franco pudieran cruzar el estrecho. En tan difíciles circunstancias, un hombre de negocios nazi que llevaba establecido varios años en Tetuán, un tal Johannes Bernhardt, ofreció sus servicios al general Franco. Era muy conocido entre los oficiales españoles, habiendo vendido suministros de todas clases al ejército de Marruecos. En junio ofreció aviones Junker de transporte a crédito al general Sanjurjo, pero el entonces jefe titular del alzamiento no consideró necesarios los aviones alemanes.

El 21 de julio el general Franco aceptó la oferta de Bernhardt, quien se entrevistó con Hitler en Bayreuth, donde el canciller asistía al festival wagneriano. Tras consultar con Hermann Goering, jefe de las fuerzas aéreas, Hitler autorizó el inmediato envío de unos 20 JU-52 de transporte pesado, que tendrían que ir desarmados y tripulados por alemanes. Hacia el 28 de julio esos aviones habían establecido un puente aéreo entre Tetuán y Sevilla, cruzando cada aparato cuatro veces al día el estrecho, llevando en cada viaje 30 soldados completamente armados. Hacia el 5 de agosto los insurgentes pudieron colocar así 15 000 soldados en Sevilla, a pesar del bloqueo naval republicano.

Italia también actuó con prontitud, enviando unos 12 bombarderos, tres de los cuales se vieron obligados, el 30 de julio, a aterrizar en el Marruecos francés por falta de combustible. Sus diarios de navegación indicaban que se les indicó su destino el 15 de julio, o sea dos días antes de la sublevación de Melilla, un hecho que no podía por menos que sugerir que Benito Mussolini conocía los planes para el pronunciamiento entre el 10 y el 20 de julio. A fines de mes, el puente aéreo alemán empezó a encontrar un fuerte fuego antiaéreo por parte del crucero "Jaime I". El JU-52 había sido diseñado como un avión de transporte, que podía ser convertido fácilmente en bombardero. Durante la primera semana de agosto, un Junker convertido puso al Jaime I fuera de combate, alcanzándole directamente con sus bombas de 500 libras, y los italianos emplearon hábiles tácticas para hostigar a los buques de guerra de menor envergadura lo suficiente como para que ya no pudieran impedir el paso de barcos cargados de tropas. El 6 de agosto dichos barcos comenzaron a cruzar el estrecho bajo la protección de unos nueve bombarderos trimotores italianos.

La flota republicana perdió el control de las aguas del estrecho entre Europa y África, en parte debido a los ataques aéreos y en parte por la ineficiencia en el manejo de los buques por tripulaciones que habían dado muerte a la mayoría de sus oficiales y que no se fiaban de los que quedaban, así como por la hostilidad de las autoridades políticas y los hombres de negocios de Gibraltar y Tánger.

Las compañías petroleras británicas de Gibraltar y la Vacuum Oil Company de Tánger, estadunidense, se negaron a vender combustible a los buques republicanos. Tánger era una ciudad portuaria internacionalizada, que constituía un enclave en el Marruecos español. El 17 de julio había en su puerto algunos buques de guerra y mercantes españoles. La Comisión Internacional que regía la ciudad creyó que el uso continuado del puerto por la marina de guerra republicana contravenía la neu-tralidad garantizada en el Estatuto de Tánger. Sin embargo, al mismo tiempo, no puso ninguna restricción al paso de mercancías y personas entre Tánger y el Marruecos español.

Los aviones alemanes que transportaban moros a Sevilla compraban sin dificultad alguna gasolina de aviación a una firma portuguesa de la ciudad internacional.

Los insurgentes estuvieron bien abastecidos de productos petrolíferos desde el principio. En julio de 1935 la Texas Company firmó un contrato a largo plazo para abastecer a la CAMPSA, monopolio del Estado español para la gasolina. El 18 de julio de 1936 unos cinco petroleros estaban en alta mar. El presidente del Consejo de Administración de la Texaco, Thorkild Rieber, decidió inmediatamente enviar dicha gasolina a los puertos controlados por Franco, y la Texas Company continuó suministrando gasolina a crédito hasta el término de la guerra.

Hablando en general, los insurgentes podían contar desde el principio con la buena voluntad del mundo financiero internacional. Durante generaciones, Inglaterra había sido el mercado más importante de los vinos españoles de calidad. Capitales ingleses y españoles compartían el control de muchas empresas mineras y siderúrgicas en el País Vasco. Los españoles adinerados se codeaban con los residentes veraniegos ingleses en San Sebastián y Biarritz. Luca de Tena y otros monárquicos dispusieron lo conveniente y pagaron el avión inglés que llevó a Franco a Marruecos y luego transportó a los emisarios de Franco a Roma. Hacia el 25 de julio, Juan March y Gil Robles establecieron sus cuarteles generales en Lisboa. El primero era propietario de intereses que controlaban el Claiworth Bank de Londres, a través del cual financió las compras de material de guerra para el ejército insurgente. Gil Robles y Nicolás Franco, hermano mayor del general, coordinaron los esfuerzos de otros ricos banqueros españoles que apoyaban la rebelión. El gobierno portugués trataba con ellos más que con el embajador republicano (el historiador medievalista Claudio Sánchez Albornoz), como si fueran representantes efectivos de España.

Mientras tanto, el gobierno republicano apeló a Francia. Uno de los primeros actos del nuevo jefe del Gobierno, José Giral, fue telegrafiar el 20 de julio a León Blum, el socialista francés que era jefe del Gobierno. Blum representaba en Francia los mismos ideales democráticos de centroizquierda que representaba Giral y su gobierno en España. Además, España había negociado durante 1935 y a principios de 1936 un tratado comercial que incluía cláusulas referentes a la venta de equipo militar a España y el gobierno contaba con su derecho legal a buscar la ayuda de otros gobiernos para suprimir la rebelión interna.

La reacción inicial de Blum fue completamente positiva. Sin embargo, un viaje que hizo a Londres el 22 de julio le hizo darse cuenta de que el gobierno inglés simpatizaba con el levantamiento. El 25 de julio la prensa derechista de París publicó la noticia de la petición española y varios miembros del Partido Radical, preocupados, pidieron a Blum que desistiera de prestar ayuda. Estaba claro que ayudar abiertamente a la República española enojaría a Inglaterra, con la que las relaciones ya eran tensas y acabarían por dividir al Frente Popular de Francia. El gobierno francés, además, estaba dividido. El ministro del Aire, Pierre Cot, era decidido partidario de prestar ayuda al gobierno de Giral, mientras que el ministro de Defensa se negó terminantemente a permitir a los pilotos militares franceses tripular los aviones que Cot se disponía a entregar. Cot se apresuró a disponer una venta fingida de 50 aparatos a Finlandia y el Brasil; aparatos que pasarían por España "en ruta" hacia sus fingidos destinos. En total, para la primera semana de agosto, Cot había despachado unos 30 aviones de reconocimiento y bombardeo, 15 cazas y unos 10 aviones de transporte y entrenamiento, todos ellos de modelos ya anticuados en 1936. Durante el mismo período centenares de voluntarios cruzaron la frontera, principalmente por Cataluña, sin que la policía francesa les hiciera alguna pregunta. Blum recibió a la Comisión Española Republicana en pijama en su casa. La democrática y popular Francia en pijama, terminó obedeciendo a la elegante y aristocrática Inglaterra. Cuando se encontró mi padre con que los franceses lo único positivo que hacían era abrazarse y llorar, al referirse al presidente de la República Francesa Lebrun y al presidente del Gobierno León Blum lo hacía como "las lloronas".

El aterrizaje forzoso de los italianos en el Marruecos francés fortaleció la posición diplomática de Blum; pero estaba sometido a creciente presión no sólo de Inglaterra, sino de los gobiernos polaco y belga. Sobre todo, cuatro meses después de que Hitler hubiera ocupado Renania sin encontrar oposición, Blum no se podía permitir el lujo de enfrentarse con un aislamiento de Francia frente a una Alemania rearmada. Ni tampoco podía permitir que surgiera un aliado de Francia y Alemania en la frontera meridional. Por lo tanto, propuso la fórmula de la "no intervención", a la cual esperaba se adhirieran todas las potencias y que, según él pensaba, acabaría rápidamente con la guerra por falta de armamentos. El 8 de agosto cerró la frontera francesa al tráfico militar, sin esperar a conocer las verdaderas intenciones de las potencias que respaldaban a los insurgentes.

La fórmula de "no intervención" que propuso Blum a sugerencia de Inglaterra tuvo consecuencias nefastas para la República española.

Al almirante Canaris, jefe del espionaje alemán, que entraba y salía de España "como Pedro por su casa", antes y durante la Guerra Civil, lo descubrieron los ingleses como agente doble de Inglaterra y de Alemania. Al final de la segunda Guerra Mundial, en Europa, Hitler decidió fulminantemente eliminar a Canaris y lo hizo de la forma militar más vergonzosa: ahorcándolo, en Alemania, desnudo y en público.

La transformación de un pronunciamiento en una guerra civil tomó a las potencias europeas por sorpresa. Todas ellas tenían intereses estratégicos en el Mediterráneo occidental. La conquista por los insurgentes de Algeciras, La Línea y el Marruecos español había dado lugar a la vista de Gibraltar, y la Marina republicana estaba operando en aguas que habían estado sometidas al control británico desde que Inglaterra se apoderó de Gibraltar en la Guerra de Sucesión española (1710-1713). A fines del siglo XIX, Inglaterra, Francia y España desarrollaron intereses imperialistas en el turbulento Imperio de Marruecos. En 1904, un acuerdo anglofrancés reconocía la primacía de los intereses políticos y militares franceses en Marruecos, pero el káiser amenazó con una guerra el año siguiente desembarcando en Tánger y afirmando públicamente la independencia del sultán. Los españoles estaban igualmente descontentos por los acuerdos anglofranceses, dado que España había enviado varias expediciones militares contra Marruecos desde 1859, y especialmente después de la guerra entre España y los Estados Unidos en 1898, España consideraba a Marruecos como su zona natural de expansión.

La conferencia internacional de Algeciras en 1906 se comprometió a una política de puerta abierta en Marruecos para los hombres de negocios de todas las naciones y dio amplios poderes policiacos a Francia y España, aunque vagamente definidos. En 1912, en efecto, Francia y España se repartieron Marruecos, y España, que era la más débil de ambas potencias, se reservó la zona limítrofe al estrecho de Gibraltar. La "pacificación" de Marruecos requirió muchos años, y los marroquíes supieron explotar hábilmente los muchos equívocos entre los oficiales franceses y españoles. La rebelión de Abd-el-Krim obligó a ambas potencias a colaborar para lograr la derrota de éste, que era el más poderoso de los dirigentes nacionalistas en 1926. Pero todavía en 1934 tuvieron lugar "operaciones de policía" tanto en la zona francesa como en la española. Durante las décadas de acciones militares esporádicas, los intereses financieros privados de Inglaterra, Francia, Alemania y España invirtieron capitales en el desarrollo de las minas de hierro del Riff.

México

La verdadera ayuda espiritual que refuerza a la República en guerra y que asumirá la absorción del exilio más significativo proviene de México, presidido a la sazón por el general Lázaro Cárdenas. Al comienzo de la guerra, devuelve los fusiles y cartuchos de fabricación española que había comprado, actúa después como intermediario para adquirir material bélico en América y en Europa, se convierte en el paladín de la República ante la Sociedad de Naciones por boca de Narciso Bassols y de Isidro Fabela. Más tarde, el presidente Ávila Camacho dirá: *donde España no puede hablar, México se honra prestándole su voz.* En la sesión de creación de las Naciones Unidas en San Francisco (1945) y de acuerdo con la Junta Española de Liberación (manejada entonces por Prieto), el embajador Quintanilla, representante de México, pronuncia un sorprendente discurso logrando que la Asamblea condene unánimemente la entrada del régimen franquista. Frente a la política "realista" de Inglaterra, que encubre un feroz egoísmo hipócrita, México practica una política *ética*, auténticamente ética. El propio presidente Ávila Camacho dirá también *que el conflicto español fue un golpe de Estado internacional.*

Cárdenas decide y organiza el recibimiento de refugiados republicanos desde la guerra misma (niños de Morelia) hasta la llegada masiva en el verano de 1939, siguiendo un continuo flujo en años posteriores. El centro de la oposición al régimen franquista, durante toda su existencia, será México a lo largo de todos sus presidentes, gobiernos, diplomacia, intelectuales, artistas y pueblo. Coincidencia de la acogida a republicanos con la nacionalización del petróleo, que era de propiedad británica mayoritaria. La *política ética* de México frente a la "política realista" británica. En 1978, el Centro Republicano Español de México, con el valioso apoyo de El Colegio de México y de su presidente, Víctor L. Urquidi, publica el libro *México y la República Española*, antología de documentos mexicanos (1931-1977).

Legitimidad Republicana y gobierno en el exilio

En 1945, México facilita la reconstrucción —habilitando locales históricos con extraterritorialidad— de las formas de la Legitimidad Republicana: reuniones de Cortes, proclamación de Martínez Barrio como presidente, creación del primer gobierno en el exilio (Giral), entrega de la embajada que será durante 32 años la única representación legal de España con pleno fuero diplomático. El gobierno en el exilio será reconocido oficialmente por cuatro países hispanoamericanos y cinco o seis europeos orientales (pero no por la URSS). Así, la Legitimidad Republicana desde México se convierte en el mayor baluarte de la oposición al régimen franquista. México apoyará también en todos los organismos internacionales. Recién constituido el gobierno en el exilio (1945), desde el sur de Francia, 10 000 jefes y oficiales del Ejército Republicano, organizados y en espera de armas, se ofrecen al gobierno para iniciar la invasión de España. El jefe del gobierno se niega terminantemente a provocar de nuevo una cruenta contienda. Su programa consiste en actuar dialécticamente en el terreno de las negociaciones diplomáticas. Su campo de acción serán las recién creadas Naciones Unidas.

El gobierno en el exilio se mueve intensamente dentro de la Naciones Unidas, en Nueva York, se crea una Comisión Especial sobre España: Australia preside, Polonia apoya (Lange), Chile aconseja desde fuera de la Comisión (Cruz Coke), México protege en el Consejo de Seguridad (Castillo Nájera, Tello, Torres Bodet, Quintanilla, Padilla Nervo). El secretario de la ONU, Trygve Lye, certifica haber recibido cerca de 200 000 tarjetas de todo el mundo pidiendo la caída de Franco. Republicanos del interior envían heroicamente informaciones decisivas al gobierno en el exilio que son reconocidas auténticamente por Francia y por Inglaterra. Coincidiendo con esa actividad republicana, se discute la creación del nuevo Estado de Israel. Los países árabes pretenden que los republicanos se opongan a la creación de Israel y ellos se opondrían a Franco. Los republicanos no aceptan el chantaje. Se gana la votación aprobando el retiro de los embajadores en España. Medidas más avanzadas son saboteadas por Inglaterra que sigue amparando solapadamente al régimen franquista, y esgrimiendo argumentos egoístas: los niños ingleses necesitan las vitaminas de las naranjas españolas (Shawcross, delegado inglés que había sido fiscal del proceso de Nuremberg que condenó a los dirigentes nazis).

A pesar de los esfuerzos del gobierno en el exilio, Inglaterra deja pasar el tiempo flemáticamente y logrará la revocación del acuerdo sobre el retiro de los embajadores. Son los años en que se prepara la instalación de las bases estadunidenses en España; Inglaterra está cediendo la dirección de la política internacional en el mundo occidental a favor de los Estados Unidos. El régimen franquista pide ayuda a los Estados Unidos para que se quite el estorbo del gobierno en el exilio, acusando lo mucho que le molesta su actividad. Los embajadores americanos en México presionan al gobierno mexicano y sus presidentes, acompañando a representantes oficiosos del franquismo en México. No obstante, todos los presidentes, sin excepción, seguirán la pauta marcada desde el comienzo por el general Cárdenas. Original y sagaz, la discusión diplomática del presidente López Mateos con el presidente Johnson emparejando el reconocimiento de China con el del gobierno republicano en el exilio. Éxito de López Mateos. Es necesario revisar minuciosamente, con metodología rigurosa, la historia del gobierno republicano, durante la guerra y en el exilio.

VIOLENCIA DEFENSIVA

Todos los amantes de la paz no lo expresan con claridad: hay que propiciar y favorecer la paz completa, pero cuando la paz es perturbada por agresores de distintos tipos, hay que defender la paz por todos los medios o quedarse vergonzosamente humillado en una postura ineficaz e inútil. Se arriesga mucho al defender la paz aunque sea con violencia, pero preferiblemente por medios pacíficos. Si éstos se agotan hay que arriesgarlo todo en defensa de la paz.

Se defiende uno de cualquier tipo de agresor: del asesino, del ladrón, del perturbador, de la fiera, de la serpiente venenosa, del insecto peligroso, del microorganismo patógeno, del virus maligno.

No se puede defender contemplando cómo se desarrollan las causas de la violencia agresiva. Hay que participar aunque sea con violencia, sobre todo si la agresión fue violenta.

Eso fue lo que ocurrió con la República española.*

---

* Hasta aquí llega la redacción formal y siguen algunas notas sueltas. Hemos incorporado los índices de los capítulos que pensaba incluir por considerarlo de interés. Evidentemente estas notas no se pulieron ni editaron y tienen repeticiones y redundancias, pero hemos querido compartirlas con el lector como él las dejó, porque reflejan sus preocupaciones y prioridades principales. Dejamos a los estudiosos que analicen y construyan sobre esta información, pero nuestro papel era respetar lo que Francisco Giral pensaba, hasta donde lo dejó documentado y en la forma en que lo dejó, sin interpretaciones de terceros. [Nota de los hijos.]

El exilio en México

ENCUENTRO DE DOS GENERACIONES. América hispánica frente a Europa. Saliendo de Argeles (Zubirán). Ningún deber con respecto a Europa.

VIAJE A AMÉRICA. Chile, Colombia – México. Flandre, parada en Cuba (Chacón y Calvo). No puede ser recibido en su tierra natal.

POLÍTICOS E INTELECTUALES MEXICANOS. Cárdenas, Fabela (Hotel Imperial). Rectores. Ávila Camacho.

VUELTA A LA ENSEÑANZA Y A LA PROFESIÓN. Politécnico (Casa de España). Química de alimentos. Un presidente en "camión". Laboratorios particulares. Cursos y conferencias. Antillas, Sudamérica. Profesor peruano.

LA UNIVERSIDAD DEL EXILIO. PUEE. Conferencia Habana. 14 años en Ciencias Químicas.

LOS COLEGIOS, Colegio Madrid. Instituto Escuela de Santo Domingo, Panamá. Ruiz Alarcón, Luis Vives, Academia Hispano-Mexicana.

Política internacional y guerra mundial

BIPOLARIDAD PARTIDISTA, NACIONAL Y MUNDIAL

Prieto-Negrín, Besteiro-Largo. Azaña, Prieto, padre. Evaluación económica 1929-1931 ataque peseta desde Munich y resistencia por reserva oro internacional. Envío del oro a Rusia.

EL VALOR DE LA INFORMACIÓN POLÍTICA INTERNACIONAL

La información política en ámbitos internacionales —lo que podría calificarse como "espionaje diplomático"— es altamente controvertida. Descontando la información objetiva, técnica, sobre nuevos armamentos o sobre movimientos militares —el meollo del espionaje—, la información anticipada sobre decisiones políticas de otros países o de dirigentes significativos, está sujeta a tremendos altibajos de veracidad o de aciertos y desaciertos premonitorios. Incluso, se ha llegado a decir que el mejor servicio de espionaje —al menos en prevenir el futuro político— consiste en unas buenas amistades. Desde luego, no se puede aspirar a reunir una información *documental completa* en ningún caso y menos como el de la agresión a la República con sus múltiples ramificaciones internacionales y sus conexiones políticas variadas, afines y adversas, especialmente cuando la agresión se verificó en un oscuro momento de la historia del mundo en que nuevas teorías y prácticas políticas seducían a grandes sectores juveniles ofuscados, al tiermpo que las juventudes razonables de otros sectores se encontraban atemorizadas, confusas y desilusionadas.

En la historia de la República, especialmente en la fase de la guerra, no es fácil confeccionar un "libro blanco" de valor absoluto ni a los 30 ni a los 300 años. La forma en que se produjeron y se desarrollaron los acontecimientos a más de la variedad de fuerzas heterogéneas que intervinieron en ellos —sindicatos de todas clases, partidos políticos, organizaciones secretas o semisecretas, banqueros, destripadores financieros, productores petroleros y fabricantes de armamentos, industriales poderosos, comerciantes de alto nivel internacional, confesiones y sectas religiosas— deja una extensa zona de matices grises más o menos intensos que llegan en ocasiones al negro más oscuro, sin olvidar que la abundante y prolífica participación de numerosas "personalidades", principalmente españolas, la mayor parte de las veces en forma espontánea e incontrolada, hacía más difícil el juicio de valor, para su aceptación tamizada, por un hombre civil, intelectual liberal y humanista, que debía escoger entre una montaña de informaciones contradictorias y heterogéneas. Puedo atestiguar que —cuando era posible— su decisión se inclinaba claramente hacia su experiencia personal, hacia lo que percibía más o menos directamente. Al fin y al cabo predominaba su condición de científico experimental.

A pesar de las consideraciones precedentes, puede ser de cierto interés la relación de algunos canales significativos que contribuyeron a su panorama informativo en la década de los treinta en España y en la segunda mitad de la década de los cuarenta desde México, que son las dos temporadas de intensa actuación de mi padre en política internacional.

En primer lugar, sus prolongadas estancias al frente del Ministerio de Marina (de octubre de 1931 a junio de 1933 y de febrero a julio de 1936) le proporcionaron una buena fuente de informaciones internacionales a través del Estado Mayor y de los agentes de ventas de equipo especializado para los buques de guerra principalmente. Justamente cuando empezó a dudar de la lealtad de los altos mandos en la Marina y de evaluar el peligro que entrañaba —en 1936— fue cuando decidió vigilar muy de cerca los movimientos de los oficiales y de los barcos, lo que le llevó a tomar medidas excepcionales y a intervenir con rara energía y con inteligente habilidad para reprimir la sublevación de los altos mandos coludidos con la más retrógrada política internacional. Más de una vez le oí cambiar impresiones con los miembros del Estado Mayor de la Marina y siempre pude darme cuenta de cómo escuchaba para filtrar y seleccionar la información que le proporcionaban los almirantes, en ocasiones con gran fecundidad verbal y no sé si siempre revelando toda la verdad.

Ante todo, las continuas y directas informaciones del propio Azaña como jefe del Gobierno (de octubre de 1931 a noviembre de 1933 y de febrero a abril de 1936) y como presidente de la República (abril de 1936 a febrero de 1939). La rutinaria fidelidad de esa continua información se remata con el hecho (solamente recogido por el biógrafo americano) de enviar la copia de su dimisión en París al domicilio particular de mi padre, una modesta bohardilla que acababa de alquilar en la Rue de Chatillons núm. 6 para alojar a toda la familia.

En 1936 sabía ya de los contactos del almirante Canaris con Franco y con otros militares españoles (sin sospechar el doble papel y fin trágico de Canaris años después). Ignoro la precisión y la amplitud de sus informaciones, pero indudablemente eran suficientes para preocuparle como le preocupó, desde el momento en que aceptó la presidencia del gobierno, la intervención alemana en el apoyo a los militares sublevados. En aquellos meses de julio y agosto de 1936, cada vez que hablaba con él me contaba alguna preocupación del día respecto a la embajada alemana —no estaba ya el embajador pero había un importante secundón, frecuentemente con notoria impertinencia— que todavía estaba al comienzo de la Castellana, casi en esquina con Goya y la Plaza de Colón.

Volviendo a los documentos oficiales que tanto se han valorizado para hechos muy remotos, en los más recientes relativos a la II República Española, es de destacar que, no habiendo existido lugares seguros dónde conservar la documentación, ni en España ni en el exilio, hubo que destruir la mayor parte del material escrito.

Acaso por estas consideraciones, yo pretenda valorar más seriamente las informaciones políticas que tuvo mi padre, tratando de apartarlas de la condición de chisme frívolo o de rumor infundado, condición de la que nunca podrá despojarse totalmente la más pretenciosa información o el más documentado servicio de espionaje, sea o no base de novelas policiacas de máxima estimación. De aquí que, en este aspecto, la historia verbal que estoy tratando de transmitir puede adquirir mayor relevancia al no existir documentos fidedignos que la contradigan seriamente. En cualquier caso, lo que no se puede negar es que, ciertas o no, las informaciones que pueda referir respecto a nuestra desdichada guerra y al destino de la II República, fueron determinantes de la actitud y de la conducta de mi padre. Toda la intransigencia —que, para otros, es firmeza ideológica— toda su rigidez política, que tanto se le ha criticado, así como su falta de flexibilidad para adquirir compromisos (pasteleros, como los llamaba) adquiere tintes de una noble y valiente defensa de la Legitimidad Republicana, tanto más cuanto que sabía —o creía saberse— la magnitud de los intereses cruzados y turbios compromisos que se le oiponían y con los que tuvo que enfrentarse. De ahí que su posición valerosa y decidida, en un mundo en crisis de valores fundamentales y de ideas básicas, tome perfiles de paladín de la "última gran causa", que lo sigue siendo, y más después de la caída del muro de Berlín.

Además, es muy de tener en cuenta la gran cantidad y variedad de entrevistas personales con altos personajes de la política internacional en España durante la República en paz o en guerra, y en las salidas oficiales como representante de la República en conferencias internacionales en Ginebra (desarme, asambleas) o en entierros solemnes de políticos destacados (Mazarik en Praga, Kemal Ataturk en Ankara) así como los que hubo de realizar en 1945-1946 con motivo del gobierno en el exilio, en Naciones Unidas o directamente con políticos significativos como el ruso Molotov, el belga Spaak o los políticos franceses de la segunda guerra.

Últimas causas de la guerra

Precedentes históricos

Éstas son las verdaderas (¿?) causas del fin de la guerra
Entrevista con Molotov. 2 libros Azaña (Grijalbo)

Los obreros franceses tienen vacaciones pagadas

"La última gran causa"

Pierre Vilar recuerda la idea expresada por Álvarez del Vayo (dudo que fuera el primero en expresar esa idea, que mucha gente coincidió en decirlo, antes y después) de que en España se libró la primera batalla de la segunda Guerra Mundial.

Habría que combinar con Krivitsky y sus relatos sobre el ansia de Stalin (desde 1935) de conseguir una alianza con Alemania para amenazar a Francia e Inglaterra en las que no confiaba como posibles aliados frente a Alemania. Stalin tenía una gran dsconfianza y temor de que lo dejasen solo frente a Alemania, lo que acabó sucediendo. Esto se confirma con el desenlace de la conferencia de Munich a fines de 1938: Francia e Inglaterra pactan con Alemania, e Inglaterra sin contar ni avisar a la URSS. Stalin estaba preparando desde mucho antes el apaciguamento directo de Alemania (despreciaba o no tomaba en cuenta a Italia, pero tenía relaciones con Japón, de acuerdo con Krivitsky) con lo cual la plana mayor nazi estaba de acuerdo, pero Hitler personalmente se oponía *por la guerra de España*. Embona bien con las informaciones de mi padre atribuyendo a Hitler la frase "el día que me lance a invadir Francia no quiero tener una hoguera encendida a sus espaldas. Esa hoguera es la guerra española que se mantiene por el armamento ruso. Si Stalin dejase de enviar armamento, se apagaría la hoguera con el triunfo franquista" más favorable aún que la simple extinción de la hoguera. Como el Mediterráneo se fue cerrando a los embarques rusos, hubo que enviarlo por tierra a través de Francia —¿preparado u obligado?—. Ovidio Botella tuvo que destruir material de guerra cerca de la frontera mientras veía del otro lado material, en cajas rusas fácimente identificables para él, que eventualmente ¿se lo quedaron los franquistas? ¿O se lo quedaron los franceses?, aunque todo este material se incluyó en las cuentas que los rusos se cobraron con el oro español.

Mi padre conocía todos los antecedentes de la política de entendimiento/no entendimiento de la URSS/Alemania nazi por informaciones alemanas demócratas (principalmente socialistas) emigradas en Centro-Europa y recogidas por Jimenez Asúa en Praga. Por cierto que recuerdo a Jimenez de Asúa, que dominaba el francés y el alemán, quejarse de su falta de conocimiento del inglés, y a Sánchez Albornoz quejarse, al revés, de su falta de conocimiento de esos idiomas, aunque sí dominaba el inglés.

La gran preocupación de mi padre al principio de la guerra (fines de julio del 36) consistía en *"evitar a toda costa una guerra con Alemania"*. Temía muy seriamente una intervención más descarada de los nazis alemanes, llegando a pensar con honda preocupación en una guerra abierta. Confieso que varios días, hablando con él allá en el Palacio de Buenavista, llegué a temer, a mi vez, alguna flaqueza por miedo a los exabruptos de los funcionarios de la Embajada alemana, de las cuales fui testigo en alguna ocasión; sin embargo, se mantuvo firme frente a las presiones alemanas, sin dejarse llevar por posibles actitudes escandalosas ni provocaciones, lo mismo por parte de Álvarez del Vayo (incidente del *junker* alemán que aterriza en Barajas, en julio de 1936) que de Indalecio Prieto, ya rotas las relaciones con Alemania en ocasión del incidente del acorazado "Deutschland" anclado en Ibiza y bombardeado por la aviación republicana (mayo de 1937), provocando una violenta reacción personal del propio Hitler que terminó en aquel vergonzoso episodio del bombardeo de Almería por el acorazado "Graf von Spee". A la sazón mi padre no era más que ministro sin cartera en el gobierno de Largo Caballero pero la minuciosa información de por qué se bombardeó Almería, y no Valencia ni Cartagena, la tuvo directamente en la Presidencia de la República, por el propio Azaña, de quien fue su constante consejero y dialogador. En cambio, de los italianos nunca manifestó la menor preocupación, a pesar de su irrupción mutitudinaria en nuestra guerra. Sencillamente no les hizo caso (Málaga).

En cuanto a las relaciones con Alemania, yo seguía manteniendo mi postura de germanófilo científico y germanófobo político.

En su periodo de ministro sin cartera y encargado por Largo Caballero de los canjes de prisioneros, tuvo estrechas y continuas relaciones directas con altos funcionarios de la Cruz Roja Internacional de Ginebra y especialmente con su presidente, M. Juneaud, como le oí decir en varias ocasiones, su desesperación porque no se llevaban a cabo los canjes de prisioneros españoles (la contraparte de mi padre entre los militares sublevados era, teóricamente, el conde de Vallellano, nombrado alcalde de Madrid [¡!]con residencia y despacho en Valladolid —ridícula y pretenciosa situación—, pero parece que el verdadero determinante era el jefe de los servicios de inteligencia, coronel Ungría), aumentada por la facilidad y rapidez con que se realizaban canjes de militares alemanes por militares o técnicos rusos, especialmente aviadores y marinos.

Lógicamente, la Embajada en París debía de ser la primera y mejor fuente de información. Aunque al estallar la guerra se envió de embajador nada menos que a don Álvaro de Albornoz, presidente del Tribunal de Garantías Constitucionales, la realidad es que ni la perspicacia de don Álvaro, ni su moderada dedicación fueron de mucha utilidad. Afortunadamente por aquellos días se encontraban en París dos socialistas eminentes de gran inteligencia y actividad —Jimenez de Asúa y Fernando de los Ríos— quienes, con fácil acceso a su compañero socialista León Blum, representaron un canal de información fidedigno y utilísimo. Asúa lo continuaría y lo ampliaría desde la Embajada en Praga. Fernando de los Ríos haría su parte desde la Embajada en Washington.

Viñas ha difundido en público la carta de Fernando de los Ríos a mi padre (Historia, 16) demostrando cómo "Francia traicionó a la República Española", lo que demuestra que la información verbal es siempre más segura y útil que escrita. Sorprendentemente otro miembro de la "Embajada paralela y activa" fue mi hermano Antonio, quien se había quedado en París a requerimientos de mi padre y se comunicaba directamente con él. Entre otras cosas, aparte de la actividad que desplegó mi hermano, contratando los primeros aviadores franceses y no franceses, fue él quien recibió el cheque por la devolución del "clearing" de las armas. Lo más bochornoso.

Felipe García Ascott logró siempre una gran finura de información, hasta llegar a México, al contrario que con Araquistain, que no logró nada (sólo para Largo Caballero y para Negrín).

Es muy interesante, al cabo de tantos años, registrar las presiones de rusos stalinistas y de alemanes hitlerianos sobre la Cruz Roja Internacional, interesados ambos recíprocamente en rescatar rápidamente a sus técnicos militares, pero si me esfuerzo en señalarlo es por pensar que ahí tuvo mi padre informaciones valiosas —sin que pueda precisarlas— sobre las intenciones de los mayores poderes militares de aquellos años.

Una fuente de informaciones valiosísimas en la política europea fue la proporcionada por nuestro embajador en Praga, don Luis Jimenes de Asúa. Reiteradamente le oí a mi padre ensalzar la información sobre la política europea que le transmitía Asúa. El catedrático de derecho penal de Madrid, presidente de la Comisión de la Constitución de 1931, hombre inteligente y trabajador, que había sido mentor universitario de la juventud durante la dictadura, dominando admirablemente la lengua alemana y la francesa (pero no la inglesa), militante socialista (reciente), protector y orientador de las juventudes de entonces (FUE), supo con gran habilidad y tesón organizar una corriente de información gracias a los socialdemócratas alemanes que huían a Checoslovaquia y otros que entraban y salían. De vez en cuando, judíos y comunistas completaban la información, pero siempre fueron los socialdemócratas alemanes quienes mejores y más oportunas informaciones transmitían a Asúa y éste a mi padre, directamente o a través de Azaña. El hecho es que uno de los puntos determinantes de la postura y de la acción de mi padre se basó siempre en la información alemana-Praga, Valencia (Barcelona). Así lo reconoció siempre mi padre con admiración y gratitud.

Una fuente de informaciones internacionales muy interesante fue la proporcionada por México, no sólo por su inigualable presidente, Lázaro Cárdenas, a través de los embajadores en España (Madrid, Valencia, Barcelona), sino la que pudo recoger en aquellos tiempos ese paradigma de liberalismo humanista, Isidro Fabela, delegado de México ante la Sociedad de las Naciones (que sería después miembro del Tribunal Internacional de La Haya, por lo que tuvo gran relación con don Rafael Altamira y con mi padre) y con quien mantendría una estrechísima amistad durante el exilio mexicano, habiendo escuchado yo conversaciones en México en las que aludían retrospectivamente a valiosas informaciones de la diplomacia mexicana.

Fruto importante de esa relación oficial con México fue preparar la llegada al país de una numerosa proporción de republicanos (de todos los matices políticos) pero antes, durante los tiempos de la guerra, el envío del "Magallanes" con fusiles y cartuchos de fabricación española que habían sido vendidos a México. José María Argüelles abordó el barco, y fue también intermediario en la compra de aviones Bellanca que luego retuvo el gobierno mexicano y negoció favorablemente con el gobierno en el exilio. ¡Cómo bombardeaban al "Magallanes" al pasar por el estrecho!

Después, durante el exilio, tuvo un trato estrecho e intenso con la diplomacia mexicana, especialmente durante su actividad en Nueva York en las Naciones Unidas. Con los más finos y significativos diplomáticos mexicanos la relación llegó a tener perfiles de amistad personal en la que destacaba el respetuoso trato dado por los mexicanos —señor presidente— desde que se ejecutó la fórmula de reconstrucción de las instituciones republicanas en México.

Rafael Fuentes, Quintanilla, Gilberto Bosques, Castillo Nájera, Torres Bodet, Padilla Nervo (sobrino del famoso poeta y diplomático Amado Nervo) y muy especialmente el gran canciller organizador de la continuidad de relaciones con el gobierno republicano en el exilio, Manuel Tello.

Fue Manuel Tello quien siendo más tarde senador por Zacatecas, en una de las habituales reuniones interparlamentarias mexicano-estadunidenses, en Washington precisamente y en público, rechazó con firme lenguaje diplomático (1961) la excitativa de un connotado senador norteamericano para que México rompiese su reconocimiento del gobierno en el exilio.

Otra fuente de información de la diplomacia mexicana fue recibida a través de Manuel Ma. Pedroso, catedrático de derecho político en la Universidad de Sevilla y diputado socialista. Íntimo amigo de mi padre de muchos años antes, Pedroso se incorporó al exilio mexicano directamente desde Moscú, donde había sido el último embajador de la República al final de nuestra guerra y había llegado a México poco antes que nosotros, por lo cual fue uno de los que se distinguieron en recibir a mi padre, hasta el grado de que fue él quien nos porporcionó las casitas recién construidas en Pánuco 18 —a la vuelta de su propio domicilio en Amazonas— en las que pasamos los primeros tres años del exilio. Pedroso fue uno de los catedráticos del exilio que primero se situaron muy bien en la UNAM organizando y sosteniendo —además de sus clases— un excelente seminario sobre derecho internacional que adquirió justificado renombre y respeto en los medios mexicanos. La labor universitaria de Pedroso en el campo de las relaciones internacionales estuvo realzada por el hecho de que mantenía una profunda y continua conexión con la diplomacia mexicana y tenía un acceso especial a la biblioteca de la Secretaría de Relaciones Exteriores. Acaso todo ello influyó para que al formar mi padre el gobierno republicano en el exilio (1945) nombrara a Pedroso embajador en Venezuela, otro de los países que nos reconocieron oficialmente (cuatro de América: México, Venezuela, Guatemala y Panamá), con el encargo de rescatar ciertos intereses oficiales que la CAMPSA española había establecido en Venezuela y en las vecinas Antillas holandesas. Me consta el entusiasmo con que mi padre recibió el buen éxito de Pedroso en tan delicada misión.

Esas relaciones con ayuda de la diplomacia mexicana en ocasiones nos proporcionaban noticias e informaciones simpáticas y halagüeñas. Por ejemplo, a fines de la década de los cincuenta en una de las primeras entrevistas (habituales entre presidentes mexicanos y estadunidenses) entre el presidente López Mateos y el presidente Johnson —en el rancho de Johnson y con barbacoa—, éste, con su cantinela de forzar a los mexicanos a romper con la República en el exilio, como resultado de la presión española por la reciente concesión de bases, insistió por enésima vez en la petición —uno de los primeros puntos en la agenda— de ruptura con el gobierno republicano en el exilio; "ese gobierno fantasma que no representa nada; hay que buscar un entendimiento con los gobiernos *de facto* para llevar adelante una política realista", decía Johnson. La sutil diplomacia mexicana aceptó la invitación por boca del presidente López Mateos, en estos términos: "Conforme, reconozcamos la importancia de los gobiernos *de facto*. Como me parece mucho más importante, voy a empezar por reconocer al gobierno de la República Popular China y después seguiré con el de España".

No sé si la enorme humanidad de Lyndon Johnson llegó a estremecerse, pero sí suponemos que rápidamente contestó: "Bueno, vuelva la hoja, pasemos al siguiente punto de la agenda". No se olvide que habrían de pasar otros 20 años hasta que la "diplomacia del ping-pong" facilitase las relaciones China comunista-Estados Unidos y 15 años hasta el fallecimiento de Franco que facilitaría la nueva relación México-España.

Es necesario dejar constancia de otra importante fuente de información diplomática, también de origen hispanoamericano pero, esta vez, más al sur, de Chile. Eduardo Cruz Coke, profesor de bioquímica en la Universidad de Santiago de Chile, era viejo amigo de la ilustre familia catalana Pi Suñer, todos ellos fisiólogos: don Augusto, profesor de fisiología en Barcelona, don Santiago su hermano, profesor equivalente en Zaragoza y Jaime, su hijo mayor, que había sido profesor en Chile y antes de comenzar la guerra había ganado la cátedra de Santiago de Compostela, amén de César, químico farmacéutico activo en la industria farmacéutica mexicana. Pero, además, durante mi estancia en Heidelberg, en el laboratorio de Kuhn, conocí a Cruz Coke que hacía una visita por Alemania. De allí nació una fuerte amistad que se amplió a mi padre, también profesor de bioquímica en Madrid. En paralelo con mi padre, Cruz Coke compartió el cultivo universitario de la bioquímica con una apasionada actividad política en su país. Senador vitalicio en su tierra, católico y militante de la Democracia Cristiana, no consintió nunca en tener la menor relación con el régimen franquista a pesar de las reiteradas invitaciones que se le hicieron desde Madrid, ni siquiera para visitar España mientras vivió Franco. Estuvo a punto de ser presidente de Chile en una reñida elección cuando salió González Videla y a pesar de su significación derechista y católica fue un representante permanente de su país en las relaciones internacionales de alto nivel, especialmente en la creación de las Naciones Unidas (1945, San Francisco) y en los primeros años de su existencia en Nueva York.

Resulta emocionante recordar cómo Eduardo Cruz Coke, al viajar de Chile a San Francisco o a Nueva York, hacía hincapié en detenerse en México "para hablar con sus amigos los republicanos españoles". En cuanto llegaba, me hablaba desde el hotel para que le preparase una reunión con los universitarios españoles, sin que faltasen sus grandes amigos los Pi Suñer y los Giral. Si bien don Augusto estaba normalmente en Caracas, don Santiago en Panamá y Jaime en Estados Unidos, en México vivía otro hijo de don Augusto, César, también bioquímico, desde el campo farmacéutico, quien nunca faltaba a esas reuniones. Por supuesto, el mayor beneficiado fue mi padre cuando, en esos años de 1945-1946, volvió a dejar la bioquímica en beneficio de la política (del exilio). De Cruz Coke recogimos la recomendación de atender a las antiguas colonias inglesas las que, desde la reunión de San Francisco, habían sido señaladas para una actuación especialmente importante en la futura política internacional; un gesto hábil de Inglaterra para la evolución de la Commonwealth, al tiempo que disponían de más votos en las Naciones Unidas. La recomendación fue muy oportuna pues cuando las Naciones Unidas crearon el comité especial sobre España, la presidencia recayó en el delegado de Australia, Herbert V. Evath. Mi padre supo aprovechar más tarde la recomendación del senador chileno; aprendió bien la lección que nos brindó generosamente.

Entre otras cosas, para destacar más la simpatía del profesor de bioquímica, debe recordarse que nunca consintió en ir a España, a pesar de las reiteradas invitaciones que se le hicieron presionando por su condición de demócrata-cristiano y católico practicante. En cambio, los amigos chilenos nos hicieron notar la diferencia con Salvador Allende que, siendo presidente, se despepitaba por acudir a las recepciones de la Embajada española en Santiago. Recuerdo la sorpresa de Allende en 1961, cuando no soñaba aún con la presidencia, en el restaurant Río Cristal en La Habana: invitados por Raúl Roa, el ministro de Relaciones Exteriores de Fidel Castro, me tocó estar en frente de Allende mientras tenía a mi lado a la esposa del guayanés Chedy Jagan. No olvido la inquietud y el desconcierto de Allende cuando, en ese ambiente, le pregunté a bocajarro por mi amigo el senador Cruz Coke. Nada de estos episodios disminuye en un ápice mi admiración y mi respeto por el fin heroico y dramático del presidente Salvador Allende, pero es una prueba más de lo difícil y compleja que ha resultado la política internacional en este siglo XX, sobre todo cuando se ha hecho con humildad y con una austeridad enorme económica pero con un apego a los principios fundamentales éticos.

Durante el exilio y especialmente en los tiempos del gobierno, una valiosa fuente de información fue A. M. Sbert, quien recogía y recopilaba toda la información procedente del "comité aliado" durante la guerra en Europa, comité con el que Sbert estaba muy bien situado. Por esa razón, entre otras, al constituir el gobierno en el exilio, mi padre encargó a Sbert la confección y publicación de un periódico informativo que, al tiempo que servía de propaganda para el gobierno, sirvió mucho a mi padre para tener informaciones de la alta política inglesa, francesa y estadunidense, misión en la que Sbert reforzó su actividad con tesón y con inteligencia, colaborando lealmente con el gobierno en el exilio (fue quien me dio la versión de la conferencia López Mateos-Johnson en Texas).

De sus muchas relaciones internacionales extraía de vez en cuando sabrosas consecuencias. Con detalle, por su significación, hemos relatado su entrevista con Molotov, pero aparte de ese episodio singular hay que rememorar una serie de encuentros, entrevistas y recepción de informaciones (Spaak).

Siendo jefe del gobierno, ministro sin cartera (consejero informador permanente del presidente Azaña), encargado de canjes o ministro de Relaciones Exteriores, siempre tuvo acceso a la Subsecretaría de Información y Propaganda en la que trabajaron personalidades tan destacadas como Carlos Esplá, Leonardo Martín Echeverría, Julián Marías, Arturo Soria y Daniel Tapia, entre otros muchos. Gracias a la lealtad republicana de todos ellos y a su sensibilidad intelectual, se pudo enterar mi padre con cierta rapidez del incidente Unamuno-Millán Astray en la Universidad de Salamanca (entusiasmado con la primera versión que recogió el periódico de Costa Rica), así como del robo de parte de las memorias de Azaña que tenía en Ginebra su enviado Cipriano Rivas.

Por supuesto, toda la información que llegaba a la presidencia de la República o, personalmente, a don Manuel Azaña, era constantemente discutida y contrastada con mi padre, primero como ministro de Marina y después como jefe del Gobierno, más tarde como ministro de Asuntos Exteriores y cuando no —durante la guerra— como ministro sin cartera. Por su devoción a Azaña, fue el único ministro que, en distintas carteras, estuvo constantemente formando parte del gobierno desde febrero de 1936 hasta febrero de 1939 en que cruzó la frontera acompañando a Azaña, para no regresar nunca más a España.

De su gestión como ministro de Asuntos Exteriores, fundamentalmente en Barcelona, no debió de salir mal parado a juzgar por la opinión del embajador de Noruega en Barcelona. Cuando falleció mi padre, en los últimos días de 1962, el mismo diplomático era el embajador de su país en México. Escribió una carta a la Embajada Republicana que era la única representación diplomática reconocida por México —preguntando si podía saludar a algún familiar—. El ministro encargado de la Embajada, Manuel Martínez Feduchy, invitó al embajador noruego junto con mi hermano Antonio y conmigo.

Política desde el exilio

1. Partidos y reuniones
Centros Prietistas y Negrinistas (reps.) JARE y SERE.
   Consecuencias de La Habana. Carta del Atlántico. Churchill enemigo núm.1 de los republicanos. Entrevista Prieto, carta Negrín. Junta de liberación anticomunista, San Francisco.

2. Reconstitución de la Legimitidad Republicana (en el exilio)
Cortes (Martínez Barrio) Discursos Negrín (Potsdam) La Embajada.

3. Mil kilómetros de crisis (política) en el exilio
Véase el Apéndice 1.

4. Un programa idealista y una ejecución realista
(Churchill Roosevelt/Conferencia del Atlántico).

5. París-Londres-Nueva York
Entrevista Molotov. Parlamento Dunkerke. Las Naciones Unidas, Tarjetas, Alimentos, Retiro embajadores.

6. Inglaterra tocada
Nota tripartita. Laboristas-Socialistas.

7. Clave de hispanidad
1948. S. Juan de Ley-Yate Azor-Foreign Office-Intelligence Service.

8. Congresos por la paz
Moscú. Pekín. Varsovia. Viena.

No colaborar Asúa, Claudio.

Destacar internacionales de todo el mundo. Inglés (¿Southword?) importancia se siga hablando de guerra española.

Recapitulación
(Epílogo/Resumen de conversaciones)

Por dos veces en la historia de España se ha proclamado una República pacíficamente, mediante elecciones democráticas. El 11 de febrero de 1873, un Parlamento elegido por votación popular bajo un régimen monárquico —aunque sin titular, Isabel II había sido destronada cinco años antes— y teniendo en Palacio a un rey extranjero, Amadeo de Saboya, importado por elección de una oligarquía predominantemente militar liberal para cubrir el vacío de la destronada reina, aprueba por votación mayoritaria la proclamación de la República —la primera en España— se le comunica al rey en Palacio, prepara su equipaje y se marcha de España tranquilamente acompañado de su familia.

El destronamiento de Isabel II en 1868 era la culminación de una serie de errores y de una vida privada y pública desacertada que venía a condenar la instalación en la Corona española de la familia francesa de Borbón, a comienzos del siglo XVIII, lo que había costado a España 17 años de guerra civil por servir a banderas extranjeras (Austria y germánicos protegidos por ingleses contra Borbones franceses) con un destrozo en la economía y en la vida española y con una pérdida de vidas españolas mucho mayores que lo ocurrido posteriormente en episodios de los siglos XIX y XX. La ejecutoria real de la familia Borbón en España se salva porque en la segunda mitad del siglo XVIII, los hijos de Felipe V (Fernando VI y Carlos III) dejan gobernar a españoles ilustres, de espíritu progresista y liberal, muchos de ellos masones, pertenecientes al movimiento conocido como la Ilustración.

La segunda vez, el 12 de junio de 1931 unas elecciones municipales convocadas después de ocho años de dictadura militar que había anulado la vida democrática y parlamentaria bajo el reinado de Alfonso XIII, dan el triunfo en las grandes capitales y en la mayoría de los centros urbanos —acaso no en todos los pueblos españoles— a una candidatura de "confirmación republicano-socialista".

Ante ese triunfo municipal electoral, el rey Alfonso XIII abandona el Palacio y España, dejando a su familia al cuidado del conde de Romanones y el 14 de abril de 1931 se proclama la República en la mayor parte de las ciudades españolas, por imposición popular abrumadoramente mayoritaria, en forma *pacífica, tranquila, incruenta;* ¡un cambio de régimen con las tiendas abiertas! Sin que se quiebre un solo cristal. Los jóvenes obreros y estudiantes protegen el Palacio Real gritando ¡Pueblo: respeta este edificio que es tuyo!

Las dos Repúblicas fueron, en cambio, canceladas violentamente por movimientos militares con apoyos extranjeros más o menos complejos y descarados. Al extremo de estos hilos siempre se encontrará la mano del gobierno británico, sea del matiz que sea, tratando de frenar el desarrollo de una España liberal y progresista.

Recuerdo a mi padre preocupado porque nos había caído una República sin que hubiera suficientes republicanos preparados para gobernarla. La preocupación le siguió durante cinco años de vida civil y tres de guerra, y a ello atribuía fundamentalmente los males de la República. Decía mi padre:

La primera República la viví como recuerdo de 10 años antes de regresar a España, después de nacer en Cuba, y no puedo dar testimonio directo. Pero en la segunda sí he intervenido y me parece que en forma decisiva más de una vez. No me arrepiento de nada de lo que hice, teniendo en cuenta las circunstancias. No cedo a nadie primacía en los sacrificios de toda índole que me costó contribuir a su proclamación, trabajando por lograr su advenimiento, conspirando todo lo que hizo falta —siempre en forma incruenta— y sufriendo las consecuencias. Mi gran ilusión fue un gran partido republicano, de intelectuales humanistas, liberales, progresistas, presidido por una gran figura como don Miguel de Unamuno. Cuando se resistió a aceptar esa misión, soñé con que la República del 31 pudiera prescindir de don Miguel. Tampoco se pudo: creo que ahí perdimos grandes oportunidades. Si no pude convencer a don Miguel para aceptar la dirección del partido republicano intelectual, tuve la fortuna de encontrar a don Manuel Azaña, que cumplió esa misión con gran brillantez y a la altura de las circunstancias. Después, la obra legislativa y gobernante de Azaña, al frente del gobierno durante el primer bienio, me parece uno de los esfuerzos mejor logrados por colocar a España en el nivel adecuado de un Estado moderno.

La terrible derecha española no le perdonó, ni le perdonará, a Azaña su firmeza y su eficacia acelerada por ganar el tiempo perdido y por enjugar en atraso de España. (Véase Vega Díaz: Azaña protegido por don José Giral).

Cuando se proclamó la República del 31, me parece que no se ha hecho bastante hincapié en la forma como nos la regalaron. Las elecciones municipales, por grande que fuese el triunfo de la conjunción republicano-socialista (en las grandes ciudades, no en el total de los pueblos), no estaban convocadas para poner en litigio el régimen, pero el rey tuvo miedo y huyó abandonando incluso a toda su familia en el Palacio real. Es necesario destacar la forma ejemplar como se condujo la juventud de obreros y estudiantes —reflejo de la conjunción republicano-socialista— que se encargó de proteger sin violencia los edificios y todo residuo del rey.

La llegada inesperada de esa República, en forma tan pacífica y sin ningún asomo de violencia para tomar el poder, sino aceptándolo de quien lo dejaba abandonado, fue causa de honda preocupación por la falta de cuadros y organizaciones preparadas para asumir esa tarea. No obstante, la conjunción funcionó y, lo mismo por parte de las organizaciones obreras que de los intelectuales republicanos, se proporcionó un abundante número de cabezas valiosísimas, evidentemente sin experiencia gobernante, pero sorprendidos también por la rapidez con que huyó el rey dejando el poder en manos de los triunfadores —conjunción republicano-socialista— de las elecciones municipales (sólo en las capitales y en las grandes ciudades). Desde el mismo día de la proclamación sentí la enorme preocupación por la falta de cuadros, de organizaciones, de partidos, que asumieran la responsabilidad de gobernar en un cambio tan brusco y tan inesperado.

No obstante, fue una gloria española de aquellos tiempos la reunión de cabezas ilustres en Cortes Constituyentes, lo que produjo una Constitución modelo en muchos aspectos. Prometía ser el nacimiento de un nuevo Siglo de Oro español.

La creación del primer gobierno republicano en el exilio*

ANTECEDENTES CON IMPORTANCIA Y SIN ELLA

En una comida antes de llegar Negrín, don Diego le ha dicho a mi padre si no querría encargarse de formar gobierno. La comida era para el doctor Héctor Pérez Martínez, nombrado subsecretario de Gobernación y muy amigo de los españoles.

Contestación de mi padre: ¿Es que abre usted ya el periodo de consultas? En resumen, ni que sí ni que no.

***

En la intimidad se niega en absoluto a considerar siquiera la posibilidad de formar gobierno. No quiere. Hay que tener en cuenta que lleva más de dos meses con un eczema rebelde que la causa constante comezón con las consiguientes molestias. Parece de origen diabético: hiperglucemia sin glucosuria. El riñón lo tiene muy averiado desde el 37, en Barcelona, en que padeció ataques de pielonefritis. Por ello, el regimen alimenticio para un diabético (muchas proteínas) terminaría por dañarle severamente el riñón. Como vía de ensayo el doctor Fraile le ha sometido a un regimen de hambre (2 200 calorías) que no le permite hacer apenas esfuerzos. Las oscilaciones típicas de una hiperglucemia no controlable fácilmente, porque el riñón no funciona y no hay glucosuria, le producen en las tardes crisis muy molestas con fuertes escalofríos y convulsiones débiles que le obligan a guardar cama.

Sin embargo, no deja de cumplir con sus obligaciones mínimas: sus clases en el Politécnico y en Salubridad. Para facilitarle la tarea, sacrificando horas de trabajo en mi empleo, hace más de un mes que le llevo y le traigo de sus clases en coche.

---

*Tomado de un diario que Francisco Giral llevó en un cuaderno, de su puño y letra, durante los acontecimientos que narra, México, 1945.

Por fin le convencemos de que Fraile le aumente el régimen a 2 500 calorías. No es mucho pero se encuentra mejor con el aumento.

***

Mi hermana María Luisa ha estado durante el mes de julio en cama, imposibilitada de atender al niño, con un padecimiento nervioso cuyo diagnóstico exacto no se le ha comunicado a mi padre, aunque sospecho que él lo sabe. Todo contribuye a deprimirle.

Está pendiente todavía la segunda operación del niño de mi hermana: cerrarle la fisura del paladar. La operación es más compleja que la primera (cierre del labio) y en esa fecha en febrero, el niño tuvo grandes complicaciones.

***

La operacion del niño, bisturí de Acosta, atención de Angulo, afortunadamente fue felicísima, en los primeros días de agosto. Petra se internó en el sanatorio para atender al niño pues mi hermana no estaba totalmente repuesta de su padecimiento. Para atender a mi hermana ha sido de gran importancia la vecindad del matrimonio de Benito. Carmen de Benito ha hecho un papel extraordinario.

***

El resultado de la operación del niño, el restablecimiento total de mi hermana, y el aumento de calorías en el régimen alimenticio contribuyen eficazmente a cambiar el estado de ánimo de mi padre en vísperas de la crisis.

Llega Negrín, expectación. Todos los rumores son de que viene muy bien dispuesto a lograr una solución conciliatoria.

Mi padre conoce una carta de Amos Salvador desde Nueva York, ha hablado cuatro veces con Negrín y repetidas veces con Prieto. Ha intentado enfrentarlos, sin éxito. Negrín le ha dicho a don Amos su decidido propósito de renunciar y dar paso a cualquier solución de unidad. Al decírselo don Amos a Prieto, éste, que conoce bien a Negrín, ha manifestado profundas dudas sobre la sinceridad de Negrín. Prieto no creee que venga dispuesto a dimitir.

***

Al día siguiente de llegar Negrín hay una fiesta en casa de Carmen de Benito. Asiste Álvarez del Vayo que ha venido acompañando a don Juan. Al encontrarse con mi padre le hace una demostración efusiva de afecto y le anuncia el propósito de Negrín de ir a visitarle inmediatamente. Mi padre le manifiesta su deseo de ser él quien vaya a visitar a don Juan y a tal efecto le encarga a Vayo delante de mí que le procure una entrevista pues ignora su paradero.

La conversación tuvo lugar el 16 de julio, día de las Cármenes. Mi padre tardó en entrevistarse con Negrín unas tres semanas al menos.

***

En una Junta de la Unión de Profesores, antes de la llegada de Negrín, habíamos comisionado a Puche para que hiciese saber a Negrín el deseo de la Junta de visitarle como compañero y de ofrecerle una comida "como se ha hecho con todos los compañeros universitarios que han visitado Mexico desde que existe la UPUEE", frase de mi padre.

Negrín no concedió nunca esa entrevista. En la Junta de la Unión hay profesores de todos los matices y mi padre es vicepresidente.

***

Días antes de la llegada de Negrín hay una maniobra en el campo de Izquierda Republicana: Don Mariano Ruiz Funes, quien durante toda la emigración se ha mantenido en una actitud independiente junto con mi padre y mi suegro, acaudilla un grupo de "independientes" que se fusiona con el grupo negrinista (Velos, Clerigo, etc.). Mi padre y mi suegro siguen independientes. Sorpresa: José de Benito que ha figurado activamente en ese grupo "independiente" mientras se intentaba la unión, queda al margen junto a mi padre.

Con Funes se van Bolívar y Ceferino Palencia, a quienes el rumor popular atribuye la misión de "calentar la cabeza" a Funes.

Es un gople para mi padre, por la devoción y admiración que siempre le ha profesado a Funes.

La gente dice que Bolívar y Palencia explotan la profunda aversión de Funes por Prieto y son los que le inducen a dar ese paso que representa adelantarse a tomar una posicion negrinista.

***

La directiva del Ateneo Salmerón (grupo mayoritario de Izquierda Republicana afecto a la Junta de Liberación, es decir al prietismo) visita a mi padre para rogarle que se sume a ellos e ingrese en el grupo.

Se niega, porque desea hablar con Negrín con absoluta libertad e independencia, sin estar comprometido con ningun grupo.

✳✳✳

Mi padre se impacienta porque no logra hablar con Negrín.

La cosa se pone fea: Negrín visita a Funes, con quien no tenía ninguna relación personal. Funes vive pared por medio de mi padre. Aunque después pretenderá ignorarlo, me consta que sabe que mi padre vive al lado. No se le ocurre ni dejar tarjeta.

Mi padre hasta llega a creer que Negrín vino a Mexico bien dispuesto para la unidad. No es tan suspicaz como Prieto. Pero se impacienta porque teme que los ministros de su gobierno le estén "maleando".

¿Qué sentido tiene esa visita a Funes a los tres o cuatro días de estar en México y negarse a ver a mi padre hasta transcurridas tres semanas?
Para mí es bien claro: Negrín tantea sus fuerzas; las incondicionales y las posibles aportaciones de última hora. Funes representa una de estas aportaciones. Mi padre representa para Negrín un peligro en potencia porque le va a cantar las verdades.

✳✳✳

Discurso de Negrín en Bellas Artes

Me indigna oírle echar la culpa de la pérdida de la guerra, para empezar, a la moral de la retaguardia. Esa frase le va a costar cara el día que volvamos a España.

Mi padre comenta con cierta sorna los relatos de Negrín: no hace alusión a nada con-creto pero asegura que Negrín presenta las cosas como le conviene, sin referir la verdad. Por si fuera poco, el error de Negrín al atribuir nuestra derrota a la moral de la retaguardia, amén del mal sabor de boca que han dejado sus elogios a los falangistas, poco después de su discursito los tres grandes —Truman, Attlee y Stalin— reunidos en Postdam, proclaman al mundo que la guerra la perdimos por la descarada intervencion de Alemania e Italia.

✳✳✳

Lunes 20 de agosto, 1945

A las 10 llevo a mi padre a San Ángel a consulta con el presidente en nombre de la minoría de Izquierda Republicana. Nos acompaña mi hermano. Cuando llegamos está con el presidente don Luis Fernández Clérigo, en su calidad de presidente [accidental] de las Cortes. Por tanto, mi padre es el primero a acudir a consulta, probablemente por su calidad de ex presidente del Consejo, ya que la minoría que él preside es la más numerosa.

Antes de salir llega Amador Fernández por la minoría socialista. Al marcharnos llegan unos periodistas y fotógrafos. Mi padre está contento porque habiendo venido tempano ha evitado el encuentro con la publicidad.

206

La casa de Reina 39 en San Ángel es muy simpática y está puesta con cierto gusto. Parece ser propiedad del señor Villaseñor, gerente del Banco de México, quien se la ha cedido a Negrín y este, a su vez, al presidente. Don Diego tiene un estupendo coche con chofer, cedidos por el presidente de la Vulcano, al parecer a través de Negrín.

Durante el regreso mi padre nos lee la nota que ha entregado al presidente y que es acuerdo de la minoría; fundamentalmente aconsejan gobierno de Unidad Nacional. Don Diego le ha rogado que la dé a la prensa. Mi padre interpreta que la nota se ajusta con gran precision a los deberes del presidente. Parece ser que no le ha indicado nada respecto al encargo.

Por la tarde hay los siguientes motivos para enfrentamiento de personajes políticos: la boda de Enrique Canedo con una de las hijas de Ruiz Rebollo; una fiesta que da mi hermana de despedida al doctor Angulo, quien ha atendido durante un año el difícil caso de su hijo y de agradecimiento a los demás médicos que han intervenido en las operaciones: el doctor Acosta, mi cuñado Paco, Manolo Márquez, mi cuñado Urbano que asistió el parto, Somolinos que hizo los análisis y Obrador que atendió la enfermedad nerviosa de mi propia hermana, asistiendo también mi padre y otros miembros de la familia; por último, el santo de Bernardo Giner de los Ríos.

En la boda Canedo-Rebollo mi suegro se encuentra con don Fernando de los Ríos, que llegó el día antes y con don Álvaro de Albornoz; los dos han aconsejado al presidente que encargue a mi padre.

En la fiesta de mi hermana el doctor Angulo le asegura a mi padre que será presidente del gobierno.

En la fiesta de Bernardo Giner, a la que asiste mi padre, sí habló extensamente con don Fernando.

***

MARTES 21 DE AGOSTO, 1945

El ambiente está cargado, en reuniones privadas y en los cafés no hay más que dos candidatos: Negrín y mi padre.

Hay numerosas apuestas por los dos y parece que están a la par.

Mi asombro es grande al ver de pronto a mi padre convertido en la única figura que la emigración enfrenta a Negrín. Me parece un error presentarlo así. Mi padre podría representar la única fórmula de conciliación frente al grave problema político de la emigración dividida en dos campos: Negrín-Prieto; Unión Nacional-Junta de Liberación; comunistas y comunistoide-anticomunistas; SERE-JARE; etcétera.

Más de seis años lleva mi padre peleando por aproximar esos dos campos, por limar asperezas, y ahora se le hace aparecer como el anti-Negrin. Peligroso, porque no abundan las figuras como mi padre, equidistantes de ambos campos, con su limpia historia republicana, con su gran prestigio, su ecuanimidad inmensa y su vida, privada y pública, ejemplar antes, en y después de la guerra.

Las apuestas siguen a la par: Negrín-Giral.

Por la noche paso por casa de mi padre. No está, tiene reunión de minoría pero allí tiene un recado de don Diego citándole para las 10:30 de mañana en San Ángel. ¿Encargo? seguramente sí.

***

MIÉRCOLES 22 DE AGOSTO, 1945

A las diez recojo a mi padre con el coche. Nos acompaña Antonio. Llegamos minutos antes de las 10:30. Incluso damos una vuelta para hacer tiempo.

La entrevista es más larga que la otra. No sale hasta las 11:15.

En efecto: encargo.

Sale hondamente preocupado pero decidido; tal como nos anunció hace unos días: se atrece con el toro. Nos lee los términos del encargo que luego publicará la prensa.

No quiere dar un paso sin hablar previamente con Negrín. Don Diego le ha dicho que el doctor Puche puede localizarle rápidamente. ¿Por qué le gusta tanto a Negrín rodearse siempre de misterio?

Camino de casa le propongo a mi padre desviarnos y pasar por la IQFA para ver a Puche. Dejo el coche lejos en el que aguarda mi padre con Antonio. Subo a ver a Puche, quien me dice que don Juan está en el "Chulavista" en Cuernavaca.

¿Cómo es eso? Yo pasé sábado y domingo en el "Chulavista" y no ví a Negrín. Parece ser que estaba en el "Mandel Inn" y el lunes se trasladó al "Chulavista".

11:45: Llegamos a casa de mi padre y pido conferencia urgente a Cuernavaca, personal con el doctor Negrín. A los cinco minutos escasos don Juan al teléfono. Mi padre le expresa su deseo de verle y de no dar un paso sin hablar con él antes que con nadie, no sólo en su calidad de primer ministro dimisionario, sino tambien por su destacada personalidad.

Don Juan esta muy zalamero al teléfono: le felicita calurosamente, le da coba, y le dice cuánto se alegra, ¡Vaya gitano!, pienso yo y no lo digo. Le manifiesta que en ese momento iba a salir de excursión a Taxco con unos amigos y que, como tiene el coche preparado, va a ver si esos amigos le llevan rápidamente a México y si no "buscará rápidamente un taxi".

Espera forzosa. Entre tanto mi padre nos entera de sus propósitos. Requerirá a Negrín y a Prieto, quiere tener a los dos en el gobierno. Requerirá a los dos grupos de Izquierda Republicana: Albornoz y Funes por cada uno de ellos. Quizá resuelva el pleito de IR prescindiendo de los dos grupos y llamando a personas del partido ajenas a la política: Barcia en Buenos Aires (piensa que haría un buen ministro de Hacienda)

208

o Amos Salvador en Nueva York. Sabemos que Ruiz Funes estaría contento con esta solución. Por su parte la minoría de Izquierda Republicana que preside mi padre, compuesta en su mayoría por diputados afectos al Ateneo Salmerón (Junta de Liberación, Prietismo) le ha dado un amplísimo voto de confianza resumido en esta expresión: "un gobierno *presidido por usted* aunque lo forme con cuatro curas, tres frailes y siete generales tiene nuestro apoyo incondicional. Nos basta, como garantía, la presidencia de usted. Haga usted el gobierno que quiera y cuente con nuestro apoyo".

Pero Albornoz, ¿pensará igual?

Si los ministros de IR fueran pocos, los de Unión Republicana se conformarían con no tener ministros. Llamará también a vascos y catalanes, y a los de la CNT. Por supuesto adjudica una cartera a los comunistas. Ha pensado en Anguiano ¿Lo aprobarán los comunistas? Quiere un general: Miaja es el de más renombre internacional pero ¿qué dirán los comunistas? Don Diego tiene gran interés en que colabore la CNT. Piensa incorporar a personalidades de relieve internacional; baraja nombres: don Fernando de los Ríos, don Manuel Márquez, don Augusto Pi Sunyer el fisiólogo, don Ángel Ossorio Gallardo, Nicolau d'Olwer, Sánchez Roman, Jiménez de Asúa y lo que el piensa que sería una bomba: don Rafael Altamira. Don Rafael con sus 80 años, su prestigio americanista y su renombre internacional como juez del tribunal de La Haya sería un buen apoyo para el gobierno de cara a los problemas internacionales, aunque entre la emigración se dude incluso de su condición y de su pensamiento republicanos. Piensa que Negrín debe ser ministro de Estado y vicepresidente del gobierno.

Come y pretende dormir siesta. A las 2:45 ya está despierto e impaciente porque no aparece Negrín. En vista de ello bajo a la calle a llamar por teléfono Ericson (mi padre tiene un Mexicana) al doctor Puche. Me parece muy raro: don Juan no ha salido de Cuernavaca, pues debía ir a buscarle su hijo Rómulo quien tenía el coche estropeado y aún no se lo han entregado en el taller. Segun el doctor Puche, Rómulo aún no ha salido de México y son casi las tres de la tarde.

Le encarezco que se comunique con Rómulo y me avise inmediatamente si puede salir en el acto, pues de lo contrario yo tengo el coche listo y me ofrezco para ir a buscarle, como ya se lo ofreció mi padre al propio don Juan.

Subo indignado a contárselo a mi padre, quien no se altera y nos ofrece una explicación: Negrín está en México hace rato y —supone él— reunido con su famoso gobierno. Empiezo a comprender que la política está llena de mentiras y suciedades.

Mi padre está tranquilo y, por lo que sabemos después, ha ido adivinando los pasos de Negrín casi con precisión matemática. Comienza a operarse en mi padre el renacimiento de sus viejas cualidades políticas: 40 años de vida política le han enseñado mucho, y aunque en estos últimos le había dominado el método exacto de la química experimental, en que no caben conjeturas ni hipótesis de trabajo basadas en la mentira y la falsedad, mi padre empieza a dejarse ganar por su personalidad política. ¿Dr. Jekyll y Mr. Hyde? o simplemente adaptación a las circunstancias.

Tanto me indigna esa suposición de mi padre en la que va implícita una mentira, o varias mentiras, de dos catedráticos de fisiología que, sin pedirle permiso, me agarro al teléfono por mi cuenta, vuelvo a pedir con la máxima urgencia el hotel "Chulavista" de Cuernavaca. Sin volver a colgar el auricular me la dan en el acto.

—Bueno. Hotel "Chulavista" de Cuernavaca.

—Por favor comuníqueme con el doctor Negrín.

—El doctor Negrín salió para México.

—¿No sería tan amable de decirme la hora en que salió del hotel?

—Voy a preguntar.

Breve espera.

—Bueno, el doctor Negrín salió para México entre 11 y media y 12.

Mi padre había colgado el auricular a las 11:40, y de Cuernavaca a México, sin correr demasiado, yo hago mi coche hora y cuarto. Cuando se lo comuniqué a mi padre se limitó a sonreír.

No quiero hablar con mi padre. Me tomo tres copas de ron seguidas, me fumo media cajetilla y no puedo más que pasear nerviosamente. Necesito ordenar mis pensamientos.

El tiempo pasa y el doctor Puche no llama. ¿Cómo va a llamar? Luego es verdad la mentira. Yo mismo la he descubierto. Es inocente de mi parte el ponerme así. Sí, sí, ya lo sé. La política... creo que a eso le llaman maquiavelismo. No, no puede ser. Ha de haber un malentendido.

He oído el discurso de don Juan en Bellas Artes: necesidad de rehacer el gobierno, espíritu de sacrificio por parte de él, urgencia de resolver la situación. Todo esto lo ha dicho don Juan en público. De acuerdo con ello don Juan tenía que haber salido disparado de Cuernavaca, haber llegado a México de una a una y media (son cerca de las cuatro) y haberse puesto incondicionalmente a la disposición de mi padre.

Habrá habido una "panne". Tiene que haber explicación, no puede haber trampa. Yo combatía la política monárquica por sucia y tramposa. La política republicana es limpia, tiene que ser limpia. Pero yo mismo veo la trampa, la mentira.

Preveo lucha. Mr. Hyde va ganando a mi padre. Ya se olvidó del Dr. Jekill, del investigador científico; ha surgido en él el viejo zorro de la política. Él ni ha necesitado como yo comprobar reloj en mano la mentira; él la ha supuesto y la ha adivinado. Y además no se indigna como yo; sonríe levemente. Cuando más, comenta mi indignación: "ya me lo esperaba yo".

***

El público de los cafés tenía razón. ¡Apuestas a la par: Negrín-Giral, 1-1!

Va a comenzar la función. Negrín se me aparece ahora como un gitano fullero, mentiroso y tramposo. Mi padre, como un zorro cauto y precavido.

210

¿Cazará el gitano al zorro o se comerá el zorro al gitano?

Pero el zorro está diabético y tiene un eczema. El gitano está joven y fuerte.

¿Qué pasará?

Pienso irme a casa porque tengo mucho trabajo pendiente, sin suciedades políticas. Pero... espera un momento. Es tu padre ese viejo zorro diabético. El gitano viene bien armado: tiene dinero, mucho dinero. Un gitano con dinero es muy peligroso. Y el zorro es un zorro simpático, un zorro que no ha hecho mal a nadie, un zorro noble, generoso, un zorro de una vida ejemplar en todos los aspectos... ¡y un zorro que es mi padre!

Decido quedarme. El zorro puede ser la salvación de la República, el gitano no. No hay duda, me entrego de lleno. Si los hijos no le ayudamos está perdido, no tiene a nadie, no tiene dinero, pero tiene una ejecutoria limpísima y una conducta que, para mí, es heróica como pocas. Siempre me gustaron los héroes. Estoy con él.

***

Son las 4; el doctor Puche avisa sin dar ninguna explicación que Negrín llegará de un momento a otro. A las 4 y cinco minutos, de casa de Ruiz Funes nos pasan un recado igual. ¿Por qué avisar a Funes? Entra Ruiz Funes un momento a felicitar a mi padre porque ya conoce el encargo.

Llegan noticias de la calle: se sabe que mi padre está encargado, pero los negrinistas sonríen, creen que mi padre renunciará. ¿Por qué están tan seguros? Por primera vez oigo hablar de los "giralistas" ¿Qué raro suena? ¿Se puede ser giralista? No entiendo qué es eso.

La emigración se divide; negrinistas y giralistas. ¡Qué grande error presentar así las cosas! Pero las apuestas siguen a la par.

***

¡Por fin! Son las 4:30 y llega don Juan Negrín con traje tropical excusándose porque ha tenido una "panne" y para demostrar la veracidad no se ha cambiado el traje tropical que tenía en Cuernavaca, a pesar de que en México está lloviendo. Según él, salió corriendo del hotel y ha venido derecho a casa de mi padre.

¡Automovilistas que conocéis la carretera México-Cuernavaca; decidme sinceramente si un jefe de Gobierno que considera urgente la tramitación de una crisis puede tardar cinco horas en llegar a México y decidme si aun con un "panne" no circulan coches suficientes por esa carretera para haber llegado rápidamente a México! Yo ya sé que todo es mentira. Miro a mi padre y veo en él su tranquila sonrisa de zorro viejo.

¡Gitano: ándate con ojo que el zorro te ha descubierto!

211

***

La entrevista es brevísima. Mi padre le ha ofrecido la cartera de Estado (Relaciones Exteriores) y la vicepresidencia del Consejo, para demostrar su deseo de continuidad en la política internacional que ha llevado Negrín hasta ahora y para seguir utilizando, en provecho de la República, la extraordinaria personalidad internacional de éste. Después le expone la idea que tiene sobre el gobierno de Unión Nacional que piensa formar.

Siguen las zalemas del gitano: felicitaciones, enhorabuenas, deseos de que triunfe, adhesión incondicional en lo personal, cuente con él para todo lo que quiera (desde luego no le quiere más que para ministro de Estado) pero... "él es un hombre disciplinado que se debe a la disciplina de su partido, el cual será quien tenga que dar o negar la autorización". Promete reunir rápidamente a su partido y ya le darán contestación. La entrevista dura unos 10 minutos.

***

Por cierto ¿no fue el señor Negrín, como jefe de Gobierno, quien nombró ministros a Méndez Aspe y a Mariano Anso sin la autorización del partido de Izquierda Republicana al que pertenecían, y los mantuvo aun con la protesta del partido?

Gitano fullero, mentiroso y tramposo. ¡Ya te voy conociendo! Pero cuídate del zorro que te puede morder.

***

5 TARDE

Mientras el partido de Negrín se reúne y da la contestación, mi padre me envía a buscar a don Fernando de los Ríos, por la otra fracción socialista.

Entre tanto sabemos que González Peña, presidente del partido de Negrín, ha sido requerido con urgencia a las tres de la tarde en el café "La Parroquia" donde estaba. Se ha hecho circular el rumor de que lo llamaba mi padre, pero no es verdad: sabemos que lo llamó Negrín antes de venir éste a ver a mi padre.

Mientras don Fernando habla con mi padre, llama el presidente para saber qué hay de la crisis. Mi padre al teléfono y, entretanto, doy conversación a don Fernando que se queda solo. Hablamos de banalidades: el tiempo, sé que va a ser abuelo. Don Fernando se emociona; esto no es una banalidad, él va a ser abuelo por primera vez. Tiene exactamente la misma edad que mi padre y todavía no es abuelo; mi padre, en cambio, ya tiene seis nietos. Don Fernando me hace consideraciones filosóficas sobre el abuelo en ciernes. Entra mi padre. Salgo.

***

Mientras tanto llegan González Peña y Lamoneda. Tienen que esperar a que salga don Fernando y hemos de hacer equlibrios con las cortinas (no hay puertas) para que no se tropiecen unos y otros. Hablo con Lamoneda a quien concozco como corrector de pruebas, inteligente y trabajador, honesto en la emigración. Le digo que se le echa de menos en la Editorial Atlante donde trabajaba antes y donde editan mis cosas. En cambio, Peña no despega los labios, ¡Qué bruto parece!

***

5:30

Voy a llevar a don Fernando. Le digo: el porvenir de España está ahora en las manos de ustedes. Una intransigencia, una posición irreductible, puede echarlo todo a rodar. Mi generación les guardaría a ustedes un rencor profundo si no supieran rescatar la República por perderse en minucias y personalismos quisquillosos. Don Fernando pone cara de circunstancias y se baja del coche.

Yo pensaba que la intransigencia era el prietismo (artículos de *Excélsior*, camapaña de la Junta de Liberación) y que la concordia y el espíritu de colaboración era el negrinismo (discurso de Bellas Artes, campaña de Unión Nacional). Por eso arremetí contra don Fernando.

Al volver a casa siguen Peña y Lamoneda con mi padre. Entre tanto me entero de la posición de don Fernando que es la de Prieto, la del círculo Pablo Iglesias y la de la minoría socialista de Prieto, la más numerosa de todas: Colaboración incondicional siempre que no haya en el gobierno socialistas disidentes (Negrín, Vayo, Peña, Lamoneda, etcétera).

¡Hombre, esto es intolerable! Supeditar la recuperación de la República a un problema de disciplina de partidos. Pero ¿existe algún sentido de la responsabilidad en nuestros dirigentes políticos? Con razón pensaba yo que la intransigencia era el prietismo.

Ya verás —pensaba para mis adentros— como, a pesar de la gitanería de Negrín, éste presta su colaboración, pues la ha ofrecido en público.

***

El caso es que la entrevista se alarga. Nos llaman de la Reuter para comunicarnos unas declaraciones de Artajo, el ministro de Estado de Franco. Me acuerdo que en las entrevistas de Hitler y Chamberlain en Berchstedgaden, cada cinco minutos le entraban a Hitler noticias truculentas sobre la persecución de los sudetes checoslovacos que le servían al führer alemán, para tratar de impresionar al premier inglés. ¡Cómo nos gusta sentirnos personajes históricos! Por lo menos a mí. Supongo que es condi-

213

ción humana. Decido hacer el numerito de Berchtesgaden y entro lo más teatral que puedo a darle la noticia a mi padre. Este zorro viejo, qué listo eres, recoje lo que tienen de importante las declaraciones de Artajo y lo sensionaliza a su modo. Peña y Lamoneda ni se inmutan. Aquél hace honor a su nombre y éste debería llamarse piedra. Ni siquiera acortan la entrevista. Siguen discutiendo. ¡Tres cuartos de hora para decir que sí! ¡Qué te crees tú eso!, como decíamos en Madrid. Cuando se vàn, mi padre nos informa de la negativa rotunda de Peña y Lamoneda para autorizar al señor Negrín a que forme parte de ningún gobierno que no presida él mismo. Inconmovibles. En tres cuartos de hora mi padre agotó todos los recursos polémicos.

    ¡Viva la unidad republicana! Éstos son los de la concordia, los de la colaboración. ¿Y el discurso de Bellas Artes? ¿Y la entrevista de Negrín con mi padre?

***

Carlos Espla y José de Benito nos acompañan a mi hermano Antonio y a mí en funciones de antesala. Comentamos. Carlos Espla, prietista, Junta de Liberación, no se sorprende. Ha creído siempre en la intransigencia de Negrín. Nos dice que todo eso del discurso y de la buena disposición era un farsa para engañar a los ingenuos. Yo que ya estaba caliente con las trampas que le había descubierto antes me dejo llevar por la vehemencia y le adjudico los más duros epítetos de mi repertorio, que es bastante extenso. Pepe de Benito modera la conversación; él se ha mantenido independiente como mi padre, más bien se le atribuyen inclinaciones negrinistas con ciertos ribetes comunistoides. Espla termina por agotar mi capacidad de indignación al referirnos cómo Negrín está tratando de atraerse a los vascos: *les ha ofrecido Navarra.* ¡Negrín, el centralista, el enemigo de los Estatutos, el que odian los catalanes!

    —Pero, don Carlos, eso no es posible.

    —Pues sí señor, como no encaja en el Estatuto, ha ofrecido nombrar gobernador de Navarra a José Antonio Aguirre, presidente del gobierno vasco, y todo resuelto. A pesar de que a los vascos les ha caído bien el rasgo de ingenio parece que no se fían, pero dudan.

    Don Juan Negrín, me está usted pareciendo un gitano muy peligroso. Usted se olvida que no trafica con burros y mulas, tiene usted en sus manos la suerte de una nación.

***

A LAS 6:30

Llevo a mi padre a ver a don Diego a su modesta casa de la calle de Tokio. Este hombre será todo lo que se quiera pero nadie puede negarle que ha vivido en la emigración con absoluta honestidad.

214

La entrevista es larga. Don Diego le insta a que forme gobierno sin Negrín. Al fin y al cabo Peña y Lamoneda le han ofrecido otro ministro de su partido que no sea don Juan. Hay que tantear a los comunistas. Desde allí mismo mandan a buscar a Uribe que vive cerca. No le encuentran. Regresamos a casa.

Todos nos dedicamos a buscar a Uribe hasta que por fin lo localiza mi hermano Antonio y se presenta pasadas las siete y media. Viene acompañado de un elegante "camarada" que ofrece una ronda de Phillips Morris, el tabaco que más me gusta y que no fumo por ser demasiado caro.

La entrevista es larga. Nos impacientamos. Sobre todo porque el "elegante camarada" nos ha hecho saber que mi padre no ha sido bien recibido entre los comunistas y que probablemente no colaborarán.

Sale Uribe cerca de las ocho y media, la entrevista ha durado casi una hora. Entramos impacientes al despacho de mi padre.

***

Mi padre ha ofrecido una cartera a los comunistas y les ruega que acepten. Uribe se ha negado en redondo y le ha hecho a mi padre "severos reproches". Según Uribe, ha sido un grave error del presidente encargar a mi padre de formar gobierno y un error mucho más grave por parte de mi padre el aceptarlo. Ellos propugnan la continuación de un gobierno de Negrín, que es el gobierno de la Victoria y de la Resistencia. Creen que sólo Negrín podrá hacer un gobierno fuerte. Mi padre —sigue hablando Uribe— está viejo (tiene 65 años), ha cometido el error de vivir en la emigración apartado de la política, no es un hombre de extracción popular y no tiene tradición revolucionaria. Negrín representa la continuidad del espíritu de lucha, la resistencia y la prolongación de la legalidad republicana; representa la defensa del pueblo español y la seguridad de una política osada, atrevida y audaz. Los comunistas no se fían de mi padre porque no creen que tenga la audacia, la osadía y la valentía necesarias para las circunstancias, porque —para ellos— representa la claudicación y el apaciguamiento. No le presta apoyo porque no creen que vaya a continuar la política de resistencia y porque no creen que vaya a fomentar la insurrección armada del pueblo español, que es lo primordial para ellos.

Al oír todo esto siento que hierven al mismo tiempo mi corazón y mi cabeza.

¡Torpes, más que torpes! De qué manera ingenua os habéis pillado los dedos. Creíais que colocábais una trampa para el zorro y el zorro os ha hecho caer en ella. Mi padre ha callado. Los comunistas han negado su colaboración de antemano suponiendo un programa negativo de gobierno que ignoran ¿Qué sabéis vosotros?

Si el PC hubiera condicionado su colaboración a la proclamación de un programa con garantías de realización, que incluyese el apoyo a las guerrillas y a la sublevación armada; si, ante esta petición, mi padre se hubiera negado a dar tales garantías, en-

215

tonces habría sido correcta la negativa a colaborar en el gobierno. Pero negar de antemano esa colaboración creyendo gratuitamente que el gobierno no va a aceptar vuestro programa mínimo ha sido un error de mucho bulto. Un error político además. Los comunistas, tan hábiles en política, han estado torpes esta vez. Creían que la caza del zorro por el gitano era fácil; creían que bastaba con que los corifeos del gitano diesen una voz al zorro para que éste viniese a entregarse mansamente.

Pero además, Uribe ha sido injusto, profundamente injusto. No puedo precisar si también ha sido irrespetuoso e incorrecto. Aunque mi padre no nos lo dice lo sospecho. Sin embargo, me basta que haya sido injusto para indignarme.

¿Mi padre no es un hombre de extracción popular? Hijo de un modestísimo funcionario de telégrafos de Cuba, con una infancia humilde que le permite, a fuerza de sacrificios, tener unos pequeños ahorros para intentar la carrera de ingeniero de caminos, la más cara y la más difícil de todas las carreras profesionales. Con extraordinario esfuerzo consigue lo más difícil: el ingreso. La guerra de Cuba echa a perder los pocos ahorros y, por falta de medios económicos, con el ingreso aprobado, se ve obligado a renunciar. Es entonces cuando empieza la carrera de farmacia y ¿cómo la hace? A fuerza de matrículas de honor y de premios y becas del ayuntamiento, pues de la humildad había pasado a la pobreza.

Si al alcanzar la madurez de su vida tiene una posición económica desahogada se la ha ganado a pulso. Yo puedo ser un señorito, mi padre ha tratado de impedir siempre que lo sea y creo que no lo soy, pero podría serlo. Mi padre nunca pudo ser un señorito. En cambio —al parecer— don Juan Negrín es un hombre de extracción popular.

¿Mi padre no tiene tradición revolucionaria? Al oír esto la indignación no tiene límites. El primer recuerdo que me viene a la memoria es uno de mi infancia salmantina, casi el único. Salí de Salamanca para Madrid a los ocho años y apenas si recuerdo nada anterior. Pero hay algo que no he olvidado con todos sus detalles: la visita a la cárcel de Salamanca, cárcel provinciana, cuando yo tenía seis años y mi padre estaba allá con motivo de la huelga del 17. He sabido después —hubo entonces amigos entrañables que procuraron evitarme esos malos ratos— cómo toda la bilis cavernícola de una capital de provincia catedralicia trató de volcar el odio de la ciudad sobre la honesta vida de mi padre, quien soportó todo con la mayor entereza y dignidad, sin abjurar ni ceder en su pasión por las libertades. Desde estudiante, cuando en 1900 se constituyó la Unión Escolar (los "novecentistas" fueron los precursores de la FUE posterior), en que tomó ya una actitud de rebeldía, toda su vida es una constante devoción por la causa republicana. En la pequeña rebotica de su farmacia salmantina llegan constantemente los charros, rascándose la cabeza, con esta tarjeta de presentación: "don Giral, vengo a que m'apunte ustí pa republicano". Dentro de la Universidad es el defensor más eficaz que tiene don Miguel de Unamuno. Madrid. Dictadura de Primo de Rivera. Aglutinación de fuerzas republicanas (Alianza Repu-

blicana, Escuela Nueva, Ateneo), ¿quién recibía y distribuía clandestinamente las
"Hojas Libres"? ¿Quien iba todos los años a la Modelo? El pobre don Roberto
Castrovido era el primero en acudir a la cárcel madrileña en cuanto se enteraba de
que había presos políticos. Su primera pregunta a los oficiales de prisiones era siempre igual: "¿Ya han traído al señor Giral?"

Hay mucha gente que presume de tradición revolucionaria. Preguntad a la vieja
guardia de la FUE qué cosas hizo mi padre en relación con los estudiantes. Hay todavía vivos muchos dirigentes obreros y muchos militares que pueden dar fe de la
acción revolucionaria de mi padre, acción clandestina, expuesta, pero constante y
tenaz. ¿Cuántos dirigentes comunistas habéis simulado una operacion de apéndice
para despistar a la policía después de una conspiración fracasada? Los médicos que
han tratado a mi padre conocen su cicatriz y saben que el apéndice no se extrajo
porque ni hacía falta ni hubo tiempo. ¿Para qué seguir? Acaso ¿no hubo una culminación gloriosa en su historial revolucionario el 18 de julio de 1936? De los tres ministros que controlaban fuerzas armadas: Guerra, Gobernación y Marina, dos habían
fracasado y por eso salieron del ministerio —Casares Quiroga y Moles—. Mi padre
no sólo impidió la sublevación de la Marina, sino que se hizo cargo del gobierno.

Coincidiréis conmigo en que la Marina era más reaccionaria aún que el Ejército y
la Guardia Civil juntos. Y que estaba dispuesta a sublevarse. Mi padre no lo impidió
precisamente con paños calientes, sino con una acción revolucionaria valiente y decidida. Con una oficialidad totalmente enemiga, mi padre tuvo que recurrir a organizar un cuerpo de absoluta fidelidad republicana: los telegrafistas de la Armada y a
apoyar decididamente a los cuerpos patentados y a la marinería. Con esto, y con
llevar una semana entera sin despegarse, noche y día, de los teléfonos y de la radio,
siguió minuto a minuto los movimientos de cada barco; y en el momento decisivo,
con plena responsabilidad, lanzó a los telegrafistas de los barcos de guerra su ya célebre orden confidencial, de ministro a telegrafista : "si la oficialidad no se pone inmediatamente a las órdenes del gobierno, de orden del ministro avise a los mandos
subalternos y a la marinería que detengan a la oficialidad y se hagan cargo de los
mandos". Inmediatamente empezaron a llegar radios de los barcos dando cuenta de
haber cumplido la orden y poniéndose a las órdenes del gobierno.

Por eso, cuando el 18 de julio se creía todo perdido y mi padre seguía en el Ministerio de Marina pegado a los teléfonos y a los aparatos de radio, se le llamó desde
Palacio, donde se encontró con los principales líderes republicanos y con los más
destacados dirigentes obreros negándose todos a ponerse al frente del movimiento.

Cuando mi padre se enteró de que todas las guarniciones de Madrid estaban
sublevadas pero que el pueblo estaba en la calle pidiendo armas no hizo más que
preguntar si las había. Al enterarse de la existencia de unos miles de fusiles en cierto
cuartel cuyos cerrojos se hallaban en otro, aceptó el encargo, se fue al Ministerio de la
Guerra, lanzó una proclama por radio, repartió los fusiles al pueblo madrileño, se

puso al frente de la "resistencia de un pueblo contra la sublevación de los aspirantes a ser sus tiranos".

Éste no fue el gobierno de la resistencia. Según los comunistas el señor Negrín es el gobierno de la resistencia. Mi padre no tiene tradición revolucionaria, el señor Negrín sí.

Aquel gobierno de mi padre fue el auténtico gobierno de la resistencia y de la victoria, victoria sobre las fuerzas armadas sublevadas.

El gobierno del señor Negrín es el que perdió la guerra, una guerra contra Alemania e Italia. Nadie se lo imputa. Cualquiera la hubiese perdido, mi padre también. Pero que no tengan el cinismo de venir diciendo que era el Gobierno de la Victoria. ¿De la Victoria de Franco? Puede que eso sí.

¿De dónde han sacado los comunistas que la continuidad de Negrín es la continuación de la legalidad? Durante la guerra se cambió tres veces de jefe de gobierno y varias más la composición de los respectivos ministerios.

¿Que mi padre ha estado apartado de la política en la emigración? Lo que no ha hecho es adherirse a la Junta Suprema de Unión Nacional, ni darles siempre la razón a los comunistas. Lo que no ha hecho es esterilizarse en polémicas imbéciles de fracciones de partidos y en luchas personales. Constantemente ha estado manteniendo una posición de concordia, ha hecho infinitas gestiones con grupos y con personas para llamarles a la colaboración y a la convivencia. No ha logrado gran cosa, de acuerdo. Pero menos ha logrado el señor Negrín en seis años de silencio roto de vez en cuando para ahondar más esas diferencias y para hacer las posiciones más irreconciliables.

¿Mi padre representa la claudicación y el apaciguamiento? ¿Será porque se une con curas, monárquicos, requetés y falangistas arrepentidos como los comunistas? Su tradición republicana y repetidas declaraciones públicas debían ser suficiente garantía para pensar que nunca pactará con monárquicos ni fascistas. Ante todo él quiere, busca y desea la unidad de los republicanos. Pero los que comulgan con ruedas de Negrín prefieren hundir a sus enemigos republicanos y aliarse con sus amigos fascistas arrepentidos.

***

Al contarnos la entrevista con Uribe yo he repasado mentalmente todo lo que registré antes. Mi padre se muestra profundamente abatido y deprimido. Le ha impresionado la forma de hablar de Uribe. Precisamente han sido los comunistas los únicos políticos que con frecuencia han ido a visitar a mi padre para pedirle opinión sobre los problemas políticos de la emigración, para instarle a una acción política de partido y para decirle frases como ésta: "Don José, cuídese usted, que nos va a hacer mucha falta". Mije, Uribe y Anguiano conocen de sobra el despacho de mi padre, cuyas paredes podrían atestiguar frases como éstas y otras parecidas.

218

***

Mi padre es sensible, afectuoso y muy emotivo. No tiene las tragaderas de Negrín, quien hace unos días, en la reunión de partidos de Palme 30, despidió cariñosa y afectuosamente a uno de la CNT después de insultarle violentamente.

Mi padre está deprimido porque esperaba de los comunistas, cuando menos, respeto y consideración. Es el único momento en que he visto al zorro asomarse a su madriguera, dispuesto a entregarse. Me pide el coche para ir a renunciar. Yo estoy tan exasperado que le animo en su propósito.

Discutimos con toda vehemencia Esplá, De Benito, mi hermano Antonio y yo. Esplá más bien calla.

Creo que fue De Benito quien le instó a consultar a Ruiz Funes antes de renunciar. Vive al lado y entra inmediatamente. Son las nueve de la noche.

***

Mientras habla con don Mariano recuerdo: hombre de Izquierda Republicana, de un talento y una capacidad oratoria formidables; íntimo de mi padre, en política y en vida privada. Mi padre le admira. Durante toda la emigración ha mantenido una postura equivalente a la de mi padre, independiente, pero buscando la colaboración y la fusión de las diversas fracciones del partido. A última hora, hace unas semanas, se ha fundido con el grupo negrinista de Velao, Clérigo, etc., creo que más bien movido por su odio a Prieto que por otra cosa. En don Mariano juegan dos fuerzas encontradas: su afecto y devoción personales hacia mi padre, y su posición negrinista de última hora. ¿Qué le dirá?

***

Al marcharse don Mariano mi padre parece otro. Le ha hecho ver que cuenta todavía con el ofrecimiento en firme de un ministro negrinista, no Negrín. Le anima a proseguir. Deduzco, por el estado de ánimo de mi padre, que Funes le ha debido reiterar su adhesión personal y ha debido hacerle grandes manifestaciones de afecto. El hecho es que los ojos vivos del zorro vuelven a brillar como siempre. Don Mariano le ha levantado el ánimo. No sé por qué artes taumatúrgicas, pero lo ha cambiado.

Don Mariano, cuente usted con mi agradecimiento profundo. Si algún día se puede yo me encargaré de divulgar que su actitud noble y correcta levantaron el ánimo de mi padre en el único momento crítico de desfallecimiento que tuvo.

219

10 DE LA NOCHE

Mi padre, animado y totalmente cambiado, busca a Álvarez del Vayo. De Benito lo localiza en una fiesta de la Embajada francesa y allá vamos. Me quedo fuera. Después me entero de la escena:

Está Negrín, Vidarte, y el matrimonio Palencia, aparte de otros diplomáticos mexicanos y extranjeros. Al entrar, De Benito se tropieza con un Vidarte eufórico, quien le dice: "Como don José condiciona la formación de gobierno a la aceptación de Negrín, y éste se niega, mañana renunciará don José, tendremos otro globo sonda de otro republicano, que fracasará también, y así hasta que tengan que caer en encargar a don Juan".

De Benito: "Mira, Vidarte, si hay más globos sonda por culpa vuestra, os huele la cabeza a pólvora. La gente está ya muy harta". Isabel de Palencia que se aproxima confirma: "En efecto, la gente está ya muy harta; no se puede andar jugando".

Llevamos a Vayo a casa de mi padre. Son más de las 10:30 y la entrevista se prolonga hasta bien pasadas las 11. Mi padre le ofrece una cartera, ya no en las mismas condiciones que a Negrín, y Vayo promete contestarle mañana temprano.

Volvemos a llevar a Vayo a la fiesta de la Embajada. De Benito se queda para hablar con Negrín, pues lleva instrucciones oficiosas de mi padre.

Mi padre está fatigado y se retira a dormir cerca de las 12.

Al volver De Benito a la Embajada le dice a Negrín que tiene urgencia de hablar con él. El gitano dicharachero echa la cosa a broma: "Hombre, De Benito, es muy tarde, no hay nada urgente en este mundo". De Benito, muy seco: "Perdone, usted, don Juan, la urgencia sobre el problema español no la he inventado yo; la he aprendido de usted hace unos días". Parece que la contestación hizo efecto en Negrín por estar presente en ella don Manuel Tello, subsecretario de Relaciones Exteriores de México y encargado provisionalmente del ministerio. Quedan citados para el día siguiente a las 10 de la mañana.

Parece que De Benito se marchó con Vidarte a la Embajada de Colombia y continuó la discusión. Vidarte creía, y con él los negrinistas, que el encargo a mi padre era una cosa de broma para cubrir las apariencias y para justificar el encargo posterior a Negrín, que consideraban fatal.

Al decirle que los comunistas habían negado su colaboración también, Vidarte no pudo reprimir una exclamación: "¡Claro, como que los hemos enviado nosotros a que digan que no!"

Sin embargo, parece que Vidarte comenzó a dar muestras de inquietud cuando De Benito le aseguró que mi padre formaba gobierno con o sin Negrín, con o sin comunistas, pero que lo formaba.

***

JUEVES 23 DE AGOSTO DE 1945

No he dormido nada a pesar de que me atasqué de hipnóticos. Ayer fue un día durísimo para mí. ¡Qué de cosas se me revelaron de pronto! Toda la noche la he pasado obsesionado con el zorro y el gitano.

¡Giral, Negrín. Apuestas a la par!

¡Qué pesadilla!

Mi hermano tampoco ha dormido. ¿Cómo estará mi pobre padre? A juzgar por mí, sospecho que estará destrozado.

¡Pobre zorro! No les des cara. Métete para siempre en tu madriguera. Deja la política. Parece que estoy viendo a mi padre con su bondadoso gesto, como si dijera: "Pero no ves que son gitanos, no ves que vienen a robar. No ves que nos quitan todo". Tiene razón, pero le va a costar la vida. A mi simpático zorro le van a cazar los gitanos. Y le van a cazar a tiros.

En realidad ¿los gitanos cazan zorros? Creo que no. Roban gallinas, pero cazar zorros no. ¿Habrán creído que mi padre es ave de corral? En realidad está tan indefenso como una gallina, y también acorralado.

La conciencia se rebela: ¿Quién ha dicho que tu padre está indefenso? —Hombre, no veo sus armas. ¿Cómo que no? Una vida ejemplar y una conducta irreprochable, ¿no son armas definitivas? —Indiscutible, pero para la mayoría de la gente son armas secretas. —Ojalá sean decisivas.

Mi sorpresa es mayúscula cuando me entero de que mi padre ha dormido espléndidamente, que está mejor de su eczema y que de ánimo está superior.

En cierto modo le guardo resentimiento por su tranquilidad. Al verlo tan animado, me doy cuenta de toda la calidad y de todo el valor cívico que tiene.

***

Es jueves y mi choche no puede salir por la economía del hule. Le pido prestado el suyo a mi cuñado Germán que me lo cede por todo el día.

A las 9:30 llega don Felipe Sánchez Román, quien le repite los términos de la consulta con el presidente y que publica hoy mismo *Excélsior*. Se niega a participar en

221

el gobierno porque cree que no tiene condiciones para ello, contra el parecer de la gente. Sospecha además que habrá comunistas en el gobierno y él se considera prácticamente incompatible con ellos.

***

Entre tanto charlo con don Mariano Ruiz Funes en la casa de al lado. Álvarez del Vayo telefonea que no acepta. Negrín no. Vayo tampoco. ¿Tiene tantos ministros en potencia ese partido como para ir desechando a los más destacados?

Mi padre habla con Jáuregui por teléfono.

A las 11 llevo a mi padre a San Ángel. No está. Le buscamos en su casa de Tokio. Mi padre le propone una entrevista conjunta de Negrín y él con el presidente. Don Diego se niega a llamar él a Negrín; le cuenta que ha recibido una carta de don Juan pidiéndole hora para despedirse, a la que ha contestado que no recibe a nadie mientras esté vigente la crisis. Mi padre le propone ser él quien invite a Negrín a ir los dos juntos a ver al presidente. Cuando me lo cuenta hace el siguiente comentario: "Voy a quemar el último cartucho".

***

Regresamos a casa. Me entero de la entrevista de De Benito con Negrín: llegó a las 10 a casa de Rómulo; estaba dormido pues se acostó tarde. De Benito se dispone a esperar y descubre a Vayo que trata de esconderse tras una columna ¿Por qué?

Deciden despertar a Negrín y De Benito habla con él en la propia cama. Le hace todo género de razonamientos. Negrín dirá después que fue a ofrecerle la vicepresidencia que no le había ofrecido mi padre. Mentira: en la primera entrevista mi padre le ofreció taxativamente la cartera de Estado y la vicepresidencia. Por otro lado sabemos que Negrín contó a Velao que mi padre nada más le había solicitado colaboración. Mentira y mentira. El gitano tramposo quiere despistar al público contando a cada cual cosas diferentes.

Negrín es inconmovible a los razonamientos de De Benito. Se escuda en el partido ¡Qué cómodo! Pero es difícil creerlo. Si él quisiera de veras, ¿qué le importa el partido?

Negrín deja translucir vagamente una posición que coincide exactamente con la manifestada por Vidarte con más ingenuidad: la esperanza de que mi padre renuncie ante la negativa rotunda de Negrín y tengan que encargarle a éste de nuevo.

De Benito le hace ver que mi padre forma gobierno con o sin él. Esto parece que comienza a intranquilizarle pero no lo cree.

El gitano empieza a sospechar que el zorro no está tan viejo como parece, pero aún lo considera presa fácil.

222

Siempre escudándose en el partido, promete someter a éste la posibilidad de reconsiderar la actitud tomada ayer. Mientras De Benito me refiere su entrevista, le llama Lamoneda para negar por segunda vez la colaboración de Negrín en el gobierno. En nombre del partido. Son las 12:15.

***

Mi padre se dedica a "quemar el último cartucho", a llevar a Negrín con el presidente.

Me ofrezco como emisario para buscar a don Juan. Voy a casa de Rómulo que está cerca. Son las 12:30. Al entrar me encuentro a don Juan en pijama y albornoz de baño, sin arreglar. Está rodeado de Peña, Blas Cabrera, Valdecasas, Rómulo, y el inseparable Elías, el mozo de laboratorio. El doctor Puche acaba de salir.

Le expreso a don Juan el deseo de mi padre de hablar con él. Como Rómulo sólo tiene Ericson hemos de bajar a la portería para hablar por Mexicana que es el único teléfono que tiene mi padre. Le acompaño, baja en zapatillas y albornoz. Dice: "Supongo que no se escandalizará nadie por verme así". Como no tiene las gafas le marco el número. Mi padre habla (le hace la proposición); observo que la cara de Negrín toma un aspecto sorprendido. No se esperaba la propuesta. Balbucea: "¡Pero don José, yo no sé si eso es muy normal! Me parece que no es constitucional".

Mi padre contesta. Luego supe que le convenció de que la propuesta no era anormal ni anticonstitucional. Negrín contesta: "Tengo que consultar con mi partido".

¡Qué pesadez!

Me ofrezco a esperar la respuesta. Subo con él. Por la escalera me dice: "Es una lata tener un partido tan complicado. No puedo dar un paso sin ellos".

Gitano; a mí no me engañas, yo ya te conozco.

Entra dando voces a Peña: "Oye tú, führer (le llama así porque es el presidente de su partido) a ver si tu puedes resolverme esto". Entran los dos al dormitorio y al momento sale don Juan dando voces: "¡Cabrera, Valdecasas, Elías, id a buscar rápidamente a Vayo y a Lamoneda!" Al parecer "su partido" son estos tres: Peña, Lamoneda y Vayo.

Me ruega que espere.

La mujer de Rómulo va a dar a luz. Negrín, como don Fernando, va a ser abuelo por primera vez. Tiene 10 o 12 años menos que don Fernando y que mi padre. ¿Lo que se pelea en el fondo de la crisis son estos 12 años de diferencia? No me parece serio.

Llegan Lamoneda y Vayo que pasan a conferenciar con Peña y don Juan mientras éste se arregla para ganar tiempo.

Espero fuera. A Blas Cabrera le sorprende que yo ande metido en esto.

Yo: Hombre, igual que tú.

Él: Yo no hago más que de chofer.

Yo: Igual que yo. Ni más, ni menos.

223

Blas Cabrera, viejo y buen amigo mío, tiene la broma conmigo de que yo caciqueo más que él. En el Instituto Escuela, en la FUE, en la Unión de Profesores, en la Agrupación de Universitarios, frecuentemente nos hemos encontrado, unas veces coincidiendo, otras como contrincantes. Él me embroma frecuentemente porque dice que siempre le he ganado. ¿Es un síntoma? ¿Le ganaré también en esta ocasión?

***

Llega Vázquez Ocaña, periodista que dirige la Agencia España al servicio de Negrín y pagada por él. Me presentan, se sienta a mi lado y me pregunta si habrá pronto gobierno.

Con la cara de ajo más seca de que yo soy capaz le respondo: "Ah, no sé nada. Si quiere usted le explico los derivados del ciclopentanofenantreno, que me los sé todos de memoria".

Parece que fuí demasiado brusco pues el periodista quedó cortado: "Perdone usted, pero soy periodista y mi misión es preguntar". Sigue la cara de ajo: "Pues pregunte usted a quien sepa. Yo no sé nada".

***

Vázquez Ocaña da el pésame a Cabrera por la muerte de su padre que falleció hace unos días. Le pide excusas por no haber ido al entierro pues no se enteró a tiempo. Pienso para mis adentros: "¡Qué bien funciona el servicio informativo de Negrín, cuyo jefe ni se entera de que ha fallecido una persona tan destacada de la emigración como don Blas Cabrera, y que además es el padre de uno de sus íntimos amigos y colaborador directo, como él, de Negrín!"

***

A las dos menos cuarto salen de la reunión. Llevo una hora y cuarto en casa de Negrín. Don Juan me ruega que baje con él al teléfono. Por la escalera me dice: "Afortunadamente no necesito reunir a toda la directiva del partido. Con estos tres amigos me arreglo bien. Es una suerte".

Gitano, ya no me engañas.

Llama a mi padre y le comunica que el partido le autoriza para que decida libremente. Él acepta la entrevista. Convienen la hora.

Al despedirme entra don Manuel Márquez, que vive en la misma casa. Negrín le saluda efusivamente. Me despido. El portal es largo. Mientras voy saliendo oigo que don Juan le grita a Don Manuel, fuerte para que yo lo oiga: "Enhorabuena don Manuel, ya sé que va a ser usted ministro."

224

Tengo que hacer un verdadero esfuerzo para no volver la cabeza, por lo que sigo, disminuyendo el paso, don Manuel queda confuso y sorprendido.

Gitano desvergonzado ¿Quién te ha autorizado para decir eso? Mi padre tuvo la nobleza de exponerle su proyecto de gobierno. Proyecto, ¡eh! No era definitivo. Y hasta tuvo la delicadeza de consultarle. Todavía no se ha decidido a llamar a don Manuel. Tú sólo lo sabías. ¿Por qué se lo dices? ¿Para sembrar cizaña? Por lo menos es una indiscreción de tu parte.

***

La cita es a las 4:30. Después de comer mi padre continúa trabajando. A las tres viene don Álvaro de Albornoz. Está a su disposición.

A las 4:30 vamos a buscar a Negrín. Nos hemos adelantado cinco minutos y en su casa no hay nadie, han salido a comer fuera. Esperamos en el coche. Pasa mi mujer que se indigna de que mi padre esté esperando a Negrín en la calle. Según ella yo debía haber recogido a Negrín y con él haber buscado a mi padre. Tiene razón, pero ni mi padre ni yo le damos importancia a esas cosas. En plena discusión llega Negrín.

Viene eufórico; acaba de comer en "La vie Parisienne" que está cerca y se come muy bien. Los llevo a los dos a San Ángel. Al ir para allá don Juan va contento y dicharachero. Le digo a don Juan que el coche que llevo es de mi cuñado Germán García, discípulo suyo y auxiliar de su cátedra en Madrid. Me pregunta por él con mucho afecto. No hablan de política. Hablan de cosas triviales y ríen con frecuencia. La entrevista es larga. Dura más de una hora.

Espero con Granados, el secretario de don Diego, Sirvent, un muchacho refugiado que ha puesto Negrín allí para cuidar la casa y el chofer de la Vulcano que tiene Don Diego a sus órdenes. Nos dedicamos a buscar tréboles de cuatro hojas en el jardín de la casa.

***

Al salir, mi padre comenta lo bonita que es la casa, pero fría. Don Juan se sorprende de que no la calienten. En el momento de arrancar me hace parar y llama a Sirvent que se acerca al coche:

—¿No tienen ustedes carbón o leña?

—No, señor, aquí no hay nada. La casa tal como nos la entregaron.

—Compren ustedes carbón, leña y tres o cuatro calentadores eléctricos. Calienten bien la casa que el señor presidente tiene que estar bien atendido. (Breve pausa.) Y llame usted al doctor Puche... o mejor a Elías, para que paguen las cuentas.

Ojo gitano; el zorro te ha hecho morder el anzuelo. ¿De manera que Elías maneja los dineros de España?

225

***

El regreso de San Ángel me impresiona hondamente. Negrín no es el mismo. ¿Qué ha pasado dentro? La preciosa y enorme Avenida de los Insurgentes se extiende en línea recta durante 10 kilómetros entre San Ángel y el barrio, o colonia, donde están las casas de Negrín y de mi padre.

Está permitido correr a 60 kilómetros por hora, y yo apuro el límite legal. Negrín está evidentemente nervioso y descompuesto. Apenas habla con mi padre y si dice algo es relacionado con la política, cosas que yo no entiendo porque se refieren a la entrevista. Va pendiente del camino y de mi manejo. Por siete veces me increpó, sin razón ninguna, mi torpe manera de conducir. Mi padre, con una cachaza que me hace sospechar, tiene los triunfos en la mano, le pone más nervioso aún: —Don Juan, no se ponga usted así. Vaya tranquilo, que no hay en México quien maneje mejor que Paco. (¿Orgullo de padre o ganas de pinchar?)

Negrín: Si es que va a una velocidad disparatada y nos va a matar.

Yo: Don Juan, en esta avenida el límite de velocidad es de 60 kilómetros. Se admite un márgen de error de cinco kilómetros más. Voy a 62, mire usted el velocímetro.

Mi padre: No le decía yo. Si Paco se sabe de memoria el reglamento de circulación.

(¡Qué cara dura! —pienso yo— en mi vida he leído tal reglamento). Sigue el nerviosismo de Negrín. En un cruce, parece de lejos que se nos echa un coche encima. Yo, que ya le había visto frenar y sabía que me cedía el paso, no aminoro la marcha.

Don Juan va sentado justo detrás de mí; el coche de mi cuñado es "dos puertas" y los asientos basculan. Negrín no puede contener su nerviosismo y se abalanza sobre mí, echándome contra el volante. Ahora sí que por poco nos matamos, pero no por mi culpa.

Me parece ridículo seguir tomando en serio la cosa y lo echo a broma: "don Juan, por favor, usted no cree que yo no me doy cuenta de mi responsabilidad. Si les estrello a los dos se acabó la República". Negrín se da cuenta del ridículo que está haciendo y encaja la broma: "¡Anda, menudo conflicto para don Diego!"

✳✳✳

Le dejamos en su casa a las seis. Después sabremos que desde esa hora estuvo reunido permanentemente hasta altas horas de la madrugada.

Al despedirse queda con mi padre en que consultará con el partido y le darán la respuesta.

¡Otra vez el partido!

226

***

En el breve trayecto de casa de Negrín a la de mi padre, éste me resume la entrevista. Después de mucho hablar y mucho discutir, don Diego le hizo ver que mi padre no podía renunciar porque entonces tendría que encargar a Negrín con la condición de formar un gobierno de mayoría parlamentaria y Negrín no tiene esa mayoría. Don Juan saca su baza fuerte: "Sí la tengo", "¿Cómo es eso?" Don Diego saca la lista de diputados y le hace un recuento por minorías; 34 votos a favor y 68 en contra.

Negrín protesta; él no ha hecho la cuenta pero sus "correligionarios" (no dice "compañeros" a pesar de ser socialista) le aseguran que tiene mayoría. Ellos no cuentan por minorías sino por individualidades.

Gitano: has descubierto tus armas y el zorro ha esperado este momento para desarmarte. Interviene mi padre:

¿Qué quiere usted decir con eso de individualidades?, ¿piensa usted que en las minorías que sabemos votan contra usted habrá escisiones a favor suyo? Por si de algo le sirve, debo decirle lo siguiente: Yo no estoy en ningún partido, porque el mío se ha escindido en varias fracciones y no he querido pertenecer a ninguna. Soy dueño exclusivo de mi voluntad y no tengo que pedir autorización a nadie como usted. Pero ha sido usted quien ha traído el pleito político de la emigración al terreno parlamentario. Usted ha sido quien ha impuesto que el problema se resuelva en las Cortes. Soy diputado y presidente de una minoría; para actuar en el Parlamento me debo a mi minoría. Yo le aseguro que después de la negativa de usted a formar parte de un gobierno presidido por mí, la minoría de Izquierda Republicana (20 diputados) ni me autorizará a mí a formar parte de un gobierno presidido por usted, ni le dará los votos de confianza. No espere escisiones. Votarán en contra de usted como un solo hombre.

Según mi padre, al oír esto Negrín "puso una cara muy larga y se desconcertó". Ahí terminó la entrevista. ¡Ahora me explico el nerviosismo de Negrín en el viaje de regreso!

Gitano presumido. Enseñaste tus armas antes de tiempo, confiaste demasiado en tu buena estrella. Creías que el zorro diabético estaba desdentado y en cuanto te descuidaste te echó la zarpa y te desarmó.

El juez de campo se inclina por el zorro. Negrín confiaba en que el presidente no apoyaría a mi padre. Parece ser que ahora, por primera vez, se ha percatado de que el apoyo presidencial es firme.

El gitano se encuentra acorralado. Ha perdido puntos.

Mi padre calla todavía que cuenta con la adhesión incondicional de la minoría catalana y de la de Unión Republicana. Pero calla también su preocupación; todos los grupos que apoyan a mi padre son los constituyentes de la Junta de Liberación.

Ni mi padre ni don Diego quieren hacer un gobierno Junta de Liberación. Pero, de cualquier modo, hará gobierno. Con Negrín o sin él. Si pudiera contar con los vascos y con la CNT que no están en la Junta de Liberación, más la presidencia de mi padre, también ajeno a ella, ya no sólo tendría la mayoría parlamentaria necesaria, sino también la fuerza moral suficiente para actuar como algo más que la simple Junta de Liberación.

Si pudiera, sobre todo, incorporar a Funes, exponente del negrinismo republicano de última hora, mejor aún. Me reitera su posición firme: haré gobierno. No quisiera, de ningún modo, hacer un gobierno exclusivo de Junta de Liberación (esto lo dice varias veces), pero si me obligan y no me queda otro remedio lo haré.

El zorro aprendió bien la lección de Isabel la Católica. Quiere tratar por igual al marqués de Bilbao y al duque de Canarias, pero si éste es irreductible ¡qué le va a hacer! Darle tiempo. Si Negrín queda fuera por propia voluntad, quizás el tiempo le haga cambiar. Por lo menos, si no consigue la colaboración de ambos espera impedir la prolongación de las disputas, y con el tiempo, quizás los dos le ayuden. Tampoco la reina Isabel logró al momento la concordia de los dos aristócratas pero, pasado el tiempo, el apoyo de los dos a la reina fue decisivo en la conquista de Granada. Mi padre espera, en el momento decisivo, en la nueva conquista de Granada, contar con el apoyo del marqués de Bilbao y del duque de Canarias.

Llegamos a casa y continúa el trabajo. A las seis recibe a Gomariz de Unión Republicana. Adhesión incondicional de los 12 diputados, aunque preferirían gobierno de personalidades exclusivamente. Pero también hay sus líos entre ellos, de tipo personal: Gordón Ordas, Bernardo Giner, el propio Gomariz; todos se consideran "ministrables". Mi padre había pensado en don Antonio Lara, pero parece que el propio presidente, jefe del Partido de Unión Republicana hasta su exaltación a la presidencia, le ha sugerido la solución: Torres Campañá que está en Francia y al margen de esas discordias personales. Gomariz acepta esa solución.

***

Llama Albornoz por teléfono para inquirir noticias. A las 6:30 entra don Mariano Ruiz Funes que espera para transmitir a su grupo el resultado de la entrevista de los tres. A las siete Santaló le manifiesta lo que ya sabía mi padre: la adhesión incondicional de Esquerra Catalana. Sugiere a Tarradellas como ministro. A las 7:45 telefonea don Fernando de los Ríos para aclarar ciertos puntos. Por primera vez vimos a mi padre, los que estábamos en la sala, expresar públicamente su decisión de formar gobierno prescindiendo de Negrín y de los comunistas. Habla al teléfono con voz extraordinariamente firme y decidida.

Gitano: has perdido la partida, el zorro se dispone a lanzarse sobre ti.

Yo ya estoy seguro, el gitano ha perdido. Conozco bien a mi padre. Basta oír el timbre de su voz.

Al final de la tarde entro un momento en casa de Funes y me topo de manos a boca con Cándido Bolívar, quien por la mañana temprano me había hecho llegar a mi casa, a mano, una carta de felicitación por el nombramiento de mi padre "a pesar de estar distanciados políticamente". Todo el día tuve clavada esa frase en la imaginación. Durante seis años he convivido con Cándido Bolívar, viéndonos casi a diario y trabajando juntos en tareas científicas: él y yo hemos llevado el peso de la publicación de la revista *Ciencia*, juntos estamos en la directiva de la UPUEE, etc. Sé de sobra cómo ha pensado y cómo ha actuado en seis años, aunque las últimas seis semanas virase hacia Negrín. El rumor popular le atribuye categoría de eminencia gris en la posición política reciente de Funes. Sin poder remediarlo me encaro con él en forma excesivamente vehemente y hasta con palabras groseras: "¿Pero qué es eso de distanciados políticamente?" Llevamos seis años viéndonos a diario, coincidiendo en hablar mal de Negrín y de los comunistas, evitando que comunistas y comunistoides controlen organismos y agrupaciones, y ahora se sale usted con que distanciado políticamente. "¡Se habrá cambiado usted de chaqueta! Yo sigo igual".

Viéitez que está delante ríe. Bolívar queda tan asombrado por mi chorro de imprecaciones que hasta llega a reconocer que ha cambiado de chaqueta "un poquito, pero no tanto como yo creo".

***

Don Fernando le sugiere, al teléfono, que consulte con Amador Fernández, jefe de la minoría socialista anti-Negrín a la que pertenece el propio don Fernando. Le encarga a él mismo que le haga venir.

A las ocho entran don Mariano y Viéitez, secretario del grupo que preside don Mariano.

A las nueve hace entrar a Esplá y a Honorato de Castro, diputados de su minoría que le reiteran su adhesión incondicional.

A las 10 llega Amador Fernández, quien le reitera lo manifestado por don Fernando: adhesión incondicional de la minoría socialista, con ministros, sin ellos, como quiera, con tal que en el gobierno no figuren socialistas disidentes ni comunistas.

Nos vamos a dormir, después de devolver el coche a mi cuñado. En estos dos días tanto mi hermano Antonio como yo que le hemos hecho a mi padre de secretarios, recaderos, telefonistas y choferes, hemos guardado absoluta reserva sobre la tramitación de la crisis. Mi cuñado Ricardo Galán que, el primer día, por exceso de discreción, no vino por casa de mi padre, esta tarde se sumó a nosotros dos a requerimiento mío. También ha guardado absoluto secreto. Esplá y Pepe Benito, únicos amigos políticos que han estado metidos en todo el enredo, han sido también extraordinariamente discretos. En el seno de la familia me cuesta disgustos y caras largas el no decir ni media palabra de lo ocurrido. Realmente me cuesta trabajo, pero lo consigo.

Los periodistas nos han asediado a llamadas y nos hemos negado incluso a dar los nombres de las personas que han estado en casa. Pero llevamos dos días de crisis. La gente se impacienta en la calle. Corren bulos de todas clases. Los propios entrevistados, algunos de ellos al menos, han contado los términos de su entrevista. Negrín especialmente ha hecho correr varias versiones entre sus partidarios. Las cosas se adulteran en la calle. Puede producirse una situación peligrosa.

Convencemos a mi padre de que nos autorice para contar la verdad de los hechos. Accede a ello con la condición expresa de que no digamos nada a los periodistas.

Al final de la noche nos enteramos —no recuerdo quién dio la versión— de que fue Velao quien ofreció gratuitamente a Negrín la minoría que preside mi padre. Parece ser que Velao le había convencido a don Juan de que renunciando mi padre y encargado a él, bastaba con ofrecerle una vicepresidencia simbólica del Consejo (sin cartera) a mi padre, para contar con la adhesión incondicional de los 20 votos de Izquierda Republicana.

¡Pobre gitano; te engañaron los de tu tribu!

***

En efecto, en la entrevista privada antes de la crisis, mi padre se había ofrecido incondicionalmente a Negrín. Era sincero el ofrecimiento. Si Negrín hubiese jugado limpio, podría haber dispuesto de toda la generosidad y de toda la nobleza de mi padre. Pero éste esperaba la recíproca, y en cuanto se percató de que Negrín trataba de esconder cartas en la manga, el astuto zorro, ojo avizor, se puso a la defensiva.

El carácter de mi padre se ha caracterizado siempre por preferir lo difícil a lo fácil; una vida entera de gran luchador, en todos los aspectos sociales, le han acostumbrado a recrearse con las dificultades y cuantas más vea delante más le atrae el problema.

Como las reses de casta, que se crecen al castigo.

Al terminar el segundo día de crisis, mi padre se dispone a embestir con más fuerza aún, pero con la misma nobleza.

¡Quítate de en medio, gitano cobarde, que no puedes con el toro!

***

VIERNES 24 DE AGOSTO DE 1945

Con la autorización de mi padre para referir las interioridades de la crisis, me voy temprano al laboratorio donde he de tener un auditorio numeroso y variado. En efecto, arriba en el despacho de los médicos que hacen la propaganda nos reunimos casi todos los españoles: el alicantino Mas, médico, comunista y muy amigo de Uribe; el gallego Comesaña, farmacólogo, directivo de Unión Nacional, socialista. Ideológicamente con él Jaime Vera sin que le hayan aceptado su ingreso; Escribano, el mecánico, viejo luchador socialista, primero de Prieto, luego independientemente y ahora con veleidades negrinistas; Viró, comunista, de las oficinas; Vázquez, el químico más destacado de Hormona, valenciano que nunca perteneció a partido alguno; Abramson, hijo de judío polaco, educado en Valencia, químico sin partido pero con simpatías negrinistas; Gómez Nadal, un viajante vasco, socialista del Pablo Iglesias, y mi cuñado Urbano quien, como yo, es un antiguo afiliado a Izquierda Republicana sin ninguna actuación política destacada.

Les entero de las incidencias de los tres días de crisis. Estoy excesivamente vehemente. Me encaro especialmente con Mas y Comesaña con quienes he discutido ampliamente en los últimos meses:

Ustedes eran los de la unidad a toda costa, los de los sacrificios y renunciamientos en servicio de la unidad. Con razón les he estado diciendo en la emigración que no tenemos arreglo, que cada grupo entiende la unidad pretendiendo obligar a los demás a acatar sus postulados. Ustedes lo negaban, pero ahora los hechos me vienen a dar la razón. Ustedes querían imponer a Negrín a toda costa y obligar a los demás a acatarlo por las buenas o por las malas.

Tan exaltado estoy que me arrepiento, después, de términos excesivamente duros y hasta groseros que se me escapan insensiblemente. A pesar de todo debo estar contundente, pues la réplica es débil e incluso me reprochan que con esas dotes polémicas no haya actuado hasta ahora en política. Les hago la defensa de mi padre ante los reproches que le hizo Uribe. Pretender desviar su oposición al gobierno de la persona de mi padre, y centrarla en otros miembros del gobierno: Prieto, don Fernando, Albornoz, Gordón Ordás y Miaja. ¿Qué saben ellos? O Negrín o Uribe han hablado más de la cuenta dando por definitivas cosas que no eran más que proyectos de mi padre, proyectos que incluso sometía a la consideración de los consultados.

* * *

A las 10 voy a casa de mi padre para llevarle con don Diego y me encuentro a Funes que sale hacia el Colegio de México. Le llevo en coche y vamos hablando.

En efecto, desde que Negrín regresó de San Ángel estuvo reunido con todos los partidos o fracciones de partidos que le apoyan, hasta altas horas de la noche. En rigurosa reserva me informa de cómo transcurrió la reunión: energúmenos excitados que querían pedir a don Diego la renuncia de mi padre, y a éste mismo hacerle igual petición. Parece que don Mariano ha actuado eficazmente, si no como freno, que era imposible, como lubrificante. Él ha recabado para sí la ingrata tarea de ser él, y nadie más que él quien visite a mi padre para comunicarle tan desagradable acuerdo. Me da a entender que lo ha hecho con el fin de decirle a mi padre lo que parezca bien al propio don Mariano y no las barbaridades que los otros querían que le dijese.

231

Parece que todos, especialmente Uribe, hicieron hincapié en destacar su respeto y veneración por mi padre pero desean ejercer el "derecho de petición" en forma pública. Don Mariano les hace ver lo grave del precedente, que puede ser invocado por los oponentes en caso de que se encargue a Negrín.

Funes ha preguntado a Negrín si no es cierto que le habían ofrecido la cartera de Estado y la Vicepresidencia. Parece que no todos los reunidos sabían eso. Negrín asintió pero explicó que en esa forma no podía colaborar porque la dirección de la política exterior y todo el trabajo del gabinete lo lleva el presidente. Como ministro de Estado Negrín no podría hablar más que con ministros y no con jefes de Estado. ¿Dónde están los ofrecimientos previos, públicos y privados, de colaboración en cualquier forma?

***

Al llegar a casa de mi padre me entero de que Lamoneda acaba de telefonear para dar la tercera negativa en cuanto a la colaboración de Negrín y la posición del grupo. Gobierno Negrín a toda costa.

A las 11 vamos a ver a don Diego en la calle de Tokio y le ratifica el encargo ya no en los términos primeramente concebidos, para que forme un gobierno mayoritario. Cuando regresamos está esperando Galarza, a quien había citado antes. Ha charlado largo con Antonio durante la espera. Le comunica que su minoría se ha deshecho" unos han pasado a Pablo Iglesias y otros con él, se han incorporado a la minoría de Negrín que cuenta con 17 y está dispuesta a colaborar en un gobierno en que entren todos los partidos.

A las 12 viene don Pedro Vargas, a quien llamó, por delicadeza, como vicepresidente de Izquierda Republicana. No hacía ninguna falta.

A las 12:30 viene Monzón en nombre de los vascos para pedirle a mi padre que aplace la solución de la crisis hasta mañana en que llegará el presidente Aguirre.

Mi padre se escama. ¿Qué tramarán los vascos? Pero accede, pues uno de los puntos básicos de su gobierno sin Negrín es la colaboración de los vascos.

***

Nos dedicamos a buscar a los de la UGT y a los de la CNT. De la primera localizamos a Ruiz Olazarán y voy a buscarle en coche. Posición igual que Amador Fernández.

En un rato libre paso a charlar con don Mariano que ya regresó. Sigo vehemente pero más comedido. Don Mariano se asombra de verme así. Hay un cambio emocionante de palabras. El teme que las posiciones políticas puedan enfriar su amistad y la de Bolívar con mi padre y conmigo. ¡Don Mariano! Usted sabe que mi padre es el hombre más generoso y menos rencoroso del mundo; usted le ha oído en seis años de

232

emigración regañar a aquellos amigos cuyas relaciones personales, íntimas, se enfrían y se enconan por diferencias políticas; usted le ha oído censurar esas actitudes. No espere usted de mi padre la menor sombra de rencor.

Me dice: Ya ve usted, yo apunté a una carta que creí que saldría premiada y lo he perdido todo.

Pero don Mariano es de los que saben perder. Me consta.

Muy veladamente, con su finura habitual, y con una gran sutileza me hace comprender la parte de culpa que le cabe a mi padre en esa jugada errónea.

—Su padre se negaba sistemáticamente a actuar en política. Una semana antes de la crisis nos dijo terminantemente que no se encargaría de formar Gobierno. Yo tengo el criterio de que la política hay que dejársela a quienes quieran gobernar. Por eso creí que la única solución era Negrín, que era quien más deseos tenía.

—Usted olvida, don Mariano, que ésa ha sido siempre la postura de mi padre. Negarse a gobernar. Pero que siempre, en los momentos decisivos, ha sabido cargar con la responsabilidad. Ni las dificultades ni el peligro le han hecho retroceder. Precisamente al contrario, una situación crítica en la cual mi padre haya comprendido que él podría representar una solución ha sido para él un atractivo mayor. Y sobre todo si ha comprendido que era su deber, lo ha hecho. De ninguna manera Negrín hubiese sido una solución. Negrín ha representado, por su propia acción o por la reacción provocada en los oponentes, el exponente máximo del divisionismo y de la escisión. Un gobierno Negrín sería volver a la misma situación de antes, con todos los agravantes posibles.

En el fondo —pienso— tampoco los amigos políticos de mi padre le han insistido con fuerza suficiente para que él, de antemano, se inclinase a aceptar. El verse desasistido de los necesarios apoyos en una posición centrada como la suya, cuando todos sus amigos y correligionarios se han lanzado con la máxima vehemencia hacia el prietismo o hacia el negrinismo que es lo que verdaderamente les ha apasionado, ha sido un factor decisivo en su ánimo para negarse a aceptar de antemano. Sólo cuando se vio el toro encima, cuando comprendió que él era ya la única solución posible, fue cuando se lanzó, consciente de la enorme responsabilidad que asumía.

En la conversación con Funes hablamos de la posibilidad de convencer a Negrín todavía. Le ruego si él no podría tomar la iniciativa. Me dice que apenas tiene amistad con él, y que le ha tratado muy poco, que todo el ascendiente que pudiera ejercer sobre él lo ha agotado ya. Pensamos que otras personas podrían actuar de intermediarios. Él me sugiere mi suegro. No me atrevo a proponérselo al interesado. A mí se me ocurre don Augusto Pi Sunyer, el fisiólogo, quien se encuentra accidentalmente en México con su hijo César. Le parece bien.

***

Por la tarde, a las 3:30, viene una comisión de la CNT. Son tres, no conozco más que a García Oliver, los otros dos son Iglesias y Alfarache. En principio aceptan la colaboración; mi padre sospecha —con vista de zorro— que la desean vehementemente. Les ofrece una cartera: ellos quieren tres. También quieren nombrar los ministros; mi padre se opone. La primera vez que la CNT participó en tareas de gobierno fue a requerimiento de Largo Caballero quien accedió a ese tipo de peticiones sentando un precedente funesto. En resumen Largo Caballero le dijo a la CNT "mándenme cuatro ministros."

Mi padre sigue la escuela de Azaña y así se lo ha hecho saber a la CNT: el jefe del Gobierno es responsable de los actos del gabinete, y por ello, él es quien elige las personas que lo formen. Los partidos pueden negar después la colaboración de determinadas personas pero no deben imponer ningún nombre. En esto mi padre es inflexible. No aceptará imposición. Especialmente con la CNT quiere evitar a toda costa que le impongan pistoleros y salteadores, como se los impusieron a Largo Caballero. Además no cede en lo de tres, uno y gracias. Ha percibido el deseo de colaborar y está firme en su posición. De todos modos, vista la posibilidad de prolongación de la crisis, prefieren dar su contestación definitiva después de recibir un cable de su organización clandestina de España, a la que han consultado. Son curiosos estos ácratas. He aquí el único grupo que quiere resolver la crisis consultando a España.

La colaboración de la CNT tiene ahora más importancia porque hace pocos días se han unificado los diversos grupos que se hallaban escindidos.

***

Esto ocurre mientras estoy fuera de casa. He tenido que ir al laboratorio para firmar todos los papeles y dar el visto bueno al material preparado para el registro de la prostignina, cuya fabricación acabo de poner en marcha. Llueve a mares.

A las 3:30 voy a ver a don Augusto Pi Suñer. Es una gestión que la hago sin contar a mi padre. Me parece arriesgado pero me decido. Le expongo la situación y le hago ver que mi padre no sabe nada, que acudo a él para plantearle un problema de conciencia para ver si, informándose de cómo están las cosas, considera él prudente utilizar su ascendiente moral sobre Negrín para rogarle que recapacite. Don Augusto acepta la misión, con mucho pesimismo previo. Cree que no va a conseguir nada. Pero lo intentará. Le resulta difícil incluso localizar de momento a Negrín. Le sugiero el doctor Puche, discípulo de Pi Suñer y colaborador íntimo de Negrín para que proporcione la entrevista. Le prometo enterar inmediatamente a mi padre.

En efecto, al volver a casa de mi padre le doy cuenta de la gestión que he hecho. estoy arrepentido de haber tomado iniciativas sin contar con él. Pero afortunadamente mi padre no me regaña por ello. Calla. Cree como don Augusto que será inútil.

***

A las 4:30 se presenta Álvarez del Vayo. Viene de un banquete de despedida a Lombardo Toledano que se va a Francia. En el banquete está Negrín. Pero Vayo tenía cita con mi padre para esta hora y ha tenido que "marcharse en el pescado".

Ha de esperar unos minutos a que terminen los de la CNT. Entrevista breve. Sale enseguida. Ha venido a rogar a mi padre, por parte de Negrín, un aplazamiento hasta mañana, por la llegada de Aguirre. Mi padre accede, pues ya había accedido con los vascos, cuando le hicieron la misma petición. Que Negrín y Vayo pidan aplazamiento por la llegada de Aguirre es sospechoso. Ya la petición sola de los vascos hacía temer una maniobra a los más suspicaces. Ahora, tal suposición toma forma extensa más real.

El zorro no se mueve, está prevenido. Por eso da todas las facilidades.

Sin embargo llevamos tres días de crisis y los cafés están llenos de rumores a cual más disparatado.

La actitud de negrinistas y comunistas ya no refleja la confianza alegre de los dos primeros días. Empiezan a darse cuenta de sus múltiples errores. Pierden una batalla en un terreno y con unas armas elegidas por ellos. Hoy ya ven con temor lo que consideraban utopía: que mi padre forma gobierno.

Hay que atajar esos bulos. De Benito le convence de que haga un boletín de prensa explicando el aplazamiento; se ofrece a redactarlo. Mi padre le da la tónica: sobriedad y suavidad. Diga usted esto y no diga lo otro. De Benito recoje con precisión las ideas de mi padre y a éste le satisface.

***

Un nuevo aspecto, desconocido para mí. Hay que avisar a la prensa. Antonio, Ricardo y yo nos ponemos en movimiento. Mientras uno hace copias a máquina otro utiliza el teléfono Mexicana y el tercero el teléfono Ericson. Periódicos de la capital, prensa de los estados, corresponsales extranjeros, agencias internacionales.

"¡Hablan del domicilio del doctor Giral, encargado de constituir el Gobierno Republicano Español! A las siete de la tarde se les entregará un boletín de prensa. Por favor envíen a recogerlo."

En efecto, a las siete comenzaron a llegar periodistas. No faltó nadie. Es asombroso que en un país que no es el nuestro, muestren un interés extraordinario por las cosas españolas. Comienzo a ver caras nuevas que, más tarde, me van a resultar familiares: los periodistas. Todos preguntan, quieren saber más cosas. La consigna de mi padre se cumple con rigor: ni una sola palabra a los periodistas. Algunos quieren entrevistarle. Nos negamos. Todo lo que hay que decir ya lo dice el boletín.

***

Al final de la tarde llega don Augusto Pi Suñer a dar cuenta a mi padre de su misión. Nada. Posición irreductible. No ha logrado nada, como se temía.

Don Augusto sabe el propósito de mi padre de haberle invitado a colaborar. Considera un deber advertirle que, después de esta gestión y su resultado negativo, representa para él una cuestión de delicadeza no aceptar un puesto en un gobierno de mi padre en el que no esté Negrín.

***

Es la cuarta negativa de Negrín. O él o nadie. ¡Muy presumido eres, gitano!

***

Todavía a las nueve de la noche recibe a tres diputados de Izquierda Republicana, Álvarez Ugena entre ellos.

***

SÁBADO 25 DE AGOSTO DE 1945

La mañana se presenta tranquila. El presidente Aguirre es esperado en avión a las 10. He ofrecido a los vascos ir a buscarle al aeródromo. No hace falta. Mi padre espera que Aguirre llegue a su casa de 11 a 11:30. Mientras tanto esperar. No hay mucho que hacer. A las 11 tiene citado a Santaló de Esquerra Catalana que le reitera su adhesión y la de su partido y desmiente categóricamente una noticia de *El Popular*, aparecida hoy, sobre la negativa de los catalanes a colaborar. Se ve que es noticia sin fundamento y con fines de desorientar, pero Santaló insiste en su deseo de aclarar bien que la posición de los catalanes sigue siendo la misma.

***

Mi madre despierta a mi padre haciéndole la V de la victoria. Tantos días sin criadas y hoy tiene dos desde temprano. Es un detalle sin importancia pero para mi padre ver contenta y sin preocupaciones a mi madre representa un empujoncito más hacia la tranquilidad, serenidad y ecuanimidad que tanto necesita en estos momentos. Crisis doméstica resuelta. Síntoma de que la crisis política va camino de la solución.

En vista de ese panorama me voy a primera hora al laboratorio, para recoger "la impresión de la calle". Los negrinistas están desconcertados pero todavía tienen esperanzas.

Domerio Mas tiene mucho interés en aclararme (¿de parte de Uribe?) que la expresión utilizada por Uribe respecto a mi padre no fue la de "que no es un hombre de extracción popular" sino la de "que no tiene arraigo popular".

¿Qué arraigo popular tenía Negrín antes de ser exaltado a la presidencia? Ninguno. En cambio, mi padre, ahora, lo tiene mucho más que Negrín entonces. Por otro lado, guste o no guste, es evidente que Prieto es un hombre de arraigo popular y no por ello los comunistas le aceptarían en la cabecera del Banco azul.

Más seriedad, camaradas.

Vuelvo a casa de mi padre. Telefonea Vayo para que le avise en el momento en que llegue Aguirre. Éste no llega hasta las 12. Mi padre me dice que no llame a Vayo inmediatamente pues quiere hablar a solas con el presidente vasco. Incluso cuando Vayo llega, a las 12:30, le hace esperar aún.

Mientras Vayo espera con nosotros en la sala, nos comunica el estado de gran intranquilidad en que se encuentra. Expresa su admiración por el temple, la serenidad y la presencia de ánimo, tanto de Negrín como de mi padre, pero él no lo comparte. Se muestra sumamente nervioso y preocupado, y no lo oculta.

Le acompaño a la calle a llamar por teléfono Ericsson. En la escalera nos cruzamos con Carmen Ruiz Funes, que sube con su niña pequeña. Vayo comete la grosería de no saludarla, no cederle el paso y ni hacerle caso. Después comentaré jocosamente el incidente con la interesada. Este jefe de la diplomacia que tiene Negrín. A una señora, en una escalera, aunque no se la conozca se la deja pasar y se dan los buenos días. Si se comete la desatención de aceptar el paso que ella cede, lo menos que se puede hacer es dar las gracias. Pero lo más grave es que se trataba de la esposa del jefe de uno de los grupos políticos que apoyan a la tribu del gitano.

***

La entrevista conjunta de Vayo y Aguirre con mi padre se prolongó hasta las dos de la tarde. Acompañando a Aguirre vino el señor Jáuregui, el único diputado vasco residente en México. Hombre seco, de pocas palabras, pero correcto, es la primera vez que le veo. Me dice lo que yo he oído una docena de veces en la mañana: que el boletín de mi padre ha caído muy bien y que lo considera muy atinado.

¡De Benito, estás ganando puntos!

Aguirre, que llega de Nueva York, manifiesta la gran expectación que hay en Washington por lo que está ocurriendo en México. Los funcionarios del Departamento de Estado siguen atentamente todas las incidencias de la crisis. Él viene dispuesto a apoyar a mi padre por esta única razón: "Sería catastrófico que la primera persona encargada por el presidente de la República de formar gobierno no lo lograse". Si esta persona hubiese sido Negrín —dice Vayo— yo estaría con Negrín, pero como lo ha sido Giral yo estoy con Giral.

237

Considera que todos deben dar su apoyo a mi padre sin reserva de ninguna clase.

A mi padre, a solas, le había hecho ver la gran personalidad internacional de Negrín, el prestigio que tiene, etc. ¿No exagerará un poco?

Esto le ha impresionado un poco a mi padre quien, con su excesiva modestia, cree que no representa nada y que nadie va a hacerle caso en las cancillerías.

Aguirre coincide con mi padre en que la solución ideal hubiera sido la primeramente pensada por mi padre, y cree que hay que hacer todos los esfuerzos por lograrla. Convienen en que Aguirre hablará con Negrín y con Funes y a la noche le dará la contestación, pero, de antemano, apoya sin reservas a mi padre.

Otro compás de espera, para hacer el quinto intento de convencer a Negrín.

Nos vamos a comer a Ambassadeurs De Benito, mi cuñado Germán y yo con nuestras respectivas mujeres. Es tardísimo, cerca de las cuatro. La comida dura hasta cerca de las seis. El encargado del Ambassadeurs, Dalmau Costa, jefe del ceremonial del Parlamento Catalán, nos cuenta que anoche cenaron allí Bujeda, Vidarte y otros, manifestándose furibundamente negrinistas y con la esperanza de que todavía salga Negrín. El proyecto de mi padre, con personalidades venerables, lo califican de "gobierno de los mil años". Bien, los gángsters de la emigración del lado de Negrín, no está mal. Es un síntoma. Dalmau nos sugiere un nombre para ministro catalán, Durán d'Ocón, procurador de justicia de Cataluña. A De Benito le parece un gran hallazgo y se lo proponemos a mi padre, que se lo consultará a Santaló.

***

Las apuestas ya no están a la par. Mi padre ha ganado puntos. Negrín pierde terreno. Sabemos que Galarza quiere deshacer una apuesta a favor de Negrín.

Gitano presumido; te engañó tu tribu. El zorro no era presa tan fácil. Tú jugaste como si lo fuera y te ha mordido en tu propio terreno, en el terreno al que tú has querido llevarle. No digas que hay juego sucio porque nadie te creerá. Tú, como buen gitano, eres quien ha pretendido meter gato por liebre. Pero los carabineros te han descubierto el matute. No puedes imputar al zorro una sola jugada mala: ni torpes intenciones, ni equivocaciones. Tú si lo has pretendido. Reconoce que tenía más triunfos que tú; reconoce que los que tú tenías los has malgastado para hacer bazas sin valor. Has perdido. Arroja la esponja. Entrégate.

Te queda el derecho al pataleo; puedes ejercitarlo. Pero el público está interesado en el espectáculo y le molestan los ruidos. Ten cuidado no te cueste caro.

***

En vista de que la tarde se presenta tranquila me marcho con Esplá al Centro Español a "captar la impresión de la calle". Ya sé que voy a la madriguera prietista; ya sé que están que muerden con Negrín y los comunistas y muy satisfechos por el giro que toman las cosas. Aun así me impresiona profundamente ver la muchedumbre que se amontona en el Centro Español en espera de noticias. Todos me conocen y saben que estos días no me he despegado de mi padre. Ni uno se acerca a saludarme, ni mucho menos a felicitarme. Al principio me sorprende, pero luego lo agradezco. No quieren azuzar ni encizañar. Allí hay montones de personas de todas clases. ¿Esto no es masa popular, camaradas de la sotana roja? Porque me consta que aquí sí tiene "arraigo popular" mi padre.

Me parece percibir cierta estupefacción por la marcha de los acontecimientos. Sinceramente la gente no esperaba que el zorro actuara tan bien como lo está haciendo. Parecía como si el gitano cabalgase un caballo loco al que nadie podía detener y ahora surge un zorro diabético que le sujeta la bestia.

Allí me encuentro a Sbert, que me llama aparte y quiere hablar a solas conmigo porque cree que nuestro teléfono se halla intervenido. Sbert ha trabajado en los servicios de propaganda inglesa. Me cuenta que él ha tenido informado de la marcha de la crisis a un funcionario del servicio de información de la Embajada británica, que pertenece al Intelligence Service. Este funcionario, cuyo nombre se niega a darme, ha recibido hoy un cable de sus jefes de Londres en que le dicen que "la presencia de los comunistas en el gobierno tendrá todas las posibilidades de inclinar al gobierno inglés hacia la solución de una monarquía constitucional".

***

Me dicen que mister Gibson, primer secretario de la Embajada de los Estados Unidos en México, y que ha sido nombrado embajador en Centro América, dijo en su banquete de despedida, a un reducido grupo de refugiados, que "cuanto más moderado fuese el gobierno, mejor".

***

Leo en la prensa de la noche que Spruille Braden sustituye a Nelson Rockefeller como secretario para Hispanoamérica en el Departamento de Estado estadunidense.

Braden, embajador en Colombia, Cuba y Argentina, ha tenido siempre un trato afectuoso para las colonias de refugiados españoles. Es amigo decidido de la República. Era el embajador en Cuba hace dos años cuando la conferencia de profesores universitarios, y él dio todo género de facilidades. Es muy amigo de Fernando de los Ríos y de Pepe Benito. Es quien ha organizado recientemente en Buenos Aires los disturbios militares. Es quien dice que el problema de España lo resuelve él en cuanto lo acepten su petición de ir de embajador a Madrid.

PRIMERO DE SEPTIEMBRE DE 1945. SÁBADO

Día del mensaje presidencial en la Cámara de Diputados de México. El gobierno, con Martínez Barrio a la cabeza, ha sido invitado oficialmente. El jefe del ceremonial de Relaciones Exteriores llamó ayer para ultimar detalles.

Temprano recojo a Albornoz en su casa y lo traigo a la de mi padre. Desde allí se van a la casa de don Diego en la calle de Tokio, donde están citados todos los ministros.

Mi padre utiliza por primera vez un Buick negro que le ha proporcionado Paulino Romero con dos policías; el conductor manejaba un camión del Colegio Madrid. El coche parece que es de Puente. Debe de ser el que tenía Prieto en la JARE.

***

A pesar de que anoche se acostó tarde, Pepe Benito ha tenido una entrevista a las ocho de la mañana con Alonso Puyol, jefe del Partido Republicano de Cuba, al que pertenece Cuervo Rubio, el ministro de Estado.

Viene muy bien impresionado. Lo de Cuba parece que va bien.

***

A las 10 llegó a casa de don Diego, el jefe del ceremonial con dos coches oficiales del gobierno mexicano y un diputado, designado por la Cámara para acompañar al gobierno. Don Diego va en un coche abierto con banderas mexicana y española. Les precede el golpe de motoristas con sirenas que van abriendo paso.

Al llegar al Congreso les reciben con los máximos honores y a los acordes del himno de Riego. Ovación. Palco de Honor. Mi padre a la derecha y don Fernando a la izquierda de don Diego.

Ávila Camacho en su informe alude al gobierno español. Interrupción de los diputados para dar otra ovación.

En el discurso de contestación el presidente de la Cámara, licenciado Benito Coquet vuelve a aludir.

La emoción ha sido intensa. ¡México, por enésima vez has tocado el corazón de los españoles! Por muchos años, probablemente siglos, México va a ocupar el primer lugar en el afecto del pueblo español.

***

Yo paso la mañana en el laboratorio. Hoy, precisamente, se cumplen los 35 años del matrimonio de mis padres. Después de comer les llevamos unas flores. Mis dos hijos mayores ya saben, sin que yo se lo explique, que van a felicitar al abuelo Pepe por dos cosas: por el aniversario de su boda y por ser el jefe del Gobierno. Pipo está muy ufano porque lleva el mismo nombre que su abuelo, nombre que en estos días aparece constantemente en la prensa mexicana, y no se cae de los labios de todo español refugiado.

Precisamente Pipo —todavía no cumple los siete años— cuenta a su abuelo como en casa de un compañero suyo de escuela, al oír hablar a sus padres del gobierno de José Giral, el niño interrumpió: "A ese José Giral le conozco yo, está en mi clase".

El abuelo ríe. Es la primera vez que ve a sus nietos desde que comenzó la crisis.

Por la tarde mi padre sale de paseo en su nuevo coche. Estoy liberado como chofer del gobierno.

A la noche entrevista del *New York Post*, Chanfarra y Jane Morgan. Quieren mostrar al público estadunidense la personalidad humana, la vida íntima y el historial anecdótico de mi padre. Muy apropiado para impresionar el sentimentalismo norteamericano. Nada de declaraciones políticas.

***

Mi padre se va a una cena, acompañado de De Benito, con el presidente Aguirre.

Me siento algo liberado por primera vez en 15 días. Decido ir al cine con mi mujer. Malas carteleras. Vamos al teatro: "La dama del alba", de Casona. Es un baño de emociones españolas profundas, muy propio para estos días.

***

DOMINGO 2 DE SEPTIEMBRE DE 1945

Mi padre no va a trabajar hoy. Se levanta tarde y piensa pasear. Decido irme al club con mi mujer y mis chicos como otros "domingos normales".

Por la mañana se han recibido los siguientes cables importantes:

— De Trifón Gómez aceptando nombramiento de ministro previa consulta con UGT.

— De Pascual Tomás, secretario de la UGT de Francia, Bélgica y Norte África (controla más de 8 000 afiliados).

— De un radio de Toulouse firmado por la directiva de una agrupación militar en nombre de 10 000 jefes, oficiales y clases. Adhesión incondicional.

Me aseguran que algunos de los firmantes son comunistas. Este cable le satisface a mi padre más que ningún otro. Toulouse, 10 000 jefes y oficiales, adhesion incondicional. El Gobierno se afianza. Estos son sin duda los jefes de los "maquis" españoles, a quienes habrá que recurrir en caso de acción violenta. Contar con ellos espontáneamente es una gran suerte.

***

En el Club Reforma, al que pertenezco desde hace cuatro años largos, juego seis sets al tenis. Me hace bien. Llevaba un mes sin jugar.

Felicitaciones de mexicanos, más o menos despistados. Un eminente médico mexicano me felicita creyendo que soy yo, y no mi padre, el nuevo jefe del gobierno. Otro, un dentista de gran prestigio, me pregunta con candorosa timidez si a los españoles nos agrada la actitud del gobierno mexicano. Quedo sorprendido y emocionado y le digo: "Pero doctor, usted no se da cuenta que los refugiados españoles hemos agotado ya toda nuestra capacidad de entusiasmo, de efusión y de agradecimiento para el gobierno de México." Esa modesta y tímida pregunta me llega muy adentro. "¡De manera que un ciudadano medio profesionalmente distinguido sospecha todavía que es insuficiente lo que México hace con nosotros!"

Nunca hablé de política con él, me hace una crítica acerba de su gobierno, por lo que respecta a la política interior, pero se entusiasma hablando de la línea pura y clara que ha seguido México en su política exterior. Me emociono sin poder evitarlo.

¡México, cómo te has metido en el corazón de los españoles".

***

En el club encuentro a Ediger, de la Prensa Asociada, a quien he conocido estos días de crisis. Ahora me explico por qué cuando lo vi en casa de mi padre me resultó cara conocida. Le había visto otras veces en el club, pero no me lo habían presentado.

Intercambiamos noticias: le doy la de los cables; él en cambio me anticipa lo que va a decir Negrín mañana. Respeto al gobierno y colaboración, aunque piensa tildar de tibio y débil para la acción que hay que emprender en España: entrar a tiros y sublevar a la gente dentro. Ediger comenta el mal efecto que eso producirá en Washington y en Londres, y de rechazo, el gran servicio que, por ello, prestará al gobierno, queriendo perseguir precisamente un efecto contrario.

Por mi parte, pienso que me tiene sin cuidado lo que diga Negrín, después del radio de los 10 000 jefes y oficiales de Francia.

***

Hablo con Tell, ex campeón de tenis de Cataluña, una de las primeras raquetas del Reforma Athletic Club refugiado y afiliado al Estat Catalá. Me cuenta los términos

242

de la entrevista de Cárdenas con Negrín antes de la crisis. Según él, Cárdenas le dijo a Negrín que no tenía ningún ascendiente sobre la emigración, ni sobre la gente de España, que debía retirarse y dar pase a cualquier solución en que se prescindiese de él.

Me asegura que los términos de esta entrevista los conocen Bernardo Giner y Andreu. Habrá que averiguarlo.

Precisamente Álvarez del Vayo, que asistió a la entrevista, en Michoacán, ha hecho circular una versión opuesta. "Admiración de Cárdenas por Negrín." "Lástima no haberle conocido antes." "Gran estadista." "Descubrimiento de Negrín por Cárdenas."

***

Vamos a tomar café a casa de mi hermana María Luisa donde han comido mis padres. Llegamos tarde y mi padre está descansando. A pesar de ello, sin respeto ninguno por el sueño del nuevo jefe del Gobierno, armamos la gran gritería. Me entero, incidentalmente, que durante la comida se ha discutido ampliamente sobre cuál de los hijos debe acompañar a mi padre a Francia. Al parecer no ha recaído acuerdo familiar. Sigo a la expectativa y decidido a no hablar más a mi padre del asunto.

Pero él —que se ha despertado por las voces— indica la conveniencia de escribir a los amigos de Francia los detalles de la crisis para que no se adelante Negrín con versiones tendenciosas. Malo. Eso indica que no se decide a utilizarme.

Sufro en mi interior pero no digo nada. Padre —pienso— no seas excesivamente bondadoso. Sé que no quieres utilizarme por no desviarme de mi carrera científica, por no hacerme perder mi excelente situación profesional... y quizás porque tienes miedo a que yo me arriesgue más de la cuenta. No quieres hacer de Guzmán el Bueno. Pase; eso va con los tiempos. Pero ¿quién como yo podría servirle de emisario de confianza ante los refugiados de Francia y ante los amigos de España?

No sé si agradecérselo o si protestar y rebelarme. Dejemos pasar unos días. Está fatigado y abrumado con tantos problemas.

***

He invitado a mis padres al teatro: otro baño de españolismo, "La casa de Bernarda Alba" en Bellas Artes; obra póstuma de Federico García Lorca. Accede pero invitando él a un palco a sus tres hijos casados.

Le hacemos ver la conveniencia de que mañana en la prensa aparezca, antes del discurso de Negrín, la adhesión de los 10 000 jefes y oficiales de Francia. Será un buen golpe para Negrín. De Benito sube a su casa, encima de la de mi hermana, a escribir copias del radiograma. Llama por teléfono, dicta a unos y hace a otros que vengan a recoger copias. Los que no podemos localizar voy a llevarlos a mano con el coche. Me viene justo el tiempo antes de la hora del teatro. Cuando llego a recoger a mi padre ya

243

está nervioso porque me he retrasado cinco minutos. Cuando mi padre tiene un horario previsto, sea para lo que sea, el que se lo alteren en unos minutos nada más le descompone. ¡Luego dicen que los españoles no somos puntuales! Mi padre se excede.

Afortunadamente llegamos a tiempo al teatro. Discretamente mi padre se coloca en segunda fila, detrás de las cuatro mujeres. Siempre huye de las ostentaciones en público.

***

Al volver a casa, por la noche, me encuentro a mi suegro que acaba de regresar de Cuernavaca, donde ha pasado el fin de semana con Adela y Germán, mis cuñados.

En el hotel "Chulavista" donde se alojaron, se encontraron con Negrín, Vayo y Bujeda.

Han hablado de política. Me cuenta la entrevista. Mi suegro le ha dicho a Negrín, cruda pero amablemente, lo que piensa de la crisis; le ha señalado su error y su torpeza.

Parece que Negrín y sus acompañantes se han sorprendido y se han impresionado. Ojalá le haga efecto. La opinión, no buscada por ninguna parte, sino tropezada casualmente, de una figura venerable de la República, apartada de las luchas de partidos, profesor —en Madrid— de los hijos de Negrín, pudiera en efecto influir honradamente en el ánimo de don Juan. Parece que lo ha logrado. ¡Ojalá!

Durante la crisis pensé en utilizar a mi suegro como emisario de buena voluntad entre mi padre y Negrín. No me atreví a hacerlo. Desde luego, no le hubiera impresionado tanto como este encuentro casual.

***

LUNES 3 DE SEPTIEMBRE DE 1945

A las 10:30 vino el jefe del ceremonial a recoger a mi padre para llevarle con el presidente Ávila Camacho en audiencia oficial. No sé cómo ha sido la entrevista.

Voy al entierro de la señora de don Rafael Illescas, profesor de química mexicano que ha tenido con mi padre y conmigo una cordialísima relación desde que llegamos a este país en 1939.

En el coche llevo a dos discípulas mías de la Escuela de Ciencias Químicas que también lo fueron de Illescas. Ellas me dan la impresión del ciudadano medio mexicano.

La enorme sorpresa en México de ver un gobierno español de refugiados que es repudiado por los comunistas. La burguesía mexicana, por la propaganda en contra franquista, y por la excesiva propaganda a favor de los comunistas —más perjudicial, según ellas que la otra— estaba convencida de que los refugiados sin excepción éramos rojos, asesinos, etc. La sorpresa ha sido inmensa: un gobierno sin comunistas y hasta combatido por ellos, era inconcebible.

244

***

Mi padre, al salir de la entrevista con el presidente, ha hecho un esfuerzo por ir al entierro; lo alcanza en el propio cementerio, saluda al doctor Illescas y regresa rápidamente. Don Rafael Illescas ha quedado conmovido por la presencia, aunque fugaz, de mi padre, que viene con traje de "fuerzas vivas" directamente desde Palacio.

***

Mi padre anda loco todo el día buscando alojamiento para el Gobierno. Todo lo tiene que hacer. Son poquísimos los que le ayudan. De Benito se multiplica y se divide. Muestra una capacidad fantástica. A veces, incluso, excesiva.

Parece que el Ministerio de Estado comienza a funcionar. Sabemos que han hecho multitud de notas diplomáticas y también que preparan una nómina fantástica en cuanto a personal y a la cuantía de los sueldos.

Buylla me enseña los pasaportes diplomáticos que ha extendido para Negrín y Vayo a petición de los interesados. ¿Dónde irán? ¿Qué prisa tienen? Cómo me intranquilizan todas las actividades de Negrín.

Padre, ¡envíame a Francia!

***

Por la tarde consejo en casa de mi padre. Me evado. A pesar de todo, creo que mi padre se decidirá a utilizarme. Dejémosle una semana de respiro, que mientras aprovecharé para poner mi trabajo en orden.

Es abrumador lo que tengo encima: *1)* el laboratorio Hormona; quisiera dejar terminados los métodos de la metiltestosterona y de la avertina y encarriladas las tesis; *2)* el laboratorio de antipalúdicos: con 10 días de trabajo concentrado dejaba listo el método de la atebrina; *3)* el libro: en realidad no tengo entregado más que el primer tomo y del ii y iii me falta bastante original por escribir; *4)* la revista *Ciencia* ¿Qué va a ser de ella en las solas manos de Bolívar, sin mi estímulo ni mi ayuda material; *5)* el *Boletín de la Union de Profesores Universitarios Españoles en el Exilio*, que me lo hago yo solo a pulso.

En fin, ya veremos.

***

Al final de la noche mi padre me cuenta la entrevista con Ávila Camacho. Temía que, por corta, no hubiese sido eficaz. Tanto Ávila Camacho como mi padre son hombres de poco hablar y mucho hacer. A pesar de la brevedad ha resuelto todo lo que le interesaba:

1. Expresión de la gratitud española. Afirmación de Ávila Camacho de que es inmerecida. La actuación mexicana responde a una línea de conducta que no han torcido.

2. Devolución del dinero de la CAFARE incautado a la jare (14 millones de pesos; utilizables fácilmente cinco a seis) y de $1 800 000 pesos que custodiaba Relaciones y tiene en cuenta corriente sin tocar. "Permítame señor profesor —Ávila Camacho emplea este título para dirigirse a mi padre —que no...

[Así termina el texto, algo le distrajo y no volvió a tomar el hilo.]

Iconografía

Viaje en familia con su hijo Francisco, Ginebra, 1927.

El gobierno de Azaña, presencia el desfile en una tribuna de la Castellana, Madrid, 1932.

Doctor José Giral en el centro, acompañado del señor Esplá y el coronel Romero, colaborador de *El Nacional* en uno de los frentes de Madrid, 1936.

Almería. Un obús que no llegó a estallar
durante el cañoneo de la escuadra alemana
el 31 de mayo de 1937.

El "Lepanto", unidad de la flota republicana, que sostuvo victorioso
combate con tres cruceros facciosos hundiendo al "Baleares" en la
madrugada del 6 de marzo de 1938.

José Giral, 1938.

Ministro de Estado don José Giral, al salir de la residencia presidencial, después del solemne acto de presentación de credenciales del embajador de México. Barcelona, 5 de marzo 1938.

José Giral en Francia, 1940.

Doctor José Giral, Fernando de los Ríos, Francisco Giral, La Habana
Cuba. Unión de Profesores Universitarios Españoles en el Exilio,
presidente doctor José Giral, secretario, doctor Francisco Giral, 1943.

Toma de posesión del doctor José Giral de la Embajada de la República Española, México, 1945.

José Giral, Conferencias de Paz. Polonia,1946.

Recepción de bienvenida al presidente del Gobierno de la República,
5 de mayo de 1946, Londres.

Acto en la Casa de Galicia. Nueva York, julio de 1946.

José Giral en Nueva York, con Diego Martínez Barrio, Fernando de los Ríos, Antonio Giral, 1948.

Congreso Continental Americano por la Paz. Desfile del presidente de
la Delegación Española republicana hasta la presidencia. Arena México,
D.F., 5 de septiembre de 1949.

Comisión Nacional del Maíz, excursión a los campos de experimentación con el senador Ramos Millán, octubre de 1949.

Escuela de Ciencias Químicas, México, D.F., 20 de marzo, 1950.

José Giral, década de los cincuenta.

Mitin a favor de Chile. Pablo Neruda, José Giral, David Alfaro Siqueiros, entre otros. Teatro del Sindicato de Telefonistas, 2 de abril de 1950.

Doctor José Giral. Despacho en Amazonas 26, México, D.F., 1956.

Banquete al presidente de la Generalitat Josep Tarradellas : Claudio Albornoz, Luis Zulueta, Marcelino Domingo, Julián Besteiro, Indalecio Prieto, Niceto Alcalá Zamora, Manuel Azaña, Fernando de los Ríos, Francisco Largo Caballero, Josep Carner, Santiago Casares y José Giral en el Centro Vasco de México, D.F., 23 de abril 1956.

Almuerzo de la Unión de Intelectuales en el Restaurante Torino, México, D.F., 2 de marzo de 1957.

Foto del doctor José Giral que se encuentra en la galería de rectores de
la Universidad Complutense de Madrid, 1928.

Flores de Lemus (economista), 85.
Ford, Henry, 36.
Fraile Dr., 203.
Franco, Francisco, 80, 106, 129, 155, 158, 159, 161, 164, 169, 176, 178, 179, 183, 188, 194, 195, 213.
Franco, Gabriel, 148.
Franco, Nicolás (hermano de Francisco Franco), 129, 179.
Franco, Ramón (diputado en las primeras Cortes republicanas), 129.
Fresenius (químico alemán), 70.
Freud, Sigmund, 45, 56.
Fuentes, Rafael, 193.
Funk, Casimiro (creador de la vitamina), 40.
Galán, Fermín (capitán del ejercito), 129.
Galán, Fernando (biólogo), 88.
Galán, Ricardo (cuñado de Francisco Giral González), 229, 235.
Galarza, 56, 232, 238.
Galland, Gral., 155.
Gambetta, León, 46.
Ganivet, Ángel, 88, 89.
Garagorri, Paulino, 123.
García, Federico (padre de Teresa García), 66.
García Ascott, Felipe, 192.
García Hernández, Ángel (capitán del ejercito), 129.
García Lorca, Federico, 128, 152, 243.
García Mórente, 152.
García Oliver (C.N.T.), 234.
García Sáez, Cosme (primer inventor del submarino), 37, 38.
García, Aquilina (madre de Teresa García), 66.
García, Calixto (patriota y general cubano), 53.
García, Germán (cuñado de Francisco Giral González), 221, 225, 238, 244.
García, Teresa, 66, 79.
Gay Lussac, Louis Joseph (físico y químico francés), 64, 65.

Gibson Mr. (primer secretario de la Embajada de EE UU en México), 239.
Gil Robles, José Maria, 164, 179.
Gillette, 39.
Gimeno, Enrique, 51.
Giner de los Ríos, Bernardo, 207, 228, 243.
Giner de los Ríos, Francisco, 26, 50, 51, 65, 90, 99, 100, 101, 102, 104, 109, 111, 137, 143, 152, 173.
Giral Barnés, Ángela (hija de Francisco Giral González), 25, 161.
Giral Barnés, José (hijo de Francisco Giral González), 241.
Giral, de Blesa, José (abuelo de José Giral Pereira y padre de Antonio Giral Cambronero), 19, 20.
Giral Cambronero, Antonio (padre de José Giral Pereira), 17, 19, 22, 23, 28.
Giral González, Antonio (hermano de Francisco Giral), 26, 73, 93, 94, 192, 196, 208, 214, 215, 219, 221, 229, 232, 235.
Giral González, Concha (hermana de Francisco Giral González), 103, 163.
Giral González, María Luisa (hermana de Francisco Giral González), 74, 93, 102, 163, 203, 243.
Giral y Cambronero, Antonia (hermana de Antonio Giral Cambronero y tía de José Giral Pereira), 24, 25, 26, 27, 28, 30, 94, 95, 96, 98.
Goded Gral., 161.
Goering, Hermann, 178.
Goethe, Wolfang, 105.
Gomariz (líder de la Unión Republicana), 228.
Gómez Ibáñez (hermanos), 97.
Gómez Ibáñez, Horacio, 98.
Gómez Ibáñez, José (pepe), 98.
Gómez Ibáñez, Olimpio, 98, 108.
Gómez Nadal, 231.
Gómez Orbaneja, Emilio, 137, 139, 140.
Gómez, Máximo (general cubano, jefe de los insurrectos), 53.

Gómez, Trifón (ministro), 241.
González Corisco, Urbano (padre de
    Urbano González Serrano), 66, 67, 100.
González de la Calle (hermanas), 66.
González de la Calle (Urbano y María
    Luisa), 72.
González de la Calle, Ángela (tía de
    Francisco Giral González), 69, 72, 73,
    80, 163.
González de la Calle, Concha, 69.
González de la Calle, María Luisa (madre
    de Francisco Giral González), 66, 69,
    72.
González de la Calle, Pedro Urbano
    (catedrático español e hijo de Urbano
    González Serrano, tío de Francisco
    Giral González), 59, 72, 80, 82, 84, 86,
    100, 118, 161, 163, 165.
González López, 116.
González Peña, 212, 213, 214, 215, 223.
González Serrano (hermanos), 67.
González Serrano, Francisco, 67, 69, 100.
González Serrano, Urbano (filósofo
    español), 50, 68.
González Serrano, Vicente, 68.
González Videla (presidente de Chile), 195.
González, Adolfo (comandante de Farmacia
    militar), 166.
González, Manuela (abuela de José Giral
    Pereira y madre de Antonia Pereira), 19.
González, Vicente (abuelo de Urbano
    González Serrano), 66.
Gordón Ordás, Félix, 152, 172, 228, 231.
Goyanes, Dr., 85.
Goyri, María, 50, 102.
Gram. Bell, Alexander, 36.
Grande Covián, Francisco, 149.
Gregorio Rocasolano, Antonio de
    (catedrático de Zaragoza), 91.
Guerrero, M. Amador (artífice de la
    independencia de Panamá), 34.
Guillén (poeta), 128.
Gutiérrez de Celis, Maximiliano (químico
    inorgánico), 88.

Guzmán, Martín Luis, 109.
Haber, Fritz (profesor de química
    inorgánica), 42.
Habsburgo, María Cristina de (Reina de
    España y esposa de Alfonso XII), 19,
    54.
Habsburgo, Maximiliano de, 49.
Hahn, Otto (físico alemán), 79.
Hernando, Teófilo, 28, 125.
Herrera Gral., 148.
Herrero (familia), 24.
Herrero de la Orden, Román (compañero
    de Farmacia de Antonio Giral
    Cambronero), 24.
Herrero, Carmen (hermana de Vicente
    Herrero e hija de Román Herrero), 24.
Herrero, Vicente (hijo de Román Herrero),
    24.
Herriot, 145, 146, 170.
Herzl, Theodor, 32.
Hidalgo y Costilla, Miguel, 54.
Hinojosa, 51.
Hitler, Adolfo, 137, 138, 176, 178, 180,
    181, 190, 191, 213.
Hoff, Jacobus Henricus van't (premio
    Nobel), 41.
Houston, Sam (separación de Tejas), 55.
Howson, Gerald (autor The untold story of
    the Spanish Civil War), 177.
Iglesias (C.N.T), 234.
Iglesias, Pablo (fundador del partido
    socialista), 20, 81, 213, 231, 232, 234.
Illescas, Rafael (profesor de química
    mexicano), 244, 245.
Isabel II, 37, 49, 53, 144, 199.
Isabel la Católica, 54, 228.
Jackson, Gabriel, 177.
Jagan, Chedy, 195.
Jáuregui (diputado vasco), 222, 237.
Jiménez de Asúa, Luis, 109, 115, 116, 121,
    122, 150, 153, 156, 190, 191, 192,
    198, 209.
Jiménez Díaz, Carlos (médico), 106.
Jiménez, Juan Ramón, 125, 132.

Índice

Vida y obra. José Giral Pereira, editado por la Dirección General de Publicaciones y Fomento Editorial, se imprimió en Robles Hermanos y Asociados, S. A. de C. V., Van Dyck 105, Col. Santa María Nonoalco, Mixcoac, 01420, México, D. F. En su composición se utilizaron tipos AGaramond de 16, 11, 10 y 9 puntos. El tiro consta de 1000 ejemplares impresos en papel Cultural de 90 gramos para interiores y Phoenix Imperial de 150 gramos para las imágenes. Formación: Ediciones de Buena Tinta, S. A. de C. V. Cuidaron la edición: Rafael López Giral y Ana Cecilia Lazcano.